U0454785

新时代马克思主义哲学智慧研究小丛书

坚持问题导向

颜晓峰 等 著

中国人民大学出版社
·北京·

目　录

马克思主义哲学是坚持
问题导向的理论基础

习近平总书记在党的二十大报告中强调："问题是时代的声音，回答并指导解决问题是理论的根本任务。"①坚持问题导向是马克思主义的突出特征。马克思和恩格斯面向他们那个时代的理论与实践，围绕无产阶级解放与人类解放这个根本主题，不断发现问题、研究问题、解决问题，掀起了哲学世界观和方法论的革命，为解答历史之谜、时代之问提供了正确的思路，也为理论创新和实践发展指明了前进的方向。

① 习近平.高举中国特色社会主义伟大旗帜 为全面建设社会主义现代化国家而团结奋斗：在中国共产党第二十次全国代表大会上的报告.北京：人民出版社，2022：20.

一、马克思主义哲学是坚持问题
导向的理论典范

19世纪的欧洲经由科技革命、工业革命和政治革命迈向了人类文明的一个高峰，但同时也遭遇重重矛盾与问题。如何在理论上把握资本主义时代的复杂性，英国古典政治经济学、德国古典哲学和英法空想社会主义都进行了深入探索。马克思和恩格斯在批判继承这些优秀思想成果的基础上，在使哲学"同自己时代的现实世界接触并相互作用"的过程中，掀起了马克思主义的哲学革命，树立了坚持问题导向的理论典范。

（一）哲学何为：面向时代问题、面向世界

　　哲学应该干什么？哲学的功能和使命是什么？青年马克思在走向唯物主义之前，就坚持哲学应该面向现实、面向时代、面向世界。这一哲学观在很大程度上决定了马克思走向了一条与传统哲学家不一样的道路。

　　从马克思的博士论文来看，虽然当时他已经能够较为熟练地使用黑格尔的辩证法和历史观点，但他同时也表达了同黑格尔哲学旨趣不一样的哲学观，即哲学不应当停留在自身体系内部，而应该面向尘世的现实。马克思结合自由问题揭示了抽象哲学体系的根本缺陷："体系为实现自己的欲望所鼓舞，就同他物发生紧张的关系。它的内在的自我满足和完整性被打破了。"[①]紧接着，马克思提出了哲学应当面向世界的观点："在自身中变得自由的理论精神成为实践力量，作为意志走出阿门塞斯冥国，面向那存在于理论精神之外的尘世的现实"。[②]

　　马克思 1842 年的两篇论战性文章更明确地表达了哲学应当面向时代问题、面向世界的主张。在《集权问题》中，马克思针对当时德国知识界所争论的"国家权力到底应该集权还是分权"，批评了赫斯将国家集权问题抽象化、虚无主义化的做法，

---

　　①②　马克思，恩格斯．马克思恩格斯全集：第 1 卷．2 版．北京：人民出版社，1995：75.

提出了理论研究应该坚持问题导向的经典论断："一个时代的迫切问题，有着和任何在内容上有根据的因而也是合理的问题共同的命运：主要的困难不是答案，而是问题。……问题却是公开的、无所顾忌的、支配一切个人的时代之声。问题是时代的格言，是表现时代自己内心状态的最实际的呼声。"①其后不久，马克思又在《〈科隆日报〉第179号的社论》中写道："任何真正的哲学都是自己时代的精神上的精华，因此，必然会出现这样的时代：那时哲学不仅在内部通过自己的内容，而且在外部通过自己的表现，同自己时代的现实世界接触并相互作用。那时，哲学不再是同其他各特定体系相对的特定体系，而变成面对世界的一般哲学，变成当代世界的哲学。"②

1843年9月，马克思在给卢格的一封信中，坦诚交流了他矢志承担的哲学使命：哲学应当自觉结合现实需要，"对当代的斗争和愿望作出当代的自我阐明（批判的哲学）"③。马克思明确反对像以往的哲学家那样"把一切谜底都放在自己的书桌里"④，而是主张面向现实与世界，"在这种情况下，我们不是教条地以新原理面向世界：真理在这里，下跪吧！我们是从世界的原理中为世界阐发新原理"⑤。马克思旗帜鲜明地将自身的哲学观同以往的哲学家区别开来，即哲学不应是"自上而下"凌驾于世界

---

① 马克思，恩格斯.马克思恩格斯全集：第1卷.2版.北京：人民出版社，1995：203.

② 同① 220.

③ 马克思，恩格斯.马克思恩格斯全集：第47卷.2版.北京：人民出版社，2004：67.

④ 同③ 64.

⑤ 同③ 66.

的幻象或教条，而是"自下而上"地生发于世界的意识和行动。由此可见，马克思早期的哲学观已经埋下了他哲学转向的伏笔，那就是哲学必须面向世界、解答时代问题，真正成为"时代精神的精华"。

（二）马克思主义的哲学革命：对近代唯心主义与旧唯物主义的超越

自1842年10月马克思入职《莱茵报》遭遇"物质利益难题"之后，马克思遨游在古典哲学、政治经济学和空想社会主义等理论学说中，反复锤炼自己的思考能力。马克思总是能够有的放矢、鞭辟入里地揭示既有理论的矛盾和问题。哪里有问题，哪里就有理论突破和理论创新的空间。"马克思的全部天才正在于他回答了人类先进思想已经提出的种种问题。"[1]在敏锐的问题意识的牵引下，马克思一次又一次拨开思想的迷雾，最终完成了"新唯物主义"的哲学革命。

推动马克思由唯心主义转向唯物主义、由抽象哲学走向政治经济学研究的一个重要契机，便是他所遭遇的"要对所谓物质利益发表意见的难事"以及由此引发的"苦恼的疑问"。在对林木盗窃法的思索和对摩泽尔河沿岸地区农民状况的考察中，马克思直观感受到统治阶级对贫苦人民的欺压，也看到了黑格尔哲学存在的严重缺陷，即法的"神圣理性"是软弱的和无力的，根本无助

---

① 列宁.列宁全集：第19卷.北京：人民出版社，1959：1.

于解决劳苦大众的切身利益问题。1843 年马克思离开《莱茵报》，此后一年间，他广泛涉猎了近代西欧的法哲学、历史学、政治学，并进一步接触了古典政治经济学与社会主义学说。他在这个时期的思考主要凝结为三部论著。在《〈黑格尔法哲学批判〉导言》中，他提出了市民社会决定国家的唯物主义观点；在《论犹太人问题》中，他就消灭私有制和无产阶级的历史使命问题首次进行了公开论述；在《1844 年经济学哲学手稿》中，他初步阐发了新的经济学观点、哲学观点和共产主义观点，为突破黑格尔唯心主义的局限，向唯物主义和共产主义转变做好了准备。

1845 年春，马克思在《关于费尔巴哈的提纲》中首次提出了"新唯物主义"的新世界观，实现了对旧哲学的根本超越。提纲的第一条就是问题意识的高度彰显："从前的一切唯物主义——包括费尔巴哈的唯物主义——的主要缺点是：对对象、现实、感性，只是从客体的或者直观的形式去理解，而不是把它们当做人的感性活动，当做实践去理解，不是从主体方面去理解。因此，结果竟是这样，和唯物主义相反，唯心主义却把能动的方面发展了，但只是抽象地发展了，因为唯心主义当然是不知道现实的、感性的活动本身的。费尔巴哈想要研究跟思想客体确实不同的感性客体，但是他没有把人的活动本身理解为对象性的活动。"①这段话直击近代唯物主义和唯心主义的根本缺陷：前者承认现实世界的客观性，却看不到主体的能动实践；后者强调主体的能动实践，却将其禁锢于理念运动之中，拒绝承认现实世界的客观性和先在性。而新唯物主义新就

---

① 马克思，恩格斯．马克思恩格斯文集：第 1 卷．北京：人民出版社，2009：503.

新在：立足于实践，立足于人的对象性活动，将唯物主义的直观的"物"转变为一种诉诸主体能动性的、对象性活动的产物。由此出发，马克思进一步简要阐述了"变革的实践"，并最终提出了他的新哲学的使命和任务："哲学家们只是用不同的方式解释世界，而问题在于改变世界。"①

　　马克思和恩格斯创作于 1845 年秋到 1846 年 5 月的《德意志意识形态》标志着马克思主义哲学的诞生。他们对以往各种形式的唯心史观展开了深刻的分析和批判，正面阐述了历史唯物主义的基本原理，确立了新的哲学世界观和方法论原则。"现实的个人"成为社会历史的主体，也成为哲学研究的前提。从这种现实的、始终处在一定的与自然的关系和与他人的社会关系之中的主体活动出发，马克思和恩格斯系统地阐述了生产力和生产关系的矛盾引起历史上不同所有制形式的更替、市民社会决定国家、社会存在决定社会意识、无产阶级革命和共产主义取代资本主义的历史必然性等基本原理。通过描绘人的历史实践的能动的生活过程，马克思和恩格斯批判地吸取了黑格尔辩证法的"合理内核"，同时抛弃了费尔巴哈的形而上学观点和历史唯心主义，从而将唯物主义彻底地贯彻到历史领域，最终创立了历史唯物主义这一"描述人们实践活动和实际发展过程的真正的实证科学"②，揭示了自然史与人类社会史相统一的自然与历史发展规律。

① 马克思，恩格斯 . 马克思恩格斯文集：第 1 卷 . 北京：人民出版社，2009：506.

② 同① 526.

（三）马克思主义哲学的深化拓展：面向资本主义社会和人类学研究

马克思主义的哲学变革实现了对西方近代哲学的超越，但马克思没有就此止步。马克思仍然不停审视和追问历史唯物主义的真理性问题。马克思中后期对政治经济学的进一步研究以及对东方社会道路问题的关注，都是历史唯物主义原理和方法的进一步发展和完善。

马克思从 1850 年左右开始再度研究政治经济学，最终铸就了《资本论》这一伟大著作，为揭示资本主义社会的特殊运动规律创造了剩余价值理论。政治经济学研究进一步建构和完善了历史唯物主义，它不只是经济学的，也是哲学的。"在 1847 年以后，才真正出现了马克思哲学研究的另一个最重要的成果，这就是以资本主义现实社会关系为参照系，针对人类历史真实发展、人类主体本质的科学确证和现实社会批判的哲学理论创造。这不是什么经济学建构中存在的哲学片段，而是一个完整的哲学建构过程。"[①] 此外，马克思也在批判资本主义政治经济关系中完成了"关于现实的人及其历史发展的科学"，并指明了人类要从"物的依赖性"、"资本的统治"和"物化问题"中解

---

① 张一兵. 回到马克思：经济学语境中的哲学话语. 南京：江苏人民出版社，1999：26.

放出新的使命。① 尽管学界对如何阐发《资本论》的哲学思想这一问题仍然存在许多争议，但《资本论》以历史唯物主义世界观和方法论为前提这一点是毫无疑问的。恩格斯早已指出，马克思的政治经济学"本质上是建立在唯物主义历史观的基础上的"②。

在 19 世纪 50 年代，马克思将目光投向东方的中国和印度，集中围绕人类学研究进行了学习和思考。马克思关切的核心问题有两点：一是历史发展一般性与特殊性问题，二是经济文化落后国家的道路和命运问题。马克思清醒地认识到，他关于西欧资本主义起源的历史概述并不是关于一般发展道路的历史哲学理论，东方社会和史前社会的历史理论建构还有待完成。因此，从《1857—1858 年经济学手稿》专门研究资本主义生产以前的各种形式并提出亚细亚的所有制形式，到 19 世纪 70 年代对东方国家跨越"卡夫丁峡谷"的设想，再到 1879 至 1882 年间写作《人类学笔记》，马克思持续不懈地为了"自己弄清问题"而"充分地占有材料"。对于马克思为什么要这么做，恩格斯解释得非常清楚："即使只是在一个单独的历史事例上发展唯物主义的观点，也是一项要求多年冷静钻研的科学工作，因为很明显，在这里只说空话是无济于事的，只有靠大量的、批判地审查过的、充分地掌握了的历史资料，才能解决这样的任务。"③

---

① 孙正聿 .《资本论》与马克思主义哲学 . 学习与探索，2014（1）.

② 马克思，恩格斯 . 马克思恩格斯文集：第 2 卷 . 北京：人民出版社，2009：597.

③ 同② 598.

二、马克思主义哲学为坚持问题导向提供了科学的世界观和方法论

马克思主义哲学的"新世界观"作为理论化、系统化的世界观，同时也是人们观察、分析和处理各种问题的方法论。"马克思的整个世界观不是教义，而是方法。它提供的不是现成的教条，而是进一步研究的出发点和供这种研究使用的方法。"①只有完整透彻地把握马克思主义哲学的世界观并面向特定的社会

---

① 马克思，恩格斯．马克思恩格斯文集：第 10 卷．北京：人民出版社，2009：691.

历史实践，才能更加充分有效地发挥马克思主义哲学方法论的指导作用，做到客观地认识问题、科学地研究问题、实践地解决问题。

（一）坚持用马克思主义的新唯物主义来认识问题的发生

马克思主义的新唯物主义即辩证唯物主义和历史唯物主义，是马克思主义的哲学基础。只有坚持用马克思主义的新唯物主义来认识问题，才能为问题的发生提供原则性的解释。

问题总是由人提出的。人为什么能够提出问题，并且不断提出问题？这是由新唯物主义所阐明的人类的生存论结构所决定的。马克思主义哲学将人类的物质生产活动作为直接现实的客观存在和人类知识客观性的唯一现实基础。这一原则既是唯物的，也是辩证的，因为物质生产实践本身既是人与自然的客观物质关系，也是人对自然的一种否定性关系，这种关系是人类所面对一切问题的根源。问题之所以发生，就是因为人的目的性遭遇世界的客观规律性的对抗，或者说人的理想世界遭遇自然世界的对抗。而人类的社会历史实践，就是一个合目的性与合规律性相统一、不断地把自然世界改造为适合于人的目的及需要的理想世界的过程。这个过程贯穿了哲学上所探讨的自由与必然的矛盾，这个矛盾是源于人类特殊生存论结构的本原性矛盾，也是人类文明不断发展进步的动力所在。

人类的生存论结构也决定了人的问题意识的发生机制。马克思主义承认世界是客观存在和运动发展着的物质世界，这个世界的发展规律也是客观的，是不以人的意志为转移的。人的思维、意识和意志等是客观世界在人们头脑中的或直接或间接的、或正确或错误的反映。由于客观世界的运动变化永无止境，人们在实践中对客观世界的认识也永无止境。人类理性能发现真理，"但是直到现在它所发现的真理是不完备的，不充足的，因而是矛盾的"①。这就形成了问题意识产生的两个维度：一是在主观世界和客观世界的矛盾中发现问题、探索问题；二是针对以往认识的不足或缺陷来发现问题、探索问题。前者可以归结为对自然界、对人类社会的认识，而后者可以归结为对思维自身的认识。马克思主义的哲学变革是这两个维度高度统一的产物。马克思主义哲学为解决思维与存在、自由与必然等矛盾关系问题奠定了坚实的基础，因而才能成为认识世界和改造世界的强大思想武器。

（二）坚持用马克思主义的矛盾论来研究问题

在哲学本体论的意义上，问题的本质就是矛盾，而矛盾是普遍存在的。马克思主义哲学坚持用全面的、联系的和发展的观点看问题，坚持用矛盾分析方法来观察和研究问题，以为后续解决问题提供科学的指导。

从矛盾到问题，在一定意义上便是马克思主义哲学实践观向方法论的转换过程。矛盾是客观普遍存在的，是马克思主义哲

---

① 马克思, 恩格斯. 马克思恩格斯文集：第 1 卷. 北京：人民出版社，2009：609.

学的世界观原则，普遍运用矛盾观点则是马克思主义哲学的方法论原则。所谓矛盾，就是事物内部或事物之间对立统一的关系。这种对立统一关系是由矛盾的同一性和斗争性这两个基本属性所决定的。同一性是指矛盾双方相互依存、相互贯通的性质和趋势，斗争性是指矛盾双方相互排斥、相互分离的性质和趋势。矛盾的同一性和斗争性推动着一切事物的运动变化发展。在这个运动变化发展过程中，矛盾以差异、对立、冲突等各种形式表现出来。在这里，问题意识便是由表及里，透过现象看本质，从事物变化的形式来探究事物发展的特殊规律。只有正确认识矛盾特别是矛盾的特殊性，才能正确认识事物的本质；只有研究事物的特殊性，才能合理地改造事物，推动矛盾的同一性和斗争性按照现实需要的方向运动。

问题既有一般问题、共性问题，也有特殊问题、个性问题，这是由矛盾的普遍性和特殊性所决定的。运用矛盾分析方法研究问题和解决问题，必须坚持具体问题具体分析的方法。具体问题具体分析就是在矛盾普遍性原理的指导下，具体分析矛盾的特殊性，找出解决矛盾的正确方法。中国古语云"此一时彼一时"，"橘生淮南则为橘，生于淮北则为枳"，说的就是世界上不存在完全相同、绝对不变的事物，事物的性质和特点总是随着时间、地点、条件或环境的变化而变化。认识事物不能采取一成不变或刻舟求剑的办法，而应当实事求是、因时而异、与时俱进。因此，马克思主义哲学一般原理的实际运用"随时随地都要以当时的历史条件为转移"[①]。同样的，矛盾分析方法提供

---

① 马克思，恩格斯.马克思恩格斯选集：第 1 卷 . 3 版 . 北京：人民出版社，2012：376.

了一般指导，但不可能提供普适的结论。每个时代、每个社会、每个人在面对自身的具体问题时，都要高度重视矛盾的特殊性，不断探索解决自身矛盾的具体办法。

在社会生活实践中，问题总是有轻重缓急之分，这在根本上是由每一事物中的矛盾及其不同方面的地位各不相同所决定的。矛盾有主要矛盾和次要矛盾之分，有矛盾的主要方面和次要方面之别。要研究问题，就要牢牢把握事物的主要矛盾和矛盾的主要方面，因为是它们规定了事物的性质。但与此同时，主要矛盾和次要矛盾、矛盾的主要方面和次要方面是处在相互影响、相互作用关系之中的，双方地位在一定条件下可能发生相互转化，即主要矛盾与次要矛盾、矛盾的主要方面与次要方面的地位互换。矛盾的这种辩证运动决定了必须用辩证法思维才能加以把握："辩证法在考察事物及其在观念上的反映时，本质上是从它们的联系、它们的联结、它们的运动、它们的产生和消逝方面去考察的。"①对矛盾自身的动态分析，有助于判定问题的性质和重要程度，坚持"两点论"和"重点论"相统一，这样才能科学有效地研究问题，为解决问题提供"思维的地图"。

（三）坚持用马克思主义的实践论来解决问题

实践的观点是马克思主义哲学的基本观点。马克思主义哲学将实践引入认识论，克服了旧唯物主义和唯心主义的局限，

---

① 马克思，恩格斯．马克思恩格斯文集：第 3 卷．北京：人民出版社，2009：541.

建立了认识论与实践论的统一。马克思主义认识论和实践论的核心问题是主观和客观、认识和实践的关系问题。坚持问题导向，就是从实践中发现问题，从实践中推进对问题的认识，使认识服务于实践，并将认识的真理性与有效性问题放到实践中来说明。

马克思主义哲学坚持主体能动的实践是认识矛盾、解决问题的根本，问题意识往往就产生在认识与实践、主观与客观的差异和分离之处，而主体能动的实践是重建认识与实践、主观与客观统一性的保证。实践是人有目的、有意识改造世界的客观物质活动，认识是内在蕴含于实践之中的。人在物质地作用于世界的同时，也在精神上将人对世界的实践内化、观念化。也就是说，认识与实践具有同构性，但二者并不具有同一性。实践决定认识，认识对实践具有反作用。正确的认识推动正确的实践，错误的认识导致错误的实践。问题意识往往就是发现了认识与实践的不符或龃龉关系。在这种问题意识的导引下，人们通过实践更深入地接触事物，分析其本质和矛盾，从而改正主观上的错误，纠正以往认识上的缺陷与不足，实现主观和客观、认识与实践在新的基础上的统一，实现认识与实践相互作用、相互提升的螺旋式上升。

坚持问题导向，还要明确实践是认识的目的和归宿这一基本原则，即理论是为实践服务的。马克思曾经写信向卢格表达过他对那些所谓的"哲学家""自由人"夸夸其谈的不满："我要求他们：少发些不着边际的空论，少唱些高调，少来些自我欣赏，多说些明确的意见，多注意一些具体的事实，多提供一些实际的知识。"①从哲学史的进展来看，虽然各式各样的问题不断被提出，但对问题的讨论和解决难以超出主观性、抽象性的限制。对此，马克思批判道："毫无疑问，在理论上把现实中随时都要遇到的矛盾撇开不管并不困难。那样一来，这种理论就会变成理想化的现实。"②这种"理想化的现实"是哲学家幻想的、空洞的现实，而不是充满了各种矛盾和问题的真正的现实。马克思对哲学提出了"问题在于改变世界"的任务，就是要把离开实践的思维变为以实践为基础的思维，把离开现实的理论变为为现实服务的理论。这样，我们才能在发现问题、研究问题和解决问题的过程中推动人类文明发展和社会持续进步。

---

① 马克思，恩格斯．马克思恩格斯文集：第 10 卷．北京：人民出版社，2009：3.

② 马克思，恩格斯．马克思恩格斯文集：第 1 卷．北京：人民出版社，2009：616.

三、马克思主义哲学为坚持问题导向明确了根本价值立场

马克思主义哲学一以贯之的主题就是人类解放。它对人类解放这一根本问题的求解可以划分为三个层次：一是人类解放的问题来自何处？来自人民大众的需要。二是人类解放的问题如何求解？依靠科学的、彻底的理论。三是人类解放如何实现？通过人民群众的解放来实现。马克思主义哲学对这三个问题的回答体现了鲜明的阶级特征、科学精神和实践品格，为理论工作者坚持问题导向明确了根本价值立场。

（一）坚持问题导向的阶级立场：为人民而发问

19 世纪是西方资本主义迅速发展的时期，也是社会矛盾和阶级斗争日益尖锐的时期。工人阶级开始作为独立的政治力量登上历史舞台，为反对资本压迫和封建专制开始积极斗争。正是在这样的社会历史条件和阶级状况下，马克思和恩格斯在他们那个时代提出了"无产阶级命运如何？""人类向何处去？"的深沉追问，表明了哲学应当服务于人类解放的根本主张。

为什么在资本主义这个生产力极大发展，社会财富日趋丰富的社会，劳苦大众和无产阶级却承受着更加深重的剥削和压迫？对于这个问题，马克思一开始受到黑格尔唯心主义和费尔巴哈人本主义的影响，依据"人的类本质"对异化劳动进行了批判。但是随着他的哲学批判的深入，从批判黑格尔法哲学、批判"自由人"团体及"神圣家族"、批判费尔巴哈的旧唯物主义到汲取黑格尔辩证法的积极成果，他最终将"现实的个人"及其物质生产实践确立为哲学的新的立足点，进而科学地说明了无产阶级的历史生成。与马克思的进路不同，恩格斯则一开始就面向英国工业社会经济事实和工人阶级状况，揭露了资本主义生产方式的矛盾和工人阶级所受到的深重压迫，指出了消灭资本主义私有制是实现社会全面变革的唯一出路。正如马克思所言，早期的恩格斯通过"另一条道路"得出了与他相同的历史唯物主义的结论。历史唯物主义为无产阶级理解自身命运、把握自身命运奠定了坚实的基础。

无产阶级究竟如何领导共产主义运动、实现自我解放？马克思和恩格斯的《共产党宣言》不仅透彻地阐明了无产阶级是共产主义的根本力量，而且也为无产阶级革命做出了一系列明确的指导：无产阶级革命需要无产阶级政党的正确领导；无产阶级应夺取国家政权并建立人民政权；无产阶级取得国家政权后不可能一步就进入共产主义社会，要有一个过渡时期；共产主义运动的最高目标是建立自由人的联合体、实现人的自由而全面发展。《共产党宣言》将欧洲 1848 年革命推向高潮。马克思和恩格斯也亲自参与其中。在革命失败后，马克思和恩格斯针对无产阶级革命暴露出来的问题总结经验教训，又提出了"不断革命""无产阶级专政""工农联盟""革命是历史的火车头"等经典概念及论述，进一步丰富和发展了无产阶级革命理论，为无产阶级解放乃至落后国家、被压迫民族的解放注入了强大的思想动能。

（二）坚持问题导向的科学精神：建构彻底的理论

马克思为解答人类解放这个难题而孜孜不倦、皓首穷经。正如他自己在《资本论》法文版序言和跋中所言："在科学上没有平坦的大道，只有不畏劳苦沿着陡峭山路攀登的人，才有希望达到光辉的顶点。"[①]这样的科学精神促使马克思始终进行严格的批判和自我批判，推动马克思主义哲学成为更加科学的、彻

---

① 马克思，恩格斯. 马克思恩格斯文集：第 5 卷. 北京：人民出版社，2009：24.

底的理论。

历史唯物主义比其他任何历史理论都更彻底地论证了自然史和人类史的发展规律，揭示了人民群众是历史的真正主体，是历史的创造者。人民群众不仅是物质财富的生产者，也是创造精神财富的前提条件和重要源泉。但令人疑惑的是：人民群众所创造的一切物质财富和精神财富为何变成了他们的对立面呢？历史唯物主义回答道：生产力的发展导致了私有制和阶级社会的产生；统治阶级不仅掠夺了人民群众创造的物质财富和精神财富，而且还通过独立出来的精神生产阶级将这一切正当化、合理化。就此而言，历史唯物主义同时也是一种认识论的革命，那就是让人民群众从旧制度和旧的意识形态的双重压迫下解放出来，"共产主义革命就是同传统的所有制关系实行最彻底的决裂；毫不奇怪，它在自己的发展进程中要同传统的观念实行最彻底的决裂"①。恩格斯指出："只要进一步发挥我们的唯物主义论点，并且把它应用于现时代，一个强大的、一切时代中最强大的革命远景就会立即展现在我们面前。"②

马克思的政治经济学研究和剩余价值理论进一步丰富完善了历史唯物主义，彻底说明了资本主义社会的特殊运动规律，为科学社会主义奠定了坚实基础。社会主义为什么能够由空想变为科学？恩格斯解释得很清楚："以往的社会主义固然批判了

---

① 马克思，恩格斯．马克思恩格斯选集：第 1 卷．3 版．北京：人民出版社，2012：421.

② 马克思，恩格斯．马克思恩格斯文集：第 2 卷．北京：人民出版社，2009：597-598.

现存的资本主义生产方式及其后果，但是，它不能说明这个生产方式，因而也就不能对付这个生产方式；它只能简单地把它当做坏东西抛弃掉。但是，问题在于：一方面应当说明资本主义生产方式的历史联系和它在一定历史时期存在的必然性，从而说明它灭亡的必然性；另一方面应当揭露这种生产方式的一直还隐蔽着的内在性质，因为以往的批判主要是针对有害的后果，而不是针对事物的进程本身。这已经由于剩余价值的发现而完成了。"[①]因此，《资本论》才能成为工人阶级的"圣经"。这就是马克思所说的："理论一经掌握群众，也会变成物质力量。理论只要说服人，就能掌握群众；而理论只要彻底，就能说服人。所谓彻底，就是抓住事物的根本。"[②]

马克思主义的辩证法是方法论的革命，是思维方式本身的革命，为坚持问题导向提供了最彻底的科学方法。辩证法始终将对象作为一个有机整体来把握，将对象理解为普遍性与特殊性的多样性的统一。这种统一不是绝对的，而是相对的、暂时的，它将随着事物内在结构、要素或不同方面的矛盾关系及其相互作用而发生运动、变化。这就是辩证法的革命本质："辩证法，在其合理形态上，引起资产阶级及其空论主义的代言人的恼怒和恐怖，因为辩证法在对现存事物的肯定的理解中同时包含对现存事物的否定的理解，即对现存事物的必然灭亡的理解；辩证法对每一种既成的形式都是从不断的运动中，因而也是从

---

① 马克思，恩格斯．马克思恩格斯文集：第9卷．北京：人民出版社，2009：29-30.

② 马克思，恩格斯．马克思恩格斯文集：第1卷．北京：人民出版社，2009：11.

它的暂时性方面去理解；辩证法不崇拜任何东西，按其本质来说，它是批判的和革命的。"①马克思主义的辩证法使他能够深刻洞悉资本主义的文明对抗性，从而为积极地扬弃资本主义文明、推动社会形态变革提供方法指南。

（三）坚持问题导向的实践品格：指导解放运动

马克思主义哲学因理论的彻底性而变为无产阶级的信仰，强调理论必须转化为群众的行动进而成为改变世界的物质力量，这也是马克思主义哲学区别以往一切哲学的关键。为了实现人类的解放，马克思身兼理论家和革命家的双重身份，始终不懈地进行理论斗争和革命斗争，"斗争是他的生命要素"②。

马克思在走向哲学革命之前，他的哲学观就由抽象的关注时代问题渐渐聚焦到关注劳苦大众和无产阶级的命运，并提出了革命的理论必须与革命的群众相结合的道理。马克思在《〈黑格尔法哲学批判〉导言》中写道："哲学把无产阶级当做自己的物质武器，同样，无产阶级也把哲学当做自己的精神武器。"③在马克思看来，人的解放需要哲学来武装头脑，而无产阶级则是物质的武装本身。马克思的哲学探索很早就确立了为

---

① 马克思，恩格斯.马克思恩格斯文集：第 5 卷.北京：人民出版社，2009：22.

② 马克思，恩格斯.马克思恩格斯文集：第 3 卷.北京：人民出版社，2009：602.

③ 马克思，恩格斯.马克思恩格斯文集：第 1 卷.北京：人民出版社，2009：17.

无产阶级革命、为共产主义运动服务的鲜明宗旨。马克思主义哲学围绕共产主义解放无产阶级的条件做了理论概括，但它本身不是教义，而是指向运动。无产阶级要获得真正的解放，必须通过批判的、革命的实践，实际地反对和改变现存的资本主义旧世界。因此，马克思和恩格斯强调，对于一个真正的"实践的唯物主义者即共产主义者"来说，全部问题都在于使现存世界革命化，实际地反对并改变现存事物。

马克思主义哲学创立之初的主要着眼点是欧洲，但 19 世纪 50 年代马克思将目光投向落后国家的民族解放运动，并对中国和印度的前途命运问题给予了突出的关注和思考，从而极大拓展了人类解放的理论和实践。马克思用唯物史观剖析了近代中国走向衰落、惨遭西方列强蹂躏的原因，同时也充分肯定中国人民抵御列强侵略、反抗封建压迫的斗争"是一场维护中华民族生存的人民战争"[①]。他预言中国人民的觉醒和社会革命的继续将带来"整个亚洲新纪元的曙光"。针对印度问题，马克思深刻地指出，像印度这样的殖民地和被压迫民族能否实现解放，不仅仅取决于生产力的发展，而且取决于生产力是否归人民所有，"只有在伟大的社会革命支配了资产阶级时代的成果，支配了世界市场和现代生产力，并且使这一切都服从于最先进的民族的共同监督的时候"[②]，民族解放和人类进步事业才有真正的可能。这样，马克思就将资本主义国家的无产阶级革命同落后国家的

---

① 马克思，恩格斯．马克思恩格斯选集：第 1 卷．3 版．北京：人民出版社，2012：798.

② 同① 862.

民族解放运动紧密地联系起来，揭示了二者相互影响、相互促进、命运与共的关系。迄今为止，马克思的这个理论判断在解析当今国际政治经济秩序问题和社会主义前景问题上仍然是有效的、发人深思的。

第二章

坚持问题导向是党的
百年奋斗的哲学结晶

中国共产党始终坚持马克思主义，在百余年奋斗中一以贯之地坚持问题导向，立足中国国情，精准研判社会主要矛盾，聚焦重大时代课题，着力解决事业发展过程中出现的具体问题，不断推动事业发展进步。坚持问题导向具有多层次逻辑，涵盖了践行初心使命、解决社会矛盾、应对风险挑战、立党兴党强党等方面，包括坚持科学理论指导、注重调查研究、密切联系实际、倡导独立自主、坚持发展为重等思路方法。党在解决问题过程中形成了坚持发现问题与解决问题有机统一、坚持问题意识与问题导向有机统筹、坚持问题导向与目标导向有机协调、坚持依靠人民与为了人民有机互动的基本经验，这些经验凝结着党对问题导向哲学层面的思考，充分体现了党的理论智慧。

一、中国共产党坚持问题导向的逻辑依据

　　习近平总书记在党的二十大报告中指出："问题是时代的声音，回答并指导解决问题是理论的根本任务"[①]。"问题"具有丰富的内涵和外延，不能将问题简单化对待和处理，将其直接等同于党在事业发展中所犯的具体错误。实际上，"问题"还包含事物发展的主题以及具有普遍性和客观性的矛盾。中国共产党坚持问题导向具有多层次的逻辑依据，并不仅仅局限于解决问

　　① 习近平.高举中国特色社会主义伟大旗帜 为全面建设社会主义现代化国家而团结奋斗：在中国共产党第二十次全国代表大会上的报告.北京：人民出版社，2022：20.

题、纠正偏差和错误，还包括依据时代主题和社会矛盾主动谋划事业，以坚强的意志和无畏的勇气应对前进道路上各种艰难险阻、风险挑战等。

（一）坚持问题导向是践行初心使命的必然要求

为中国人民谋幸福、为中华民族谋复兴，是党始终不渝的初心和使命，也是党的百余年奋斗的主题和主线。初心使命是中国共产党立党兴党、执政掌权的根本性问题，"初心"回答着中国共产党"是什么"的问题，"使命"回答着中国共产党"要干什么"的问题。中国共产党作为马克思主义政党，本身无私利可图。"中国共产党是中国工人阶级的先锋队，同时是中国人民和中华民族的先锋队"[①]，初心使命集中体现了党的性质宗旨、理想信念和奋斗目标，从党的一大党章到二十大党章，始终强调中国共产党的初心和使命。习近平总书记强调，"初心和使命是激励中国共产党人不断前进的根本动力"[②]。具体而言，初心使命具有价值引领作用，为党发现和解决问题指明方向、提供动力。初心使命体现着坚定的人民立场，其中人民幸福是民族复兴的追求目标，民族复兴是人民幸福的根本保证。百余年来，党之所以能从逆境中成长，于挫折中奋起，在攻坚克难中取得一个又一个胜利，就在于它始终义无反顾地朝着为中国人民谋幸福、为中华民族谋复兴的方向前

---

① 中国共产党章程.北京：人民出版社，2022：1.
② 习近平.决胜全面建成小康社会 夺取新时代中国特色社会主义伟大胜利：在中国共产党第十九次全国代表大会上的报告.北京：人民出版社，2017：1.

进，从而赢得人民群众的衷心拥护和坚定支持。践行初心使命，必然要求坚持问题导向，始终围绕主题主线，聚焦时代课题，坚持为民服务，发现并解决影响和动摇党的初心使命的突出问题，将党锻造成为更加坚强有力、成熟自信的马克思主义政党，不断推进党和国家事业的发展。

（二）坚持问题导向是解决社会矛盾的必然举措

问题的本质即矛盾，而矛盾具有普遍性。社会基本矛盾推动着人类社会发展，社会主要矛盾在一定的历史阶段决定着社会发展的方向，为社会的发展进步提供动力。社会主要矛盾的转化过程往往会伴随各种具体的矛盾和问题。如果对这些矛盾和问题放任自流，或者任其发展，就会使矛盾愈演愈烈，问题愈积愈多，甚至引发一定的社会危机。因此，面对各种社会矛盾和问题，回避否认是无济于事的，只有积极面对、有效解决，才能不断推动事业发展。中国共产党在解决社会矛盾的过程中，始终坚持问题导向，注重科学研判不同性质的社会矛盾，从中国社会的实际出发，深刻认识和把握社会矛盾的特点、规律，不断探索完善解决社会矛盾的正确途径和科学方法，在诸多社会矛盾中敏锐地抓住主要矛盾，并依据社会主要矛盾部署党和国家的中心任务和工作重点。事实证明，有效解决社会矛盾必须坚持问题导向。在革命、建设、改革和开创新时代的不同历史时期，党正是依靠坚持问题导向，有效解决了前进道路上面对的各种矛盾和问题，不断取得事业新发展、新成就。

（三）坚持问题导向是应对风险挑战的必然路径

中国共产党诞生于内忧外患之中，成长于风险挑战之中。在其百余年奋斗历程中，它始终坚持问题导向，敢于斗争，善于斗争，从危机中把握机遇，不断应对和化解来自不同领域的风险挑战，在斗争中获得生存并不断发展壮大。但是，风险挑战往往伴随着错综复杂的矛盾和问题，这些问题的形式多种多样，既有外源型问题，又有内生型问题；既有长期性问题，又有短期性问题；既有全局性问题，又有局部性问题。党立足于中国基本国情，着眼于事业发展目标，通过分析新情况、新挑战的表现形式，深入把握问题的实质，在实践中采取科学的斗争方式，化危为机，不断推动着事业发展进步。针对不同性质和类型的风险挑战，通过防范风险挑战、合理化解矛盾、总结经验教训，不断汲取历史智慧，形成行之有效的应对方法，从而防范可能出现的潜在风险挑战，杜绝发生战略性、颠覆性的错误。总之，中国共产党有效应对风险挑战的过程，就是坚持问题导向，辩证地分析问题和矛盾，实事求是地对待危机和机遇，从危机中寻找机遇的过程。

（四）坚持问题导向是立党兴党强党的必然选择

作为一个矢志民族复兴、胸怀千秋伟业的马克思主义政党，中国共产党要践行其初心使命，实现其奋斗目标，就必须在实践中坚持问题导向，既勇于解决各种社会问题，不断推进社会革命；也勇于刀刃向内，不断推进自我革命。对任何一个政党而言，其发展之路都不可能是平坦的、顺利的，都会面对各种困难和问题。如果不能有效地解决、战胜这些困难和问题，那么，政党就无法持续发展、不断壮大，甚至难以生存立足。百余年来，中国共产党之所以能够从一个只有50多名党员的小党，发展成为拥有9 918.5万名党员（截至2023年底）的世界第一大党，坚持问题导向是其立党兴党强党的一大法宝。除社会问题外，中国共产党还对党内存在的官僚主义、形式主义、脱离群众、精神懈怠等影响党的领导力、执政力的问题保持高度警醒，坚决消除各种危及党的先进性、纯洁性的因素，及时解决各种影响党长期执政的问题，从而使自身实现了由小到大、由弱到强的发展壮大。坚持问题导向，就是要正视问题、直面困难、纠正错误，在改造客观世界的同时努力改造主观世界，不断提高解决自身问题的能力，这是中国共产党历经百余年风雨而永葆生机活力的重要原因。

二、中国共产党坚持问题导向的思路方法

坚持问题导向并不是空洞抽象的概念和口号，而是发现问题、分析问题、解决问题，并不断掌握事物发展规律的过程。中国共产党在百余年奋斗历程中形成了诸多行之有效的思路方法，坚持问题导向，从发现问题到解决问题，这一过程不仅是落实具体思路方法的过程，更是不断丰富历史经验的过程。

（一）科学理论指导："问题之研究，须以学理为根据"

马克思主义具有批判性和革命性，其哲学体系包括唯物论、认识论、辩证法等，为人们认识世界和改造世界提供了科学指导。中国共产党始终坚持以马克思主义为指导思想，运用辩证唯物主义和历史唯物主义，透过现象看本质，深入把握事物发展规律，进而开展认识世界、改造世界的实践。分析和研究问题是连接发现问题和解决问题的桥梁，必须坚持以正确的世界观和方法论为指导。党在百余年奋斗历程中运用马克思主义的基本立场观点方法来分析和解决中国社会面临的各种问题，取得了卓著成就。中国共产党坚持问题导向从自发到自觉的过程，也是马克思主义中国化时代化的过程。"人们自己创造自己的历史，但是他们并不是随心所欲地创造"①。研究问题必须坚持科学理论指导，深入揭示人类社会历史的本质和规律，观察社会，分析历史。党坚持与时俱进地推进理论创新，将马克思主义基本原理同中国具体实际相结合、同中华优秀传统文化相结合，把握重大理论和实践问题，认识事物发展规律，解决时代问题，回应人民呼声，推动事业不断发展进步。科学理论为党解决问题提供了学理依据，使党能够运用强大理论武器解决实践中遇到的各种问题，同时党通过及时地总结解决问题的新经验，进

---

① 马克思，恩格斯.马克思恩格斯全集：第 11 卷.2 版.北京：人民出版社，1995：131.

一步推动着科学理论的创新发展。

（二）注重调查研究："调查就是解决问题"

调查研究就是解决问题。党历来就有重视调查研究的优良传统，从毛泽东在《反对本本主义》中集中论述调查研究的重要性，到习近平总书记重视并强调"要了解实际，就要掌握调查研究这个基本功"①，中国共产党一以贯之地注重调查研究，并形成了开展调查研究工作的重要方法。坚持问题导向，首要的是掌握客观"事实"，通过调查研究了解事情的真相和全貌，进而找到解决问题的办法和对策。从感性认识到理性认识的飞跃，必须经过调查研究，了解事物的本质，与此同时进行理性思考，对感性材料进行加工，进而获得理性认识。也就是说，调查研究是解决问题的初始步骤，通过调查获得第一手资料，有利于全方位了解问题。通过研究分析问题产生的原因，梳理问题的形式，把握问题的本质，聚焦主要矛盾和矛盾的主要方面，寻找破解难题的方法和路径。这就要求实事求是地面对存在的问题，有针对性地进行调研，及时发现潜在的问题，从偶然性中看到必然性，采取合理的解决方法及时解决并防微杜渐。

问题存在于人民群众的实践中。发现、分析和解决问题离不开人民群众的实践智慧，必须深入基层，虚心请教人民群众。群众路线是党开展调查研究的重要方法，必须紧紧依靠人民，从密切联系群众的实践中汲取力量，不断提高调查研究能力。

---

①　习近平. 习近平谈治国理政：第4卷. 北京：外文出版社，2022：526.

人民群众是社会历史的创造者。党在百余年奋斗中能够取得辉煌成就，离不开人民群众的支持和参与。群众的呼声集中反映了群众的需求和愿望，开展调查研究就是要切实解决人民群众最关心、最直接、最现实的利益问题，及时反映群众的意见，并且要积极总结群众创造出的解决问题的宝贵经验。

（三）密切联系实际："结合实际情况去解决问题"

理论联系实际是党的优良作风和制胜法宝。任何问题的最终解决，都离不开对实际情况的了解以及对发展规律的把握，理论与实践的互动推动着问题得到解决。同时，坚持真理、修正错误也是党在密切联系实际、解决现实问题的过程中始终遵循的重要方面。坚持一切从客观、具体的实际出发，及时发现目前存在的具体问题，这是解决问题的科学思路。也就是说，只有深入了解世情国情，不断分析变化发展的形势，把握事物发展的规律，才能找到解决问题的办法。

密切联系实际，理论与实际相结合，需要用党的创新理论武装头脑。学习马克思主义中国化创新理论成果的重要出发点是研究和解决重大现实问题。中国共产党坚持学以致用，在应对各种问题的过程中不断提升解决问题的能力，始终注重联系人民所处的实际，解决人民急难愁盼的问题，将群众路线贯彻落实到实处；始终注重联系党发展壮大的实际，解决党内存在的问题，将党的建设新的伟大工程持续推进；始终注重联系国家和民族的实际，解决制约国家发展进步的问题，推动民族复兴伟业的实现。总之，密切联系实际是解决问题的重要途径。这一方法强调坚持立足于中国的基本国情，聚焦突出问题和普遍问题，深入实际了解情况，把握发展规律，在实践中进一步创新解决问题的思路和方法。

（四）倡导独立自主："中国的问题还要靠中国人自己努力"

坚持独立自主，是党从百余年奋斗实践中得出的宝贵经验，也是党解决问题的重要原则。独立自主解决中国的问题，就是把国家和民族的发展放在自己力量的基点上，把命运牢牢掌握在自己手中。"我们是自主的党"，"任何人无权把别人的意志强加给我们"[①]。解决中国问题归根到底要靠中国自己的力量，要靠中国人民的自力更生、艰苦奋斗和不懈努力。如果一味依赖他人，就会丧失自身的独立性，失去解决问题的主动权。党始终坚持从中国具体国情出发，发扬独立自主的探索精神，在革命、建设、改革和开创新时代的实践中探索并形成了符合中国实际、能够解决中国问题的正确道路。

当然，坚持独立自主，并不意味着盲目排外，任何问题都不可能在保守封闭中得到解决。对于人类优秀文明成果以及国外的成熟经验，应该保持开放的心态，积极学习和借鉴其中的有益成分，同时剔除不适合中国实际的部分，做到辩证取舍。

---

① 列宁.列宁全集：第46卷.2版.北京：人民出版社，1990：508.

在坚持独立自主解决问题的过程中，必须把握好中西、内外之间存在的差异，处理好吸收借鉴与以我为主之间的辩证关系。要立足于中国具体实际，坚持去粗取精、为我所用，吸收借鉴一切有利于解决中国问题的先进文明成果，在解决自身问题的同时为人类社会发展进步贡献更为丰富的历史经验。

（五）坚持发展为重："发展是解决中国所有问题的关键"

生产力在人类社会发展中具有决定性作用。"发展是党执政兴国的第一要务，是解决中国所有问题的关键。"[①]党在实践中灵活运用马克思主义，不断深化对于发展的认识，强调解放生产力、发展生产力，并创造性地提出保护生产力。只有通过破除影响发展的各种因素，促进生产力发展，才能为解决中国的问题奠定坚实的物质基础。

作为一个国情复杂而又人口众多的国家，中国发展面临的压力大、困难多，但越是如此，就越要坚持推动发展。这是因为，只有通过不断发展，提高人民生活水平，增强综合国力，才能更有信心、力量和底气来解决各种矛盾和问题。如果发展停滞或发展较慢，那么，就会衍生出更多的矛盾和问题。发展越顺畅，就越有利于解决问题；而问题越是及时有效地得到解决，就越有利于持续发展。所以，这是一个良性循环的过程。

---

① 习近平.在庆祝中国共产党成立95周年大会上的讲话.北京：人民出版社，2016：15.

当前，在中国共产党的坚强领导下，中国改革发展取得了重大成就，这为化解矛盾、解决问题奠定了重要基础。但是，随着新征程中各种新问题的不断出现，仍需我们坚持不懈地推动发展，以高质量发展凝聚解决问题的强大能量。

三、中国共产党坚持问题导向的基本经验

中国共产党在百余年发展历程中始终坚持问题导向，并在此过程中积累了一些基本经验。这些基本经验体现着中国共产党人的深刻认知，凝结着中国共产党人的卓越智慧，具有重要的启示和借鉴意义。

（一）坚持发现问题与解决问题有机统一

坚持问题导向是一个由若干环节构成的有机链条，其中包括发现问题、分析问题和解决问题等。发现问题是坚持问题导

向的基础和前提，在坚持问题导向中处于先导性地位。只有及时发现问题，才能在此基础上进一步分析和解决问题。当然，及时发现问题既是一种意识，更是一种能力。这种能力并不是与生俱来、自然生成的，而是需要在实践中不断锻炼和提高的。中国共产党百余年来坚持问题导向的过程，实际上也是一个不断提高发现问题能力的过程。不仅如此，发现问题越及时，就越有利于深入分析问题，科学解决问题。也就是说，发现问题与解决问题是有机统一的，发现问题是前提，解决问题是目的，二者是一个前后贯通、相互联系的统一体。如果不以解决问题为导向和目标，那么发现问题就徒劳无功；如果不以发现问题为基础和前提，那么解决问题就凭空无据。中国共产党人深刻把握二者之间的辩证关系，始终坚持把发现问题与解决问题有机联系起来，取得了良好的实践成果。

发现问题与解决问题既相互影响、相互作用，又相互支撑、相互依托，二者有机统一于中国革命、建设、改革和开创新时代的实践中。随着对中国国情以及客观规律的深入了解和把握，中国共产党人发现问题、解决问题的能力也在逐步提高。当前，在全面建设社会主义现代化国家新征程中，面对前进道路上的各种新问题、新挑战，依然需要大力发扬斗争精神，在不断发现问题、解决问题的过程中持续推进中国式现代化事业发展。

（二）坚持问题意识与问题导向有机统筹

坚持问题导向，需要增强问题意识，增强问题意识是坚持问题导向的前提和基础。所谓问题意识，是指人们能够发现问题、找准问题以及认识问题的主观能动性。换言之，问题意识就是承认矛盾的普遍性、问题的客观性，既不否认回避存在的问题，也不消极懈怠地应付问题，而是积极发现、面对和解决问题，如此才能把握好解决问题的主动权。习近平总书记强调："要有强烈的问题意识，以重大问题为导向，抓住关键问题进一步研究思考，着力推动解决我国发展面临的一系列突出矛盾和问题。"①在革命、建设、改革和开创新时代的不同历史时期，虽然面对的矛盾及其表现形式各有不同，但是矛盾和问题是无处不在、无时不有的。中国革命、建设、改革和开创新时代事业的不断发展、顺利推进，在很大程度上取决于是否能够及时地发现、分析和解决问题。这就要求必须具有发现问题的敏锐性、正视问题的清醒性和解决问题的自觉性，亦即强烈的问题意识。

当前，我们正处于全面建设社会主义现代化国家的新征程中，前进道路上各种矛盾、问题是层出不穷的，只有敏于发现问题、敢于直面问题、善于解决问题，坚持问题意识与问题导向有机统筹，才能不断开创中国式现代化事业发展新局面。"强化问题意识、树立问题导向"②，要善于在调查研究中发现问题，在辩证思考、深入研讨中分析问题，在敢于负责、勇于担当中应对新挑战、解决新问题。此外，强化问题意识与坚持问题导向是良性互动的关系，即问题意识越强烈，就越有利于坚持问

---

① 中共中央文献研究室．十八大以来重要文献选编：上．北京：中央文献出版社，2014：497.

② 中共中央宣传部．习近平总书记系列重要讲话读本．北京：人民出版社，2014：193.

题导向。所以，中国共产党的百余年发展史，就是一部在实践中强化问题意识与坚持问题导向相互促进的过程。

（三）坚持问题导向与目标导向有机协调

坚持问题导向是一种重要的思维方法、工作方法，是中国共产党百余年来不断取得革命、建设、改革和开创新时代事业发展重大成就的基本经验和重要法宝。但是，真正的问题导向并不是孤立的，而是与目标导向紧密联系在一起的。只有坚持问题导向与目标导向有机协调，才能实现顶层设计与实践探索的有机统一。事实上，所谓问题导向，就是一切从实际出发，善于思考问题，及时发现问题，科学分析问题，合理解决问题的过程；而目标导向则是要紧紧围绕既定目标开展工作、推进实践，充分发挥既定目标的指引和导向作用。坚持问题导向和目标导向有机协调，一方面要不断地克服困难、解决问题，充分发扬敢于斗争、善于斗争的精神，在战胜各种艰难险阻、风险挑战中，不断接近实现既定目标；另一方面要根据我们当前所处的历史方位、面临的内外环境、承担的历史使命等，明确战略目标，制定战略规划，擘画发展蓝图，使解决问题始终有着清晰的目标和方向。

中国共产党不断推进中国式现代化发展的过程，就是一个始终坚持问题导向与目标导向有机协调的过程。从"四个现代化"、"三步走"发展战略，到"两个一百年"奋斗目标、新"三步走"发展战略、两个十五年战略安排等，中国共产党领导下的中国式现代化始终有着明确的战略目标和长远规划，以及合理的战略部署、战略安排。如此明确而远大的目标，使中国式现代化事业有了科学的引领和强大的动力，更有利于在此过程中战胜困难、克服阻力，不断推进中国式现代化事业的发展。所以，问题导向与目标导向是辩证统一的，需将二者有机协调起来。

（四）坚持为了人民与依靠人民有机互动

为了谁、依靠谁是中国共产党坚持问题导向首要的、基本的前提条件。坚持问题导向的根本目的是解决问题、推动发展，虽然中国共产党是坚持问题导向的直接主体，但是，作为一个立党为公、执政为民的马克思主义政党，中国共产党坚持问题导向的根本动力是为人民谋利益、增福祉，这是由中国共产党的性质宗旨、初心使命等决定的。众所周知，与西方资本主义国家党际、党群之间的利益对立与冲突不同，中国共产党的利益与人民群众的利益根本上是完全一致、高度统一的，其百余年来接续奋斗的根本目的是为人民谋幸福。因此，以人为本、人民至上是贯穿中国共产党坚持问题导向过程中的核心理念和根本追求，深刻反映了中国共产党的发展观、价值观。换言之，坚持为民服务，是中国共产党坚持问题导向的出发点和落脚点。

同时，中国共产党坚持问题导向并不意味着能够自然而然地解决问题，或者自动实现服务人民的目的。坚持问题导向内在地包含着发现问题、分析问题、解决问题等若干环节和过程，其中，发现问题、分析问题是基础，而解决问题则是目标和归宿。而无论是发现问题、分析问题还是解决问题，都需要密切联系群众，紧紧依靠群众，充分凝聚人民群众的智慧和经验。这是因为人民群众是历史的创造者，是社会实践活动的主体。只有尊重人民群众主体地位，激发人民群众创造伟力，才能使中国共产党坚持问题导向有坚实的群众基础和强大的力量支撑。百余年来，正是靠着为了人民与依靠人民的有机互动，中国共产党坚持问题导向才取得了显著的实践成果，才不断增强了人民群众的幸福感、获得感。

四、中国共产党坚持问题导向的实践成就

党在百余年奋斗历程中坚持问题导向，立足于国情，着眼于社会主要矛盾，把握历史脉络，科学认识发展规律，回应和解决事业发展过程中面临的重大理论和实践问题，推动着马克思主义中国化的历史进程，并取得了辉煌的成就。

（一）解决为什么进行中国革命、如何进行中国革命的问题，完成救国济民的历史任务

鸦片战争之后的中国逐步成为半殖民地半封建社会，中国

人民和中华民族饱受列强的欺凌和奴役。帝国主义和中华民族、封建主义和人民大众之间的矛盾，严重制约着中国社会的发展进步。社会上的有识之士以及孙中山领导的资产阶级政党艰辛探索救国之路，但都以失败告终。中国共产党自成立之日起，便重视分析中国的国情和社会主要矛盾，明确了革命斗争的方向和目标。以毛泽东同志为主要代表的中国共产党人担负起推翻"三座大山"，争取民族独立、人民解放的历史责任，运用马克思主义基本原理解决中国革命的具体问题，在实践中把握中国革命的特点和发展规律，开辟出了一条农村包围城市、武装夺取政权的正确革命道路，创立形成了毛泽东思想，为新民主主义革命取得胜利提供了科学理论指导。党和人民经过 28 年的浴血奋斗，最终实现了民族独立、人民解放，建立了中华人民共和国。"中国人民从此站起来了，中华民族任人宰割、饱受欺凌的时代一去不复返了，中国发展从此开启了新纪元。"①

（二）解决为什么进行社会主义改造、如何进行社会主义改造和建设的问题，完成立国安民的历史任务

中国共产党人坚信只有社会主义才能救中国，党领导的新民主主义革命作为世界无产阶级革命的重要组成部分，前途命运必然是实现社会主义。新中国成立后，党带领人民肃清国民党残余，开展土地革命，国民经济得到了迅速恢复和发展。党

---

① 中共中央关于党的百年奋斗重大成就和历史经验的决议.北京：人民出版社，2021：22.

在实行第一个五年计划发展经济的同时，准确把握历史时机，对农业、手工业和资本主义工商业进行有步骤的社会主义改造。在此基础上，建立起了社会主义基本制度，中国由此进入社会主义社会。针对苏共建设社会主义中存在的问题，党明确提出要以苏为鉴，独立自主地探索适合中国情况的社会主义道路。党的八大精准研判社会主要矛盾，明确了党在今后的工作中应该集中力量发展社会生产力，实现国家工业化，逐步满足人民日益增长的物质和文化需要。党在进行社会主义建设的过程中虽然出现过失误和挫折，但"取得的独创性理论成果和巨大成就，为在新的历史时期开创中国特色社会主义提供了宝贵经验、理论准备、物质基础"①。

（三）解决什么是社会主义、怎样建设社会主义，建设什么样的党、怎样建设党，实现什么样的发展、怎样发展的问题，完成富国兴民的历史任务

党的十一届三中全会以后，以邓小平同志为主要代表的中国共产党人，围绕什么是社会主义、怎样建设社会主义，创立形成了邓小平理论。党的十三届四中全会以后，以江泽民同志为主要代表的中国共产党人，在继承前人经验与智慧的基础上，与时俱进地深化对一些重大理论与实践问题的认识，突出强调在思想、组织、作风等方面全面加强党的建设。党的十六大以

---

① 中共中央关于党的百年奋斗重大成就和历史经验的决议.北京：人民出版社，2021：14.

后，以胡锦涛同志为主要代表的中国共产党人，在发展理念、发展方式、发展规律等方面推进理论创新，为解决发展问题提供科学理论指导。党在回应时代课题、带领人民探索中国特色社会主义道路的过程中分别形成了邓小平理论、"三个代表"重要思想、科学发展观，构成了中国特色社会主义理论体系的重要组成部分。党在改革开放中取得了伟大成就和丰富经验，推动着中华民族从站起来到富起来的伟大飞跃。"改革开放是决定当代中国前途命运的关键一招，中国特色社会主义道路是指引中国发展繁荣的正确道路，中国大踏步赶上了时代。"①

（四）解决新时代坚持和发展什么样的中国特色社会主义、怎样坚持和发展中国特色社会主义，建设什么样的社会主义现代化强国、怎样建设社会主义现代化强国，建设什么样的长期执政的马克思主义政党、怎样建设长期执政的马克思主义政党的问题，奋力实现强国富民的目标

党的十八大以来，以习近平同志为核心的党中央立足基本国情，精准把握社会主要矛盾的变化，引领党和国家事业取得历史性成就、发生历史性变革，中国特色社会主义进入新时代。改革开放40多年来的发展为党接续奋斗奠定了坚实的理论基础、物质基础和实践基础。面对复杂多变的国际形势和艰巨繁重的

---

① 中共中央关于党的百年奋斗重大成就和历史经验的决议.北京：人民出版社，2021：23.

国内改革发展稳定任务，以习近平同志为主要代表的中国共产党人，统筹"两个大局"，坚持把马克思主义基本原理同中国具体实际相结合、同中华优秀传统文化相结合，回答了新时代党和国家事业发展的一系列重大理论和实践问题，创立了习近平新时代中国特色社会主义思想。党在奋斗实践中不断深化对于中国特色社会主义规律的认识，"十个明确"系统概括了新时代坚持和发展中国特色社会主义的基本问题以及具体领域中突出的问题，回答着道路之问。党团结带领中国人民走出了中国式现代化道路，创造了人类文明新形态，部署"两步走"发展战略，以中国式现代化推进中华民族伟大复兴，回答着强国之问。勇于自我革命是党最鲜明的特征，党找出了跳出治乱兴衰历史周期率的第二个答案——自我革命，并强调以伟大自我革命引领伟大社会革命，回答着强党之问。经过几代中国共产党人的接续奋斗，"中华民族迎来了从站起来、富起来到强起来的伟大飞跃"①。

---

① 中共中央关于党的百年奋斗重大成就和历史经验的决议 . 北京：人民出版社，2021：62.

第三章

坚持问题导向是新时代丰富
发展马克思主义世界观
和方法论的宝贵成果

习近平新时代中国特色社会主义思想的世界观和方法论，是马克思主义哲学中国化时代化的最新成果，是新时代中国共产党人对马克思主义世界观和方法论的丰富发展。"六个必须坚持"是习近平新时代中国特色社会主义思想的世界观和方法论的鲜明特征和集中体现，是新时代伟大实践的哲学结晶。坚持问题导向，在"六个必须坚持"中具有重要地位，是马克思主义哲学充满新时代哲学精神的一个标识性表述，是新时代取得历史性成就、推进历史性进展的哲学方法论。深入领会坚持问题导向的时代背景、思想内涵、实践运用、哲学贡献等，是深化理解习近平新时代中国特色社会主义思想立场观点方法的重要要求。

一、坚持问题导向是马克思主义哲学中国化时代化的重要成果

　　哲学是思想的精华、理论的精髓，哲学的发展和变革对于思想的解放、理论的创新具有关键性作用。中国共产党在百余年奋斗历程中不断推进马克思主义中国化时代化，内在地包含着推进马克思主义哲学中国化时代化，用具有中国底蕴、创新精神的中国共产党哲学思想作为党的创新理论的哲学支撑。坚持问题导向和其他"五个必须坚持"，共同成为新时代中国共产党发展中国化时代化马克思主义哲学的重大成果，又有其独特

内涵和意义，需要深入研究和阐述。

（一）马克思主义中国化时代化内含着马克思主义哲学中国化时代化

我们党在领导革命、建设、改革和开创新时代的实践中，始终坚持马克思主义的指导地位，把马克思主义哲学作为科学的世界观和方法论。同时，党始终坚持把马克思主义基本原理同中国具体实际相结合、同中华优秀传统文化相结合，以"两个结合"为根本途径推进马克思主义中国化时代化。在这一过程中，形成了中国化时代化的马克思主义，其中包含着发展出中国化时代化的马克思主义哲学。

推进马克思主义中国化时代化要求确立"化"的哲学根据，反映党的特定使命任务。中国共产党接受马克思主义并将其作为党的指导思想，不是因为它"好看"或者"神秘"，而是因为有着强烈的实践需求，是要把马克思主义作为实现中华民族伟大复兴的科学指导。理论是抽象的，实践是具体的。马克思主义作为科学理论应用于具体实践，就要实现理论与实践的结合和统一。不实现这样的结合和统一，再好的理论也是不管用的。理论具有普遍性，实践具有特殊性。马克思主义基本原理是普遍真理，中国有着自己的特殊国情，在中国建立和建设社会主义，就要把普遍性和特殊性结合起来。不从中国革命实践的特点规律出发，不讲中国具体实际，就会犯教条主义的错误。党在艰辛探索中形成了正确的思想路线，坚持理论联系实际，坚持普遍性和特殊性的统一，确立了推进马克思主义中国化时代化的哲学根据。

推进马克思主义中国化时代化要求明确"化"的哲学要义，反映党的重大实践课题。在推进马克思主义中国化时代化进程中推进马克思主义哲学中国化时代化，为中国化时代化的马克思主义提供哲学支持，是党的理论创新的一条重要规律。在理论创新进程中，不仅理论成果是中国化时代化的，而且理论成果中的哲学成果也是中国化时代化的。在每个历史时期，党面临着不同的重大实践课题，要解决不同的主要矛盾，理论创新的新任务凸显了哲学思想的着重点。从中国共产党哲学思想的发展历程看，坚持马克思主义世界观和方法论是一脉相承的，坚持在一代代中国共产党人哲学创新的基础上继续推进马克思主义哲学中国化时代化，提供新的哲学成果是探索不止的。

推进马克思主义中国化时代化要求提供"化"的哲学方法，反映党的艰辛探索经验。推进马克思主义中国化时代化，首先要解决要不要"化"的问题，其次要解决怎样"化"的问题，在这个探索过程中发展出中国共产党哲学思想。党的思想路线凝练概括了推进马克思主义中国化时代化的哲学结论，党章明确指出："党的思想路线是一切从实际出发，理论联系实际，实事求是，在实践中检验真理和发展真理。"①实质上就是要解放思想、实事求是、与时俱进、求真务实。坚持"两个结合"是推进马克思主义中国化时代化的根本经验、根本方法，习近平总

---

① 中国共产党第二十次全国代表大会文件汇编.北京：人民出版社，2022：82.

书记在文化传承发展座谈会上指出："历史正反两方面的经验表明，'两个结合'是我们取得成功的最大法宝。"① 由此可知，"两个结合"是马克思主义哲学中国化时代化十分重要的成果。"六个必须坚持"既是习近平新时代中国特色社会主义思想立场观点方法的重要体现，也是党长期探索的宝贵结晶。

（二）习近平新时代中国特色社会主义思想的世界观和方法论是马克思主义哲学中国化时代化的最新成果

在马克思主义中国化时代化的发展历程中，先后创立和形成了毛泽东思想、邓小平理论、"三个代表"重要思想、科学发展观、习近平新时代中国特色社会主义思想等重大理论成果。这些成果对马克思主义哲学中国化时代化作出了重要理论贡献。

毛泽东思想是马克思列宁主义在中国的创造性运用和发展。毛泽东思想的活的灵魂体现为实事求是、群众路线、独立自主三个基本方面，是贯穿于整个理论体系之中的立场、观点、方法。毛泽东领导党开辟农村包围城市、武装夺取政权的正确革命道路，创立坚持理论联系实际、密切联系群众、批评和自我批评的三大优良作风，提出严格区分和正确处理敌我矛盾和人民内部矛盾，正确处理我国社会主义建设的十大关系等独创性理论成果，这些都包含着丰富深刻的哲学思想。

---

① 习近平 . 在文化传承发展座谈会上的讲话 . 求是，2023（17）.

邓小平理论围绕什么是社会主义、怎样建设社会主义这一根本问题，深刻揭示社会主义的本质，确立社会主义初级阶段的基本路线，明确提出走自己的路、建设中国特色社会主义。邓小平理论的精髓是解放思想、实事求是，体现在这一理论科学回答建设中国特色社会主义一系列基本问题上。"三个代表"重要思想，加深了对什么是社会主义、怎样建设社会主义和建设什么样的党、怎样建设党的认识，要求代表中国先进生产力的发展要求，代表中国先进文化的前进方向，代表中国最广大人民的根本利益，是当代中国共产党人坚持和发展历史唯物主义的鲜明体现。科学发展观深刻认识和回答了新形势下实现什么样的发展、怎样发展等重大问题，强调坚持以人为本、全面协调可持续发展，着力保障和改善民生，促进社会公平正义，丰富深化了马克思主义发展观。

习近平新时代中国特色社会主义思想，从理论和实践的结合上深入回答关系党和国家事业发展、党治国理政的一系列重大时代课题，提出一系列治国理政新理念新思想新战略，实现了马克思主义中国化时代化新的飞跃。这一思想坚持"两个结合"，坚持运用辩证唯物主义和历史唯物主义，不断回答中国之问、世界之问、人民之问、时代之问，以全新的视野深化对共产党执政规律、社会主义建设规律、人类社会发展规律的认识，形成了符合中国实际和时代要求、符合客观规律、与时俱进的理论成果及哲学思想。必须坚持人民至上，必须坚持自信自立，必须坚持守正创新，必须坚持问题导向，必须坚持系统观念，必须坚持胸怀天下，是中国化时代化马克思主义哲学在新时代的重大成果。

（三）坚持问题导向是"六个必须坚持"的有机组成部分

"六个必须坚持"凝结着新时代的哲学精神，蕴含着马克思主义世界观、方法论和立场、观点、方法，构成了一个逻辑体系。坚持人民至上，体现了习近平新时代中国特色社会主义思想的世界观和方法论的根本立场和根本价值，回答了新时代中国特色社会主义为了谁、依靠谁、服务谁的宗旨问题，是习近平新时代中国特色社会主义思想的立场观点方法的魂脉。坚持自信自立，体现了习近平新时代中国特色社会主义思想的世界观和方法论的鲜明风格，反映了中国共产党独立自主开创中国道路、坚定"四个自信"的精神品格，彰显了习近平新时代中国特色社会主义思想的立场观点方法的志气、骨气、底气。坚持守正创新，体现了习近平新时代中国特色社会主义思想的世界观和方法论的发展观念，表明了在理论发展和实践发展中要把守正和创新统一起来的基本原则，点出了新时代伟大变革的成功之道，表明了习近平新时代中国特色社会主义思想的立场观点方法的历史视野。坚持问题导向，体现了习近平新时代中国特色社会主义思想的世界观和方法论的实践取向，反映了从问题、矛盾、务实、实效出发的思维路径，彰显了习近平新时代中国特色社会主义思想的立场观点方法的使命意识。坚持系统观念，体现了习近平新时代中国特色社会主义思想的世界观和方法论的辩证方法，凝结着新时代治国理政的丰富经验，展现了习近平新时代中国特色社会主义思想的立场观点方法的思维方式。坚持胸怀天下，体现了习近平新时代中国特色社会主义思想的世界观和方法论的崇高境界，展现着"四为四谋"的宽阔胸襟，反映了习近平新时代中国特色社会主义思想的立场观点方法的人类情怀。

　　坚持问题导向有其独立的内涵和价值，又与其他几个坚持紧密联系、相互贯通。坚持人民至上这一价值理念的有力证明，根本是要体现在党的执政实践中，体现在满足人民日益增长的美好生活需要、着力解决人民群众急难愁盼问题上。坚持自信自立这一信念意志的牢固确立，关键是要回答好中国共产党为什么能、中国特色社会主义为什么好，归根到底是马克思主义行、是中国化时代化的马克思主义行的根本问题。坚持守正创新这一发展遵循的正确贯彻，前提是要明确守正守的是什么、创新创的是什么，守正和创新如何统一起来的问题。坚持系统观念这一唯物辩证的科学思维，需要回答新时代的系统性有什么新特征、新时代坚持系统观念的重要要求是什么、"七种思维能力"的关系是什么等问题。坚持胸怀天下这一共产党人的理想情怀，重要的是要理解新时代构建人类命运共同体的根据、内涵、条件、路径等问题，认清在国际意识形态领域斗争激烈的形势下怎样弘扬全人类共同价值的问题。

二、坚持问题导向是新时代坚持和发展中国特色社会主义的哲学要求

坚持问题导向的哲学思想，存在于辩证唯物主义和历史唯物主义基本原理之中。新时代明确提出坚持问题导向并将其作为习近平新时代中国特色社会主义思想的世界观和方法论的重要成果，反映了新时代伟大变革的哲学要求，是习近平总书记准确把握时代脉搏、深刻领悟实践要求的哲学升华。

（一）时代变革必然要凝结为哲学思想

社会历史是在社会基本矛盾推动下不断前进的历史，由于社会基本矛盾的性质和状况不同，就形成了由不同生产方式和社会方式构成的社会形态，形成了在社会基本矛盾总的框架下根据不同标准划分的时代。历史的长河奔流不息，时代的波涛卷起巨澜。在时代的前行和变迁中，创新是越来越重要的动力，当今时代创新已成为第一动力。创新内含着变革，变革标志着时代。社会基本矛盾运动不会停止，历史不会"终结"，时代始终在不断变革中开创新的时代。

哲学是时代的映照，时代受哲学的引导，时代变革与哲学变革是一个相互影响、相互促进的过程。时代变革是生产力和生产关系、经济基础和上层建筑全方位的变革，哲学作为精神上层建筑的重要构成，是在思维中把握的时代，必然要以哲学思维的方式反映和把握所处的时代及其变革。哲学变革是哲学观念、哲学方法、哲学功能等的变革，是思想解放的哲学启蒙，哲学变革重塑人的世界观、人生观、价值观，给出新的思维方法和实践指向，从而影响和改变人的行为准则和行为方式，造就新的社会风尚，成为时代变革的先导。

19世纪40年代，随着资本主义的发展，生产力的革命，阶级斗争的尖锐，自然科学的重大发现，马克思主义哲学应运而生，形成了唯物的、辩证的、实践的、历史的新哲学，实现了哲学思想史上的一场革命。马克思主义哲学的创立，为人类提供了一种崭新的世界观和方法论，提供了认识世界和改造世界的科学工具，为工人阶级提供了争取自身解放、建立新的社会的理想图景。在马克思主义指引下，社会主义从空想到科学、从理论到实践、从一国到多国，世界历史进入了新的时代。中国共产党的成立，为实现中华民族伟大复兴翻开了新的篇章，党领导的伟大社会革命书写着中华民族历史的新纪元。进行中国革命，首先要回答好马克思主义要不要和中国实际相结合、怎样和中国实际相结合的问题，由此必须破除教条主义的束缚。毛泽东同志反对本本主义，在全党确立了实事求是的思想路线，树立了马克思主义的理论和实际相结合的学风，由此为形成中国革命的正确道路奠定了哲学基础，为赢得新民主主义革命的胜利创造了思想条件。"文化大革命"结束以后，在党和国家面临何去何从的重大历史关头，邓小平同志坚定支持真理标准问题大讨论，带领全党重新确立了解放思想、实事求是的思想路线，作出彻底否定"文化大革命"的重大决策，开启了改革开放和社会主义现代化建设新时期。

（二）新时代伟大实践孕育新时代哲学精神

　　党的十八大以来，中国特色社会主义进入新时代。习近平总书记指出："当代中国正经历着我国历史上最为广泛而深刻的社会变革，也正在进行着人类历史上最为宏大而独特的实践创新。"①新时代统筹中华民族伟大复兴战略全局和世界百年未有之大变局,实现"两个一百年"奋斗目标,进行具有许多新的历史特点的伟大斗争,建设长期执政的马克思主义政党,把握战略机遇、应对风险挑战,是进行伟大社会变革、展开伟大实践创新的时代,也是孕育新的哲学精神的时代。习近平新时代中国特色社会主义思想的世界观和方法论,正是在这样的时代背景下形成的。

新时代强调江山就是人民、人民就是江山,彰显了人民至上的哲学精神。我国是人民当家作主的国家,党执政必须为了人民、依靠人民。把江山与人民融为一体,体现了历史唯物主义的根本观点和马克思主义执政党的国家观。人民是主体、人民是中心、人民是英雄,体现在新时代治国理政一系列理论和实践之中。坚持人民至上,就是要求在多种价值选择、各种重大抉择中,都要把人民利益作为最高准则、根本标准。

新时代推进中国式现代化,彰显了自信自立的哲学精神。中国式现代化道路是党带领人民走出来的实现中华民族伟大复兴的康庄大道,道路自信的重要内容就是对中国式现代化自信。中国式现代化在与西方式现代化的比较中得以自信,是建立在中华文明基础上的社会主义现代化,深厚的文明底蕴和中国特色社会主义制度优势托起中国式现代化。中国式现代化的自信自立,是把各国现代化的共同特征和中国式现代化的中国特色结合起来的自信自立,是把自信自立和开放包容统一起来的自

---

① 习近平.在哲学社会科学工作座谈会上的讲话.人民日报,2016-05-19(2).

信自立。

新时代承前启后、继往开来，彰显了守正创新的哲学精神。新时代中国特色社会主义是改革开放以来开创中国特色社会主义的继续，又具有新时代的性质和内涵，必须把守正和创新统一起来，守住中国特色社会主义道路、理论、制度、文化之正，开创中国特色社会主义新时代之新，在守正的前提下创新，在创新的过程中守正。守正不是保守僵化，是为了正确地创新；创新不是抛弃传统，是为了更好地守正。

新时代开创伟大事业，彰显了问题导向的哲学精神。新时代是在进行伟大斗争、建设伟大工程、推进伟大事业、实现伟大梦想中开创出来的，是在着力解决影响党长期执政、国家长治久安、人民幸福安康的突出矛盾和问题中攻坚克难闯出来的。必须从问题出发，而不是从概念出发；必须直面问题，而不是回避问题；必须抓准问题，而不是误判问题；必须有解决问题的魄力和能力，而不是缺乏解决问题的信心和力量。

新时代统筹推进"五位一体"总体布局、协调推进"四个全面"战略布局，彰显了系统观念的哲学精神。统筹推进经济、政治、文化、社会、生态文明建设"五位一体"总体布局，构成新时代中国特色社会主义主要领域的系统工程；协调推进全面建设社会主义现代化国家、全面深化改革、全面依法治国、全面从严治党"四个全面"战略布局，构成新时代坚持和发展中国特色社会主义战略目标和战略举措的系统方略。总体布局和战略布局相互作用、相互支持，要求必须坚持系统观念，增强辩证思维能力，以系统思维统筹系统布局。

新时代推动构建人类命运共同体，彰显了胸怀天下的哲学精神。人类是命运与共的共同体，有着共同利益，面对共同挑战，只有和衷共济、和合共生这一条出路。构建人类命运共同体，建设持久和平、普遍安全、共同繁荣、开放包容、清洁美丽的世界，是人类社会共同的价值追求。胸怀天下就是始终以世界眼光关注人类前途命运，顺应人类发展大潮流，把握世界变化大格局，以全面推进中华民族伟大复兴，推动构建人类命运共同体。

（三）推进新时代伟大变革必然要求坚持问题导向

新时代伟大变革具有里程碑意义，包含着全面的理论创新、实践创新、制度创新、文化创新。问题是时代的声音，也是创新的起点和动力源泉。新时代伟大变革内在地要求问题导向，只有坚持问题导向才能推进新时代伟大变革。

推进新时代伟大变革，动力来自问题导向。习近平总书记指出："我们中国共产党人干革命、搞建设、抓改革，从来都是为了解决中国的现实问题。"[①] 作为新时期伟大革命的改革开放，正是由多年积累的问题倒逼而发生，也是由在改革进程中不断解决新的问题而深化。进入新时代，党治国理政面临重大考验，必须依靠伟大斗争解决长期没有解决的深层次矛盾和问题以及新出现的一些矛盾和问题，推进新时代伟大变革势在必行。党

---

① 习近平.论坚持全面深化改革.北京：中央文献出版社，2018：27.

带领人民攻克了许多长期没有解决的难题，办成了许多事关长远的大事要事，党和国家事业取得历史性成就、发生历史性变革。

推进新时代伟大变革，目标基于问题导向。"两个一百年"奋斗目标，也是新时代伟大变革的奋斗目标，这一目标的设定不是主观意志的产物，而是建立在回答新时代重大时代课题的基础上的，为新时代建设什么样的中国特色社会主义、怎样建设中国特色社会主义提供了正确路径。全面建成小康社会，从根本上说就是为了解决农村贫困人口全部脱贫问题，解决已有的总体小康水平还不高、分布还不平衡的问题，突出抓重点、补短板、强弱项。全面建设社会主义现代化国家，从根本上说就是要全面夯实实现中华民族伟大复兴的各方面基础，解决怎样实现中华民族伟大复兴的问题；就是要在与资本主义的竞争和较量中，以中国式现代化全面推进强国建设、民族复兴伟业，回答中国特色社会主义为什么好的问题。

推进新时代伟大变革，进程根据问题导向。党的十九大做出了从 2020 年到本世纪中叶分两个阶段推进全面建设社会主义现代化国家新征程的战略安排，这是综合分析国际国内形势和我国发展条件，着眼于解决新时代我国社会主要矛盾这一问题做出的。我国社会主要矛盾已经转化为人民日益增长的美好生活需要和不平衡不充分的发展之间的矛盾，解决这个社会主要矛盾必然要求全面建设社会主义现代化国家，只有全面建成社会主义现代化强国才能从根本上解决新时代社会主要矛盾。从不平衡发展到基本平衡发展，从不充分发展到基本充分发展，不能一蹴而就，只能分阶段逐步提升。第一阶段基本实现现代化，第二阶段全面建成现代化，这两个阶段实质上就是根据新时代社会主要矛盾的问题逻辑划分的。

推进新时代伟大变革，评价依据问题导向。问题是实践的导向，也是实践的标准。新时代伟大变革在党史、新中国史、改革开放史、社会主义发展史、中华民族发展史上产生的里程碑意义，要依据新时代伟大变革所解决的紧迫而重大问题的价值来做出判断。新时代管党治党宽松软状况得到根本扭转，走过百年奋斗历程的中国共产党在革命性锻造中更加坚强有力；新时代转变党内和社会上不少人对党和国家前途忧心忡忡的状况，党和人民正信心百倍推进中华民族从站起来、富起来到强起来的伟大飞跃；新时代解决发展不平衡、不协调、不可持续，传统发展模式难以为继的问题，书写了经济快速发展和社会长期稳定两大奇迹新篇章；新时代经受住了来自政治、经济、意识形态、自然界等方面的风险挑战考验，科学社会主义在 21 世纪的中国焕发出新的蓬勃生机；新时代全体中华儿女勠力同心、奋力实现中华民族伟大复兴中国梦，实现中华民族伟大复兴进入了不可逆转的历史进程。

三、坚持问题导向鲜明体现
新时代哲学精神

习近平总书记在党的二十大阐释必须坚持问题导向时指出："问题是时代的声音，回答并指导解决问题是理论的根本任务。今天我们所面临问题的复杂程度、解决问题的艰巨程度明显加大，给理论创新提出了全新要求。我们要增强问题意识，聚焦实践遇到的新问题、改革发展稳定存在的深层次问题、人民群众急难愁盼问题、国际变局中的重大问题、党的建设面临的突出问题，不断提出真正解决问题的新理念新思路新办法。"① 这段论述着眼于新时代推进理论创新和实践创新，集中说明了为什么要坚持问题导向、怎样坚持问题导向的重要问题，是理解把握坚持问题导向的关键所在。

（一）把回答并指导解决问题作为理论的根本任务，鲜明体现了新时代哲学的问题导向

问题是事物矛盾的表现形式，矛盾的普遍性决定了问题的普遍性。习近平总书记指出："我们强调增强问题意识、坚持问题导向，就是承认矛盾的普遍性、客观性，就是要善于把认识和化解矛盾作为打开工作局面的突破口。"② 实践的问题反映为理论的问题，回答和解决理论的问题，实质上也是推进和指导解决实践的问题。把回答并指导解决问题作为理论的根本任务，表明了对理论和实践关系的正确把握。问题归根到底是实践中的问题，是实践中的矛盾，理论源于实践，理论的发展创新离不开实践的土壤。把回答并指导解决问题作为理论的根本任务，表明了对理论功能的正确定位。理论服务于实践，理论的目的全在于应用，实践不仅是检验理论正确与否的唯一标准，也是判断理论价值大小的根本尺度。

---

① 中国共产党第二十次全国代表大会文件汇编.北京：人民出版社，2022：17.

② 中共中央文献研究室.习近平关于协调推进"四个全面"战略布局论述摘编.北京：中央文献出版社，2015：86.

　　理论创新始于问题，发现提出问题、研究回答问题、指导解决问题，构成理论创新的一个过程周期。习近平总书记指出："只有聆听时代的声音，回应时代的呼唤，认真研究解决重大而紧迫的问题，才能真正把握住历史脉络、找到发展规律，推动理论创新。"① 问题有不同层级、不同性质、不同范围、不同程度之分，新时代的问题从总体上概括包括中国之问、世界之问、人民之问、时代之问，在这些全局性宏观性战略性的问题下包含着一系列重大问题。习近平新时代中国特色社会主义思想，正是在回答这些事关中国特色社会主义前途命运的重大问题中创立起来的。坚持问题导向不仅需要敏锐发现问题所在的智慧，而且需要敢于直面尖锐问题的勇气。如果在矛盾和问题面前，熟视无睹，得过且过，回避或掩盖矛盾，搞"击鼓传花"，在棘手问题面前畏缩不前，生怕引火烧身，那就会导致问题越来越严重、矛盾越来越激化。

　　明确提出坚持问题导向，将其作为习近平新时代中国特色社会主义思想的立场观点方法的重要体现，鲜明地表明了新时代的哲学品格。新时代是一个需要理论创新并且产生了理论创新的时代，这一理论创新的需要不能仅仅从理论自身的演进逻辑来说明，更要从实践的需要、问题的存在、现实的矛盾来寻找。问题导向催生了理论创新的动力。坚持问题导向，也是在倡导新时代的哲学导向，无论是思维活动还是实际工作，都要坚持实践导向、矛盾导向、效果导向，面向实践、抓住矛盾、

---

① 习近平.论党的宣传思想工作.北京：中央文献出版社，2020：225.

注重效果。新时代之所以能够实现一系列突破性进展，取得一系列标志性成果，坚持问题导向是一个重要的方法论原因。

（二）清醒认识新时代面临问题的复杂程度和解决问题的艰巨程度，促进了新时代理论思维的能力提升

新时代面临问题的复杂程度，表现在多种矛盾问题的并存交织，增加了解决问题的艰巨程度。一是战略机遇问题和风险挑战问题并存交织。中华民族伟大复兴战略全局和世界百年未有之大变局的历史交汇，民族复兴关键时期与世界大调整动荡变革期的时空叠合，蕴含着新的战略机遇和新的风险挑战，机遇更具有战略性、可塑性，挑战更具有复杂性、全局性。二是外部环境问题和国内发展问题并存交织。世界百年未有之大变局加速演进，来自外部的打压遏制随时可能升级。我国改革发展稳定面临不少深层次矛盾，随着世界经济发展形势变化，要求加快构建新发展格局。三是存量问题和增量问题并存交织。在新时代，一系列长期积累的突出矛盾和问题亟待解决，比如落实党的领导弱化、虚化、淡化问题，同时又要及时解决新出现的突出矛盾和问题，比如在反腐败斗争中新出现的新型腐败和隐性腐败问题。四是体制性问题和顽固性问题并存交织。全面深化改革，一些深层次体制机制问题和利益固化藩篱日益显现，这些既需要从制度设计入手，革除体制机制的弊端，也要敢于涉险滩、啃硬骨头、破除藩篱。五是确定性问题和不确定性问题并存交织。前进道路上的风险挑战，既有确定的可预料

的问题，可以未雨绸缪，也有不确定的难预料的问题，各种"黑天鹅""灰犀牛"事件随时可能发生，必须坚持底线思维、做到极限思维。

问题的存在要求具有解决问题的能力。问题的复杂度越高、艰巨度越大，要求解决问题的能力就越强，这就成为促进理论创新的强大动力、提高理论思维的有效途径。新时代面临问题的复杂程度和解决问题的艰巨程度，给理论创新提出了全新要求，对理论思维提出了更高要求。一是要求理论创新具有更广阔的视野、理论思维具有更丰厚的维度。新时代中国共产党人担负着实现民族复兴、振兴社会主义的历史使命，必须开辟马克思主义中国化时代化新境界，发展当代中国马克思主义、21世纪马克思主义，在以前所未有方式展开的世界之变、时代之变、历史之变中提供科学理论指导。二是要求理论创新更好运用辩证思维、理论思维全面揭示事物联系。问题越复杂，就越要坚持辩证思维，习近平总书记指出，要"分清本质和现象、主流和支流，既看存在问题又看其发展趋势，既看局部又看全局"，"在全面客观分析的基础上，努力揭示我国社会发展、人类社会发展的大逻辑大趋势"①。三是要求理论创新更具有可行性、理论思维更契合实践逻辑。理论创新并不是仅仅提出新观点新构想就万事大吉了，必须要以推动问题的真正解决为目的。越是复杂性强的问题，解决起来就越难，对理论指导的精准性管用性就越高，理论思维就越是要着眼于解决问题。四是要求

①　中共中央文献研究室．习近平关于社会主义文化建设论述摘编．北京：中央文献出版社，2017：80.

增强理论创新的勇气，使理论思维更具有彻底性。理论有锋芒，理论创新不可能左右逢源，对于错综复杂的问题和盘根错节的矛盾，必须敢于亮剑。复杂的问题不容易理清头绪、抓住本质，这就要求理论思维由表及里、由浅入深，以彻底的理论解决艰难的问题。五是要求理论创新的迫切性更强、理论思维的连续性更强。习近平总书记在 2015 年指出："当前，我国已经进入发展关键期、改革攻坚期、矛盾凸显期，我们面临的矛盾更加复杂，既有过去长期积累而成的矛盾，也有在解决旧矛盾过程中新产生的矛盾，大量的还是随着形势环境变化新出现的矛盾。这些矛盾许多是这个发展阶段必然出现的，是躲不开也绕不过去的。"① 问题的累积叠加、新旧并存，加大了解决问题的压力，理论创新更要加快步伐，理论思维一刻不能停歇。

（三）从问题出发不断提出真正解决问题的新理念新思路新办法，彰显了新时代强烈的问题意识

坚持问题导向要求增强问题意识，瞄着问题去、对着问题改。问题是现实的、迫切的、要害的问题，真正解决问题就要紧紧扭住这类问题，把准问题的关节点，精准发力、"靶向治疗"，直到问题彻底解决。

聚焦实践遇到的新问题，回答新时代的重大时代问题。中国特色社会主义进入新时代，实践遇到的最为重大的新问题，

---

① 习近平 . 论党的宣传思想工作 . 北京：中央文献出版社，2020：128.

就是新时代坚持和发展什么样的中国特色社会主义、怎样坚持和发展中国特色社会主义，建设什么样的社会主义现代化强国、怎样建设社会主义现代化强国，建设什么样的长期执政的马克思主义政党、怎样建设长期执政的马克思主义政党等重大时代课题。习近平新时代中国特色社会主义思想，就是坚持问题导向、回答重大时代课题的理论结晶。

聚焦改革发展稳定存在的深层次问题，抓住关系全局的主要矛盾。社会主要矛盾是影响和制约社会发展的深层次问题。进入新时代，我国社会主要矛盾已经转化为人民日益增长的美好生活需要和不平衡不充分的发展之间的矛盾。社会主要矛盾的变化是关系全局的历史性变化，要在继续推动发展的基础上，着力解决好发展不平衡不充分的问题。明确社会主要矛盾变化正是为了努力解决新的社会主要矛盾，人民日益增长的美好生活需要依靠更加平衡、更加充分的发展来解决。

聚焦人民群众急难愁盼问题，问题意识的底蕴是人民意识。坚持问题导向就要倾听人民呼声、满足人民需要。人民需要多种多样，首先要解决好群众最关心最直接最现实的利益问题，抓住老百姓最急最忧最怨的问题，在解决人民群众最不满意的问题上下功夫。越是人民群众急难愁盼的问题，就越要高度重视，放在优先位置，用上主要精力，不能避急就缓、避难就易、避重就轻、避大就小。可以说，人民意识有多强，问题意识就有多强。问题导向不仅是思维导向问题，而且也是价值导向问题。

聚焦国际变局中的重大问题，洞察世界之变、时代之变、历史之变。世界格局正处在加快演变的历史进程之中，世界处于新的动荡变革期，产生了大量深刻复杂的现实问题。习近平总书记指出："世界向何处去？和平还是战争？发展还是衰退？开放还是封闭？合作还是对抗？是摆在我们面前的时代之问。"①推动构建人类命运共同体，弘扬全人类共同价值，并不回避人类社会面临的深刻矛盾和严峻问题，而是以科学回答和推动解决这些矛盾和问题为重要任务和目的。

聚焦党的建设面临的突出问题，党的自我革命蕴含着强烈的忧患意识。我们党作为长期执政的党、规模最大的党，必须时刻保持解决大党独有难题的清醒和坚定，忧党忧国忧民，解决好"六个如何始终"的问题。党内存在的各种突出问题表现多样，进行不忘初心、牢记使命教育，说到底是要解决党内存在的违背初心和使命的各种问题。习近平总书记把自我革命作为党跳出历史周期率的第二个答案，自我革命就是对着问题去的，马克思主义政党必须要有正视问题的自觉和刀刃向内的勇气。

① 习近平.把握时代潮流 缔造光明未来.人民日报，2022-06-23（2）.

四、坚持问题导向丰富发展辩证唯物主义和历史唯物主义

　　习近平新时代中国特色社会主义思想的世界观和方法论，既属于马克思主义世界观和方法论，又是中国化时代化马克思主义哲学的最新成果，是对马克思主义哲学的创新发展。坚持问题导向作为习近平新时代中国特色社会主义思想的世界观和方法论的重要体现，在新时代的哲学创新中丰富发展了辩证唯物主义和历史唯物主义的世界观和方法论。

（一）坚持问题导向，将其作为新时代坚持和发展马克思主义世界观和方法论的重要内容，突出了问题的重要价值和问题导向的哲学意义

"问题"是马克思主义哲学的重要范畴。马克思曾精辟地指出，"真正的批判要分析的不是答案，而是问题"①，突出强调面向时代、立足实践、扎根现实的"问题"的哲学意义；深刻指出："问题却是公开的、无所顾忌的、支配一切个人的时代之声。问题是时代的格言，是表现时代自己内心状态的最实际的呼声。"②问题是时代中普遍的、迫切的、人民的要求，由此成为时代的符号、标识和象征。把握一个时代就要把握该时代的根本问题，改变一个时代就要解决该时代的重大问题。确立问题作为哲学的重要范畴，就要把坚持问题导向作为重要的哲学方法。一切从实际出发，进一步说，就是一切从实际的问题出发，一切从问题的实际出发。

坚持问题导向，作为习近平新时代中国特色社会主义思想的立场观点方法的鲜明特色，成为新时代坚持和发展马克思主义世界观和方法论的重要内容，对于丰富和发展辩证唯物主义和历史唯物主义有着重要意义。马克思主义哲学发展史，是坚持马克思主义哲学和发展马克思主义哲学相统一的历史。马克

①② 马克思，恩格斯 . 马克思恩格斯全集：第 1 卷 .2 版 . 北京：人民出版社，1995：203.

思、恩格斯创立和奠定了辩证唯物主义和历史唯物主义基本原理，必须始终坚持。同时，世界、历史、时代、实践都是在发展变化的，后人对马克思主义哲学基本原理的认识理解也在不断深化拓展，在探索过程中增添新范畴、提出新观点、作出新解读、赋予新内涵。中国化时代化马克思主义哲学是中国共产党人对坚持和发展马克思主义哲学的重要贡献。新时代中国共产党人对坚持和发展马克思主义哲学的贡献集中体现在"六个必须坚持"中，必须坚持问题导向是其中的一个重要贡献。坚持问题导向，既遵循和凝结着辩证唯物主义和历史唯物主义基本原理，又体现了习近平总书记对坚持和发展马克思主义哲学的深邃思考和独特创新。

在世界观和方法论层面上定位坚持问题导向，突出了问题范畴的重要价值，明确了问题范畴在哲学体系中的重要位置。问题作为哲学范畴，需要做出更为系统和深入的阐释。2015年1月，十八届中共中央政治局就辩证唯物主义基本原理和方法论进行第二十次集体学习，习近平总书记在主持学习时的重要讲话中，从学习掌握事物矛盾运动的基本原理出发，引申出问题范畴，精辟论述了问题和矛盾的关系，点明问题是事物矛盾的表现形式，既深化了对矛盾范畴的认识，也定位了问题范畴的坐标。将坚持问题导向作为世界观和方法论的重要体现，确定了问题导向的哲学定位，提升了问题导向的普遍意义。问题导向也在工作方法、管理经验中经常使用，但以往还没有明确作为哲学观点和哲学方法列入哲学体系之中。坚持问题导向列入"六个必须坚持"，既反映了问题导向的实践价值，也反映了对马克思主义世界观和方法论的认识深化。

（二）坚持问题导向，创造性地在理论创新和实践创新的过程中运用辩证唯物主义和历史唯物主义的世界观方法论，形成了马克思主义哲学中国化时代化的基本观点

坚持问题导向，根植于辩证唯物主义和历史唯物主义，体现了新时代中国共产党人的创造性发展。习近平总书记在坚持问题导向上做出了许多科学论断，使其成为新时代创新发展中国化时代化马克思主义哲学的重要观点。

坚持问题导向的实质是尊重客观实际。问题导向体现的是唯物论立场，思维和决策不是从抽象的概念出发，不是从先验的理念出发，而是从客观存在的事物出发，特别是从事物的现存问题出发。习近平总书记指出，"无论什么时候，问题总是客观存在的，怕就怕对问题熟视无睹、视而不见"[①]。坚持唯物论，就要坚持问题导向。

坚持问题导向的关键是抓住事物的矛盾。问题就是事物的矛盾，矛盾集中反映了问题所在。坚持问题导向就是不断认识矛盾、不断解决矛盾，与辩证法的规律是一致的。坚持问题导向就要直面矛盾，在解决矛盾的过程中推动事物发展。辩证法要求用联系的发展的眼光看待问题，这样才能对问题有全面准

---

① 习近平.论坚持全面深化改革.北京：中央文献出版社，2018：328.

确的认识和把握，防止片面地静止地看待问题。

坚持问题导向的前提是取得正确的认识。从问题出发首先要回答问题是什么，并且准确地把握问题。问题判断错了，问题导向自然就偏了。这是一个对问题的认识过程，必须坚持辩证唯物主义的认识论。习近平总书记倡导在全党大兴调查研究之风，这是敏锐发现问题、抓住真正问题、把握深层问题的基本途径。不仅要调查，而且要研究，从而把对问题的认识从感性认识上升为理性认识。

坚持问题导向的要求是遵循创新规律。理论活动和实践活动内含着创新的驱动，创新的起点和动力来自解决问题的需求。习近平总书记指出："理论创新只能从问题开始。从某种意义上说，理论创新的过程就是发现问题、筛选问题、研究问题、解决问题的过程。"①创新从始至终都贯穿着问题导向，某项创新告一段落，就意味着下一轮问题导向、推动创新的开始，新的问题将创新推向新的高度。

坚持问题导向的目的是保证实现使命。目标是方向和使命，问题是现实和矛盾。在实践过程中，既要以目标为着眼点，增强方向感，又要以问题为着力点，增强实效性，坚持使命引领和问题导向相统一。实现使命要求破解难题，解决问题的最终目的是实现使命，以实现使命引领问题导向，以问题导向推进实现使命。

---

①　习近平.论党的宣传思想工作.北京：中央文献出版社，2020：231.

（三）坚持问题导向，提升为新时代治国理政的重要方法论，丰富了中国共产党的实践哲学

坚持问题导向，是我们党一以贯之的思想方法和工作方法。党在推进马克思主义中国化时代化的进程中，在和教条主义做斗争的过程中，确立了实事求是的思想路线，从而形成了中国革命的正确道路。延安整风反对主观主义以整顿学风，要求研究中国经济、政治、文化、社会、军事的实际问题，倡导实事求是就是坚持问题导向。毛泽东有段名言："什么叫工作，工作就是斗争。那些地方有困难、有问题，需要我们去解决。我们是为着解决困难去工作、去斗争的。越是困难的地方越是要去，这才是好同志。"①改革开放和社会主义现代化建设新时期，我们党坚持真理的实践标准，开创了中国特色社会主义，坚持实践标准就是坚持问题导向。

党的十八大以来，习近平总书记在开创中国特色社会主义新时代的伟大实践中，把坚持问题导向作为治国理政的基本方法，从理论和实践上强化并深化了坚持问题导向的方法论意义。坚持问题导向覆盖新时代治国理政各个领域，习近平总书记指出，"推进党和国家各项工作，必须坚持问题导向"②。无论是全面深化改革，推动高质量发展，还是推进全面从严治党，都要

---

① 毛泽东 . 毛泽东选集：第 4 卷 .2 版 . 北京：人民出版社，1991：1161.

② 习近平 . 在全国政协新年茶话会上的讲话 . 人民日报，2015-01-01（2）.

坚持问题导向。坚持问题导向贯通新时代治国理政推进过程，从实现第一个百年奋斗目标到实现第二个百年奋斗目标，从基本实现社会主义现代化到全面建成社会主义现代化强国，都不是程序性的进程，不是自动化的结果，而是解决前进道路上的各种问题，在开拓进取中实现奋斗目标的过程。坚持问题导向成为对各级领导干部执政能力的基本要求，各级领导干部是否与以习近平同志为核心的党中央保持高度一致，一个重要方面是要看能否在各自的领导岗位上、在自己的主管工作中解决新问题、打开新局面。更为重要的是，坚持问题导向不仅是执政方法、领导方法、工作方法的具体要求，而且是新时代中国共产党人世界观和方法论的重要要求，实现了治国理政方法论和哲学方法论的统一。

马克思主义哲学不仅要解释世界，更重要的是改变世界，强调哲学的实践化，创立实践化的哲学。我们党的初心使命就是在中国建立社会主义社会，实现中华民族伟大复兴，具有鲜明的实践目的。毛泽东创作《实践论》，就是为了确立实践的基础性、决定性地位，确立实践的标准和导向，由此创立了中国共产党的实践哲学。邓小平强调发展是硬道理，指明了改革开放最重要的实践要求就是发展。习近平总书记明确提出坚持问题导向，是对我们党的实践哲学的丰富发展。坚持问题导向，内含着实践导向、矛盾导向，把问题作为实践内核、矛盾所在的概括性表述，凸显了问题的实践功能。坚持问题导向，内含着理论创新和实践创新，二者在问题导向中融为一体，促进了理论和实践的共同发展。坚持问题导向，内含着指向问题、发现问题、解决问题的实践逻辑，环环相扣、步步递进，构成了以问题为中心、为主线的实践展开。

以中国式现代化全面推进强国建设、民族复兴伟业，是新征程党和国家的中心任务。习近平新时代中国特色社会主义思想的世界观和方法论，是指引新征程、实现新使命的科学指导。在新征程创新实践中，必须始终坚持问题导向，推进深化马克思主义世界观和方法论。要把坚持问题导向与"六个必须坚持"融为一体，充分发挥习近平新时代中国特色社会主义思想的世界观和方法论的指导功能。要把坚持问题导向内化于战略思维、历史思维、辩证思维、系统思维、创新思维、法治思维、底线思维能力之中，使其成为新时代中国共产党的重要思维方式和领导方法。要不断提高坚持问题导向的认识水平和实践能力，在全面建设社会主义现代化国家、全面推进中华民族伟大复兴的开创性实践中，不断开辟马克思主义哲学中国化时代化新境界。

第四章

坚持问题导向是新时代实现
伟大变革的重要方法

问题是时代的声音，推进事业前进发展的过程，从来就是发现问题、回答问题、解决问题，再出现新问题、回答新问题、解决新问题的不断循环上升的过程，在整个过程中实现着理论创新、实践突破、事业跃升。中国特色社会主义进入新时代，以习近平同志为核心的党中央坚持问题导向，直面一系列长期积累和新出现的突出矛盾问题，科学认识、准确把脉、破题革新，在解决问题中打开中国特色社会主义事业新局面，回答重大时代课题，实现一系列伟大变革，第一个百年奋斗目标顺利实现，开启全面建设社会主义现代化国家新征程，推动中华民族伟大复兴进入不可逆转的历史进程。

一、坚持问题导向，深刻回答一系列重大时代课题

回答时代课题、解决时代问题，是推动理论创新和实践创新的源头活水。一切发展创新，都以问题为起点和开始。党的十八大以来，以习近平同志为核心的党中央，对一系列重大理论和实践问题进行深邃思考和科学判断，提出一系列原创性治国理政新理念新思想新战略，形成习近平新时代中国特色社会主义思想，实现了马克思主义中国化新飞跃。

（一）回答新时代坚持和发展什么样的中国特色社会主义、怎样坚持和发展中国特色社会主义的重大时代课题，实现了对中国特色社会主义建设规律认识实践的新跃升

进入新时代，对中国向何处去、走什么道路、如何走好路的时代之问、人民之问、世界之问要有清晰响亮的回答。党领导人民历经艰辛、付出巨大代价取得了中国特色社会主义的根本成就，如何在新的历史条件下将中国特色社会主义这篇大文章写下去，是新时代必须回答好的重大课题。党的十八大以来，以习近平同志为核心的党中央高举中国特色社会主义伟大旗帜，坚定道路自信、理论自信、制度自信、文化自信，再次宣告中国既不会走封闭僵化的老路、也不会走改旗易帜的邪路，一以贯之坚持和发展中国特色社会主义。深刻总结社会主义建设历史经验和本质规律，创造性提出中国共产党领导是中国特色社会主义最本质的特征，是中国特色社会主义制度的最大优势，准确把握时代特征和我国发展新的历史方位，做出中国特色社会主义进入新时代的重大政治判断，提出中国特色社会主义事业"五位一体"总体布局和"四个全面"战略布局，提出坚持和完善中国特色社会主义制度、推进国家治理体系和治理能力现代化，在党的基本理论、基本路线基础上提出"十四个坚持"基本方略等，党和国家事业取得历史性成就、发生历史性变革。

深刻回答新时代坚持和发展什么样的中国特色社会主义、怎样坚持和发展中国特色社会主义的重大时代课题，深化了对中国特色社会主义建设规律的认识，将中国特色社会主义道路和实现社会主义现代化、实现中华民族伟大复兴中国梦有机贯通，彰显了新时代中国特色社会主义的蓬勃生机活力，既书写着坚持和发展中国特色社会主义的崭新篇章，也推动着中国特色社会主义成为 21 世纪科学社会主义发展的旗帜。

（二）深刻回答建设什么样的社会主义现代化强国、怎样建设社会主义现代化强国的重大时代课题，描绘中国式现代化新图景

现代化是近现代以来人类社会发展大趋势，百余年来，中国人民苦苦探索中国现代化之路，不断发出中国现代化之问。新中国成立后，中国共产党孜孜以求，带领人民艰辛探索、不懈奋斗，实现"四个现代化"成为几代共产党人和中国人民一面高扬的奋斗旗帜。改革开放后，正式提出"中国式的现代化"命题，确立"三步走"战略目标，一茬接着一茬干、一棒接着一棒跑、一个台阶一个台阶攀登。进入新时代，全面建成小康社会，顺利实现第一个百年奋斗目标，开启全面建设社会主义现代化国家新征程，我们比历史上任何时期都更接近实现中华民族伟大复兴。新时代回答好建设什

么样的社会主义现代化强国、怎样建设社会主义现代化强国，成为摆在全党全国各族人民面前的重大时代课题。综合分析国际国内形势和我国发展条件，党的十九大对实现第二个百年奋斗目标做出分两个阶段推进的战略安排。基于对人类社会发展规律的深刻认识和我国基本国情，提出中国式现代化的中国特色、本质要求和重大原则，要坚定不移以中国式现代化全面推进中华民族伟大复兴等等。

新时代新征程，以习近平同志为核心的党中央，科学总结社会主义现代化建设的宝贵经验，积极借鉴世界其他国家现代化建设道路上的经验教训，深化拓展了建设社会主义现代化强国的科学内涵，明确了实现这一目标的路径选择、重要原则、战略安排。中国式现代化的理论和实践，创造了人类文明新形态，拓展了各国尤其是广大发展中国家走向现代化的新路径，为解决当今世界重大问题贡献着中国智慧、中国方案、中国力量。

（三）深刻回答建设什么样的长期执政的马克思主义政党、怎样建设长期执政的马克思主义政党的重大时代课题，开辟新时代管党治党、兴党强党新境界

办好中国的事情关键在党，中国问题的关键在于中国共产党。"我们党之所以伟大，不在于不犯错误，而在于从不讳疾忌

医，敢于直面问题，勇于自我革命"①，加强党的建设，直面自身问题，保持党的先进性和纯洁性，始终是推进革命、建设、改革和新时代事业胜利前行的根本政治保证。

进入新时代，世界面临百年未有之大变局，决胜全面建成小康社会、开启全面建设社会主义现代化国家新征程、实现中华民族伟大复兴梦想，对党的建设提出前所未有的新挑战新要求，党面临的"四大考验"长期复杂、"四大危险"尖锐严峻。深入分析新时代党面临的重大风险和长期执政的世界第一大党独有难题，以习近平同志为核心的党中央深刻回答建设什么样的长期执政的马克思主义政党、怎样建设长期执政的马克思主义政党的重大时代课题，旗帜鲜明强调中国共产党是最高政治领导力量，必须坚持和加强党的全面领导，全党要增强"四个意识"、坚定"四个自信"、做到"两个维护"；明确全面从严治党战略方针，提出新时代党的建设总要求，强调以党的政治建设为统揽，全面推进党的政治建设、思想建设、组织建设、作风建设、纪律建设，把制度建设贯穿其中，深入推进反腐败斗争，落实管党治党政治责任，以伟大自我革命引领社会革命。以习近平同志为核心的党中央以壮士断腕的勇气、刮骨疗毒的决心解决党自身在政治、思想、组织、作风、纪律等方面存在的一系列突出问题，经过不懈努力，党的自我净化、自我完善、自我革新、自我提高能力显著提高，各级一度存在的管党治党宽松软状况得到根本扭转，反腐败斗争取得压倒性胜利并全面

---

① 习近平. 习近平谈治国理政：第 4 卷. 北京：外文出版社，2022：542.

巩固，消除了党、国家、军队内部存在的严重隐患，党在革命性锻造中更加坚强。新时代党的建设新的伟大工程进入新阶段、开辟出新境界，中国共产党人再次充分彰显出彻底自我革命的精神，探索出一条长期执政条件下解决自身问题、跳出历史周期率的成功道路。

二、坚持问题导向，推动新时代实现一系列伟大变革

新时代面对影响党长期执政、国家长治久安、人民幸福安康的突出矛盾问题，以习近平同志为核心的党中央坚持问题导向，审时度势、攻坚克难，团结带领全党全国各族人民风雨无阻，义无反顾进行许多具有新的历史特点的伟大斗争，攻克许多长期没有解决的难题，办成许多事关长远的大事，推动党和国家事业在新时代实现一系列伟大变革。

（一）新时代处在新方位，抓住社会主要矛盾谋划战略、制定政策，在改革创新中推动中国特色社会主义事业整体性系统性提升

党的十八大以来，中国特色社会主义进入新时代。这个重大政治判断的主要根据之一，就是科学认识中国社会主要矛盾，党的十九大明确指出，我国社会主要矛盾已经转化为人民日益增长的美好生活需要和不平衡不充分的发展之间的矛盾，主要矛盾的变化是关系全局的历史性变化，是新时代制定党的路线方针政策的基本依据，为各领域各项工作提出系统性、全方位新要求。

经过 40 多年的改革开放，我国生产力水平、科技水平、综合国力持续迈上几个大台阶，"落后的社会生产"发生新的阶段性变化，在新时代完成脱贫攻坚任务，全面建成小康社会，实现第一个百年奋斗目标，人民生活水平总体显著提高，对更美好生活的向往更加强烈。新时代影响人民美好生活水平整体提升的因素很多，但主要是发展不平衡不充分问题。在经济社会发展方面，城乡、区域、收入分配"三大差距"，发展不平衡不充分问题还较为突出。从"五位一体"总体布局看，五大建设之间发展也不平衡，经济发展提升显著，但社会法治化水平还不高，文化建设存在滞后，社会建设基层治理短板明显，生态文明建设欠账多问题多等等，这些发展不平衡不充分问题相

互掣肘，带来了各个领域诸多社会矛盾问题，是当前和今后相当长时期制约我国发展的主要问题根源，需要严肃正视、认真解决。

党的十八大以来，围绕社会主要矛盾，我国发展面临和出现了一系列突出矛盾挑战，前进道路上遇到不少困难和问题。正是基于问题导向，全面深化改革的大幕拉开。习近平总书记指出："改革是由问题倒逼而产生，又在不断解决问题中而深化"，"要有强烈的问题意识，以重大问题为导向，抓住重大问题、关键问题进一步研究思考，找出答案，着力推动解决我国发展面临的一系列突出矛盾和问题"①，以此为指引，开启新的具有划时代意义的全面深化改革。以习近平同志为核心的党中央以巨大的政治勇气和智慧，不断推进理论创新、实践创新、制度创新，坚决破除各方面体制机制弊端，推动各领域基础性制度框架基本建立，许多领域实现历史性变革、系统性重塑、整体性重构，中国特色社会主义制度更加成熟定型，国家治理体系和治理能力现代化水平明显提高。

（二）坚持问题牵引，补短板、强弱项，新时代经济社会获得发展新动能、开辟发展新局面

新时代确定新目标、制定新战略、推动新发展，是从认清突出矛盾、解决重大问题开始，在弥补短板、增强弱项中破局

---

① 中共中央召开党外人士座谈会.人民日报，2013-11-14（1）.

开路、奋力前行。党的十八大召开之际，面临的形势是，经过几十年努力奋斗，为事业继续前进奠定了坚实基础、创造了良好条件、提供了坚强保障，但同时也面对着一系列长期积累以及新出现的突出矛盾和问题，面对着在经济、政治、文化、社会、人与自然等多方面的矛盾系统和问题网络，推动事业发展有不少重大困难要克服、有许多关键性难题待破解。比如，经济结构性体制性矛盾突出，发展不平衡、不充分、不可持续，传统发展模式难以为继，一些深层次体制机制问题和利益固化藩篱显现；民生保障存在不少薄弱环节；资源环境约束趋紧、环境污染等问题突出；等等。面对这些阻碍经济社会发展的突出矛盾问题，以习近平同志为核心的党中央迎难而上、补齐短板、加强弱项，采取一系列战略性举措，推进一系列变革性实践，实现一系列突破性成果，党和国家事业取得一系列历史性成就、发生历史性变革，推动我国迈上全面建设社会主义现代化国家新征程。

经过接续奋斗，打赢人类历史上规模最大的脱贫攻坚战，全面建成小康社会，实现中华民族千年梦想，我国发展站在建成社会主义现代化强国新的历史起点上；提出并贯彻新发展理念，推进高质量发展，推动构建新发展格局，实施供给侧结构性改革，实施具有全局性意义的区域重大发展战略。面对2008年金融危机后贸易保护主义抬头的逆全球化趋向，中国实施更加积极主动的开放战略，构建高标准自由贸易区网络，加速推进自由贸易试验区、海南自由贸易港建设，深耕细作，使"一带一路"成为最大的国际公共产品和国际合作平台。贯彻以人民为中心的发展思想，在幼有所育、学有所教、劳有所得、病有所医、老有所养、住有所居、弱有所扶上持续用力、完善提高，人民生活全方位改善，共同富裕取得了新成效。坚持绿水青山就是金山银山的理念，坚持山水林田湖草沙一体化保护和系统治理，全方位、全地域、全过程加强生态环境保护，生态文明制度体系更加健全，污染防治向纵深发展，绿色、循环、低碳发展迈出了坚实步伐。

（三）坚持居安思危，发扬斗争精神、增强斗争本领，在应对一系列重大问题风险中顺利实现奋斗目标

新时代的中国成为推动世界经济增长的引擎，日益走近世界舞台的中央，同时安全风险系数极大提升，营造推动发展良好内外环境的压力持续增加、挑战显著增多，安全与发展的矛盾问题凸显。

以习近平同志为核心的党中央时刻坚持居安思危，保持战略定力，发扬斗争精神、增强斗争本领，有效应对复杂严峻的国际形势和巨大风险挑战，以奋发有为的精神顺利实现发展战略目标，把新时代中国特色社会主义事业不断推向前进。贯彻总体国家安全观，以坚定意志维护国家主权、安全、发展利益，国家安全全面加强；民族分裂势力、宗教极端势力、暴力恐怖势力得到有效遏制，平安中国建设迈向高水平；贯彻新时代强军思想和军事战略方针，把全军工作重心归正到备战打战上，大抓实战化军事训练，大刀阔斧深化国防和军队改革，人民军

队体制一新、结构一新、格局一新、面貌一新，现代化水平和实战能力显著提高，人民军队钢铁长城更加坚固，中国特色强军之路越走越宽。

尤其是针对近年来接踵而至的"黑天鹅"和"灰犀牛"巨大风险事件，以习近平同志为核心的党中央统筹安全和发展，坚持以人民为中心，坚决维护国家安全，保持社会大局稳定，确保发展目标不动摇、注意力不偏移、任务不放松。面对突如其来的新冠疫情，坚持人民至上、生命至上，坚持外防输入、内防反弹，开展抗击疫情人民战争、总体战、阻击战，统筹疫情防控和经济社会发展取得重大胜利。面对香港局势大动荡，中央政府有效实施对特别行政区的全面管治权，制定实施香港特别行政区维护国家安全法，落实"爱国者治港"，香港局势实现由乱到治再到兴的重大转折。面对"台独"势力分裂活动和外部干涉台湾事务严峻挑战，坚决开展反分裂、反干涉重大斗争，进一步掌握实现祖国完全统一战略主动。面对国际局势剧烈变化，特别是面对外部讹诈、遏制、封锁、极限施压，坚持国家利益为重、国内政治优先，展示不畏强权的坚定意志，在坚决斗争中维护国家尊严和核心利益。

三、坚持问题导向，奋力推进中国式现代化事业发展

新时代新征程上全面建设社会主义现代化国家、实现中华民族伟大复兴的任务伟大而艰巨。道阻且长，行则将至。奋力推进中国式现代化事业发展，必须继续坚持问题导向，聚焦实践遇到的新问题、改革发展稳定存在的深层次问题、人民群众急难愁盼问题、国际变局中的重大问题、党的建设面临的突出问题等，不断探索解决问题的新理念新思路新办法，在解决问题中开辟大道、打开新局。

（一）针对大党独有难题，永远吹响冲锋号，以党的自我革命推动社会革命，为中国式现代化掌好舵领好航

习近平总书记在二十届中央纪委二次全会上强调，"要时刻保持解决大党独有难题的清醒和坚定"。拥有 9 918.5 万名党员（截至 2023 年底）、490 多万基层党组织的世界第一大党，拥有 14 亿多人口的世界大国，既是建设社会主义现代化国家、实现中华民族伟大复兴的巨大优势，也使得治党治国面对许多独有难题。如何始终不忘初心、牢记使命，如何始终统一思想、统一意志、统一行动，如何始终具备强大的执政能力和领导水平，如何始终保持干事创业精神状态，如何始终能够及时发现和解决自身存在的问题，如何始终保持风清气正的政治生态，等等，这些都是必须解决的独有难题和重大考验。

新时代坚持和发展中国特色社会主义伟大社会革命、全面建设社会主义现代化强国伟大事业，关键在党。必须坚持不懈永葆党自我革命精神，坚定不移推进全面从严治党，坚持以党的政治建设为统领，确保党中央集中统一领导；坚持思想建党理论强党，用习近平新时代中国特色社会主义思想凝心聚魂；坚持完善党的自我革命制度规范体系，落实全面从严治党政治责任；坚持以严的基调强化正风肃纪，推进作风建设常态化长效化；坚持不敢腐不能腐不想腐一体建设，坚决打赢反腐败斗争攻坚战持久战；增强全面从严治党永远在路上的政治自觉，

永远吹响战斗冲锋号角，确保党永远不变质、不变色、不变味。要"以正视问题的勇气和刀刃向内的自觉推进党的自我革命。生了病就要及时医，该吃药就吃药，该开刀就开刀"，"不论什么问题，不论谁出问题，该出手时就出手"①，就是以伟大自我革命引领伟大社会革命，以伟大社会革命促进自我革命，确保党在新时代新征程坚持和发展中国特色社会主义的历史进程中始终成为坚强领导核心，始终是中国人民的主心骨，引领和保障建设社会主义现代化强国的航船乘风破浪、一往无前。

（二）坚持以人民为中心，站稳人民立场，处理好重大关系问题，推进共同富裕不断取得实质性进展，是实现社会主义现代化的本质要求

中国式现代化是以人民为中心、防止两极分化的现代化，首先必须解决好推进现代化的立场、目的问题，处理好重大关系问题，坚持把实现人民对美好生活的向往作为现代化建设的出发点和落脚点，这是实现社会主义现代化的本质要求。

一是处理好公平与效率的关系问题。中国式现代化既要创造比资本主义更高的效率，也要维护和实现社会公平正义，达到效率与公平相兼顾、相促进、相统一，充分发挥市场在资源配置中的决定性作用，更好发挥政府作用，构建全国统一大市场，同时要建立以权利公平、机会公平、规则公平为主要内容的社

---

① 习近平.习近平谈治国理政：第4卷.北京：外文出版社，2022：543.

会公平保障体系，切实有效解决好人民群众在就业、教育、医疗、托育、养老、住房等方面的难事急事，保证人民平等参与、平等发展权利，维护人民根本利益、增进人民福祉，不断实现发展依靠人民、发展成果由人民共享，让现代化成果更多更公平惠及全体人民。二是解决好发展的不平衡不协调问题。要逐步缩小城乡、区域和收入分配差距，持续推进共同富裕取得实质性进展。三是解决好物质文明与精神文明的关系问题。在厚植现代化物质基础、夯实物质生活条件的同时，大力发展社会主义先进文化，加强理想信念教育，筑牢共同理想，传承好中华优秀传统文化，促进物的全面丰富和人的全面发展。四是解决好人与自然的关系问题。要处理好发展与保护的关系，坚定不移走生产发展、生活富裕、生态良好的现代化文明发展道路，以更多优质生态产品，更好满足人民日益增长的对美好生态环境的需求。

（三）贯彻新发展理念，增强系统谋划，以改革创新精神解决难点堵点问题，构建新发展格局，推动各领域各系统高质量发展，确保现代化事业全面深入推进

高质量发展是全面建设社会主义现代化国家的首要任务，当前在现代化建设新征程上推进经济社会各领域高质量发展，还有许多卡点瓶颈和难点堵点问题，受疫情等国内外多重超预期因素冲击，推动高质量发展面临诸多问题和困难，主要体现为

需求收缩、供给冲击、预期减弱三重压力，即外部环境的不确定性加大，全球通胀处于高位，世界经济和贸易增长动能减弱；国内经济增长企稳向上基础尚需巩固，有效需求不足矛盾突出，民间投资和民营经济预期不稳，不少中小微企业和个体工商户困难较大，稳定就业任务艰巨，推动发展还有不少体制机制障碍，科技创新自立自强能力还不强等等。

针对这些影响阻碍高质量发展的突出矛盾问题，必须完整、准确、全面贯彻新发展理念，始终以创新、协调、绿色、开放、共享的内在统一把握、衡量、推动发展。必须增强系统性统筹谋划，把握处理好经济社会发展中全局和局部、当前和长远、主要矛盾和次要矛盾、宏观和微观、特殊和一般等关系，前瞻性思考、全局性谋划、整体性推动现代化建设各项事业。必须坚定不移化改革开放、深入转变发展方式，以效率变革、动力变革推动质量变革，加快形成可持续的高质量发展体制机制。必须坚持以推动高质量发展为主题，把实施扩大内需战略同深化供给侧结构性改革有机结合，加快构建以国内大循环为主体、国内国际双循环相互促进的新发展格局，增强国内大循环内生动力和可靠性，提高国际循环质量和水平，提高全要素生产率，开辟发展新领域新赛道，加快实现科技自立自强，依靠科技创新突破关键核心技术难题，尽快在重点领域关键环节实现自主可控，切实提升产业链供应链韧性和安全水平，在构建高水平社会主义市场经济体制、建立现代化产业体系、全面推进乡村振兴、促进区域协调发展、提高对外开放水平等方面久久为功、持续用力，全面推动经济社会发展实现质的有效提升和量的合理增长。

（四）统筹发展和安全问题，增强斗争精神，时刻准备应对国内外风险挑战甚至惊涛骇浪，确保中国式现代化行稳致远

新时代的中国和世界已经高度融合，中国的发展离不开世界，世界发展也需要中国，国内发展和国际局势密切相关，来自经济、政治、文化、军事、网络、生物等各领域的安全风险、威胁挑战在国内国际已相互渗透、相互联动，系统有效防范的难度增加。我国正处在实现中华民族伟大复兴的关键时期，改革发展正处在攻坚克难的重要阶段，在全面建设社会主义现代化国家新征程上，面临的重大斗争不会少，"凡是危害中国共产党领导和我国社会主义制度的各种风险挑战，凡是危害我国主权、安全、发展利益的各种风险挑战，凡是危害我国核心利益和重大原则的各种风险挑战，凡是危害我国人民根本利益的各种风险挑战，凡是危害我国实现'两个一百年'奋斗目标、实现中华民族伟大复兴的各种风险挑战，只要来了，我们就必须进行坚决斗争，毫不动摇，毫不退缩，直至取得胜利"[①]。

当前从国际视野看，世界百年未有之大变局加速演进，现代化建设面临新的战略机遇，同时以某些西方发达国家为挑头的逆全球化思潮蔓延，单边主义、保护主义显著上升，世界经

---

① 习近平. 习近平谈治国理政：第 4 卷. 北京：外文出版社，2022：71.

济复苏乏力，局部冲突和动荡频发，尤其是俄乌冲突爆发以来，对抗持续升级，和平之路漫长，国际战略平衡格局大受冲击，全球经济深受冲突影响，世纪疫情对全球发展造成的负面作用持续发酵、影响深远。新征程上，我国改革发展稳定面临不少深层次矛盾问题，确保粮食、能源、产业可靠安全和防范金融风险还需解决许多重大问题，来自外部的打压遏制随时会频率加快、强度升级等，社会主义现代化建设处在战略机遇与风险挑战并存、不确定性难预料因素增多的时期，随之可能发生重大国内外风险安全事件，必须增强忧患意识，坚持底线思维，居安思危，未雨绸缪，时刻准备接受风险挑战甚至惊涛骇浪的重大考验。面对当前严峻复杂的局势，统筹发展和安全责任重大、任务艰巨，但一些党员干部还缺乏担当精神，斗争本领不强，必须采取坚决措施、加大工作力度加快解决，要切实增强全党全国各族人民的志气、骨气、底气，不信邪、不怕鬼、不怕压，知难而进、迎难而上，全力战胜前进道路上的各类风险挑战，依靠顽强斗争打开社会主义现代化强国建设新天地。

第五章

问题是时代的声音、
实践的呼唤、人民的
　　　　　需要

习近平总书记强调，"问题是时代的声音，回答并指导解决问题是理论的根本任务"，"我们要增强问题意识，聚焦实践遇到的新问题、改革发展稳定存在的深层次问题、人民群众急难愁盼问题、国际变局中的重大问题、党的建设面临的突出问题，不断提出真正解决问题的新理念新思路新办法"①。坚持问题导向是习近平新时代中国特色社会主义思想所蕴含的世界观和方法论的重要内容之一，开辟了马克思主义中国化时代化新境界。那么，问题导向何以成为可能？要从时代的声音、实践的呼唤、人民的需要三个方面，回答坚持问题导向的必要性与必然性。问题不是凭空产生的，而必然是时代的产物。真正的问题不可能脱离现实生活，而必然要以实践活动为基础。问题的关键离不开人，因而必然要以能否满足人民根本需要为评价标准。

---

① 习近平.高举中国特色社会主义伟大旗帜 为全面建设社会主义现代化国家而团结奋斗：在中国共产党第二十次全国代表大会上的报告.北京：人民出版社，2022：20.

一、问题的产生以时代变革为基本导向

问题是时代的声音。习近平总书记担任浙江省委书记时曾在《浙江日报》发表过一篇政治短评，其中引用了马克思的经典论述，"问题就是公开的、无畏的、左右一切个人的时代声音。问题就是时代的口号，是它表现自己精神状态的最实际的呼声"，并强调"每个时代总有属于它自己的问题，只要科学地认识、准确地把握、正确地解决这些问题，就能够把我们的社会不断推向前进"①。历史唯物主义揭示了人类社会不断运动变化

---

① 习近平.之江新语.杭州：浙江人民出版社，2007：235.

发展的根本规律，这就意味着人类社会在其发展的某一阶段必然具有不同于其他阶段的发展特质，因而形成了所谓"时代性"特征。社会发展的时代性本质上体现了社会有机体同其发展某一阶段之间的普遍性与特殊性之间的辩证统一关系。人类社会的发展正是在把握自身发展普遍规律的基础上解决每个时代独有的、特殊的重大问题的过程，反过来，时代问题的解决又将推动人类社会继续向前发展。

（一）时代为认识问题和解决问题提供客观依据

马克思说，对于一个时代而言，"主要的困难不是答案，而是问题"[①]。时代为问题的提出设定了客观前提，而时代问题正是对特定时代特征的科学解释与高度概括，是对所处时代重大社会关切焦点的充分写照与真诚回应。

要理解时代之于认识问题和解决问题的关系，首先要厘清"时代"的内涵。从狭义上理解，"时代"主要指某一社会发展阶段。汉语中的"时代"本义有两层：一是指历史上以经济、政治、文化等状况为依据而划分的时期，如《宋书·礼志一》曰："况三国鼎峙，历晋至宋，时代移改，各随事立"；二是指个体生命中的某个时期。英文中对应"时代"的词语主要有"age""time""era"等。显然，这里的"时代"主要指人类社会某一发展阶段。但理解"时代"的内涵绝不是孤立地单从

---

① 马克思，恩格斯．马克思恩格斯全集：第 1 卷 .2 版 . 北京：人民出版社，1995：203.

时间维度将其视为人类社会的时间标记，而是要运用辩证唯物主义和历史唯物主义的方法系统解剖"时代"概念。正如马克思在《〈政治经济学批判〉序言》中所说，"物质生活的生产方式制约着整个社会生活、政治生活和精神生活的过程。不是人们的意识决定人们的存在，相反，是人们的社会存在决定人们的意识"①。从广义而言，所谓时代应当是指与人类社会紧密相关的时空范围的社会存在。

其一，时代内涵的客观性决定了其为每个时代问题的产生提供了客观前提。要理解时代内涵，首先要承认其具有客观性。正如恩格斯所强调，"历史进程是受内在的一般规律支配的"②。每个时代都是人们遵循自然规律以及人类社会一般规律发展的产物。尽管时代发展中包含着人们有目的、有意识的行为，但其本质上是对人类，无论是个体还是社会国家等共同体，遵循自然和社会发展的客观规律而进行的种种能动活动的客观反映。同时，任何时代作为人类社会发展的社会存在的当下反映，其所包含的诸多因素，如作为人类生存前提条件的自然地理因素、人自身的主体因素以及起支配作用的物质资料的生产方式等，本身就具有直接的现实性，彼此间相互联系、相互作用的过程也都遵循相应的客观规律，不断变化发展着。

正是时代的客观性为问题的产生设定了基本的时空界限。何为问题？问题本身具有多重含义。现实生活中的问题大大小

---

① 马克思，恩格斯.马克思恩格斯选集：第2卷.3版.北京：人民出版社，2012：2.

② 马克思，恩格斯.马克思恩格斯选集：第4卷.3版.北京：人民出版社，2012：254.

小、林林总总，作为一种客观存在，普遍存在于人类社会发展过程之中。有些问题是新时代的新问题，有些问题是老问题新形式，无论如何，这些新老问题在新的时代都亟须呼唤新思路、利用新条件、运用新工具予以解决。毛泽东曾明确提出，"什么叫问题？问题就是事物的矛盾。哪里有没有解决的矛盾，哪里就有问题"①。问题概念的本质在于人类社会发展过程中出现的亟待认识、解决的矛盾和困难。问题是基于人类社会发展过程的现实性与有限性，同人们对美好社会的向往的理想性与无限性之间的对立统一而产生的，反映了现实供给与人的需求之间相互对立与统一的关系，归根结底体现的依然是必然王国与自由王国之间的辩证关系。哲学家帕斯卡尔在《思想录》中曾讲到，"人只不过是一根芦苇，是自然界最脆弱的东西，但他是一根能思想的芦苇"②。人之不同于其他生命的重要特征在于人是有思想的，正如辩证唯物主义所阐释的，人具有主观能动性。正因为具备这种理性的、反思的、创造的能力，人有对未知的自然世界的开拓与探索，有对人类社会公平正义的追求，更有对美好生活的向往。恰恰是基于现实生活与美好生活诉求之间的不平衡性，人类社会的发展始终处于认识问题、探寻问题、解决问题的过程之中。当然，问题产生的逻辑起点都是人们当时所处的社会状态，换言之，时代为问题的产生提出了客观要求，设定了基本的时空界限。

其二，时代性蕴含的普遍性与特殊性的辩证统一关系为认

---

① 毛泽东.毛泽东选集:第3卷.2版.北京:人民出版社,1991:839.
② 帕斯卡尔.思想录.何兆武,译.上海:上海人民出版社,2007:144.

识问题和解决问题提供了基本依据。无论是宏观层面人类社会发展的不同时代，还是人类历史发展的某一具体时代，都不是孤立地、静止地存在着，而是体现为一个运动发展的过程，因而每个时代都体现了人类社会历史发展普遍性和特殊性的辩证统一关系。时代内涵的普遍性在于，任何时代都是当时人类社会存在状态的客观反映，是基于人与自然、人与人（包括人与他者、自我）之间关系遵从一般规律发展的必然结果；同时，作为这种反映的呈现具有无限性，即"时代"的内容会随人类社会历史的发展而不断发展。时代内涵的特殊性在于，任何时代作为社会存在状态的客观反映又都受制于社会存在本身，特别是其中各个因素的有限性以及由此产生的相互作用，致使"时代"总是呈现阶段性、多元性、特殊性。例如，不同自然地理条件因素、不同国家地区的人们采取不同的生产方式和生活方式，会对同一时代、不同地域人群生产生活产生差异化影响，使得人类社会呈现出多元性特征。这些差异化特征既有利于人类社会历史多样化发展，客观上又反映了特定地域共同体人群及其现实生活的有限性。时代内涵的普遍性与特殊性相互联系，既呈现了整个人类社会作为命运与共的共同体的整体性，也展现了人类社会发展的多样性，而二者相互对立，也给人类社会发展提出了重要的问题。一方面，如何在整体性中尊重差异化、个性化发展；另一方面，如何在差异化中寻求互惠互利、和谐共生，推进整个人类命运共同体的发展，如何突破发展的有限性瓶颈，从而推进发展的无限性与可持续性。这就涉及主体对问题的认识与解决。

时代为认识问题和解决问题提供了基本依据。如果说问题的产生及其内容具有客观性，那么，认识问题和解决问题就离不开对作为主体的人，特别是人类社会的反思。辩证唯物主义认为，认识的本质是主体在实践基础上对客体的能动反映。因此，人对问题的认识活动也体现为人结合自身的学习、生活、生产等实践活动，在种种社会关系中，形成的对某种对象的具有能动性的反映。由于时代内涵的普遍性与特殊性的辩证统一关系，存在于某一时代的现实的人本身作为时代的产物，也是普遍性与特殊性对立统一关系的集合，因而人们既有在普遍性意义上对问题的绝对本质的不懈追求，也有在特殊性意义上对问题的认识与理解。正如马克思所指出的，"人们自己创造自己的历史，但是他们并不是随心所欲地创造……而是在直接碰到的、既定的、从过去承继下来的条件下创造"①。人由于其自身的年龄、教育、家庭、社会文化背景以及生活经历的差异，都只能对问题的某一部分、某一方面、某一阶段、某一程度有正确的认识，进而在此基础上解决问题、改造世界。因此，人们对问题的认识无论是广度和深度而言都具有相对性，换言之，人们都要在已有的经验基础上发挥主观能动性，进行创造，进而形成解决问题的方案，并采取行动。

---

① 马克思，恩格斯.马克思恩格斯选集：第 1 卷 .3 版 .北京：人民出版社，2012：669.

（二）马克思主义问题观是与时俱进的问题观

整个马克思主义理论发展的历程，就是不断解决社会存在的重大历史问题的过程。坚持问题导向作为马克思主义理论的重要特征，不仅是破解马克思主义理论如何实现理论与实际相结合的金钥匙，更成为指导人类认识世界、改造世界的重要方法论。

首先，马克思主义经典作家的问题观。以问题为导向是整个马克思主义理论的重要组成部分，尽管马克思本人并没有关于"问题观"的专门论述，但马克思本人对问题导向方法的高度重视与实际运用确为马克思主义创立发展提供了重要方法论基础。从博士论文到成为《莱茵报》编辑针砭时弊，从《黑格尔法哲学批判》和《1844 年经济学哲学手稿》批判黑格尔"头足倒置"的研究方法，到《关于费尔巴哈的提纲》发出"改变世界"的呐喊，到《德意志意识形态》以"现实的人"为基础构建唯物史观，再到《共产党宣言》和《资本论》等对资本主义剥削工人剩余价值的批判，马克思（包括其与恩格斯合著的诸多论著）始终立足实际，以问题导向为方法论，通过揭示资本主义社会发展历史及其存在的现实问题，构建了一套科学的社会发展理论体系。

恩格斯坚持了马克思问题观的基本观点、立场，同时面对19 世纪末资本主义社会发展的新情况、新问题，继承和发扬了马克思主义问题观。19世纪末资本主义逐渐从自由竞争向垄断资本主义过渡，出现以"垄断"为核心的新特征，在这一时代背景下，社会主义革命何去何从，无产阶级如何应对新挑战，这一系列问题都引起了晚年恩格斯的高度关注与思考。

列宁的问题观继承了马克思、恩格斯认识问题和解决问题的思维与方法，同时，在解决实际问题方面，特别是在认识社会主义革命与建设道路上突破了马克思、恩格斯的原有观念。列宁立足于帝国主义时代资本主义发展的新变化及俄国现实，发展了马克思、恩格斯关于资本主义政治经济发展不平衡的思想，得出社会主义革命必然在帝国主义统治最薄弱、无产阶级革命力量最强大的地方出现，即著名的"一国胜利论"，最终为俄国十月社会主义革命的胜利做了重要的理论准备，以问题为导向实现了社会主义从理论到实践的飞跃。

其次，马克思主义问题观的中国化时代化呈现。科学的问题观是能够对不同时代的突出问题、社会矛盾有精准认识、深刻分析，进而能够形成行之有效的解决问题之道的重要方法论。马克思主义问题观不是僵化的教条式灌输，不是幻想式的纯思辨想象，而是以发现问题、承认问题、认识问题、分析问题、解决问题为导向的方法论，是将理论与实际相结合的实践指导。

马克思主义问题观是与时俱进的，马克思主义中国化时代化过程中所呈现的问题观也是不断变化的。百年前，为反抗帝国主义、封建主义、官僚资本主义的压迫，争取民族独立、人民解放，中国共产党在回答中华民族伟大复兴的时代之问中应运而生。在革命斗争中，以毛泽东同志为主要代表的中国共产党人，把马克思列宁主义基本原理同中国具体实际相结合，初步形成了通过调查研究认识问题、解决问题的重要工作方法。社会主义革命和建设时期，基于当时国家建设百废待兴、人民生活一穷二白的现实问题，以毛泽东同志为主要代表的中国共产党人提出关于社会主义建设的一系列重要思想，特别是《关于正确处理人民内部矛盾的问题》《论十大关系》等著作凸显了对社会主义道路艰难探索的问题意识，并深刻分析了当时的国情以及建设社会主义过程中所面临的问题。党的十一届三中全会后，以邓小平同志为主要代表的中国共产党人，围绕"什么是社会主义、怎样建设社会主义"的重大时代问题，创立了邓小平理论，注重解放思想、实事求是，推动社会发展。世纪之交，面对风云变幻的国际环境以及国内社会经济的飞速发展，以江泽民同志为主要代表的中国共产党人，围绕"建设什么样的党、怎样建设党"的重要问题，提出"三个代表"重要思想。新世纪以来，面对中国社会发展所取得的巨大成就以及由此产生的发展方式等问题，以胡锦涛同志为主要代表的中国共产党人，围绕"实现什么样的发展、怎样发展"的问题，提出科学发展观，为解决中国社会发展问题提供了新思路。

党的十八大以来，以习近平同志为主要代表的中国共产党人，在深刻总结并充分运用党成立以来的历史经验的基础上，从新的实际出发，创立了习近平新时代中国特色社会主义思想，就"新时代坚持和发展什么样的中国特色社会主义、怎样坚持和发展中国特色社会主义，建设什么样的社会主义现代化强国、怎样建设社会主义现代化强国，建设什么样的长期执政的马克思主义政党、怎样建设长期执政的马克思主义政党"等重大时代问题，提出一系列原创性的治国理政新理念新思想新战略，实现了马克思主义中国化时代化新的飞跃。

二、问题的内容以实践要求为根本遵循

问题是实践的呼唤。实践是马克思主义哲学重要的内容，是马克思主义理论的源头活水，更是作为理想信念的马克思主义的内在旨趣。正如马克思在《关于费尔巴哈的提纲》中指出的，"全部社会生活在本质上是实践的"①。辩证唯物主义认为，实践作为人类能动地改造世界的社会性的物质活动，为问题的产生以及认识问题、解决问题提供了客观基础，具有决定性作用。反过来，敢于承认问题、善于甄别问题、清晰认识问题、

① 马克思，恩格斯.马克思恩格斯选集：第1卷.3版.北京：人民出版社，2012：135.

仔细分析问题、努力解决问题，都必须以实践为根本遵循。因此，实践既为问题产生提供了具体内容，也是认识问题、解决问题的重要动力和最终目标。

（一）实践为时代问题提供具体内容

坚持问题导向就是始终坚持从实践出发，在实践中发现问题、认识问题、解决问题。问题是基于时代背景而产生的，但问题的具体内容是在实践活动的基础上形成的。

实践是人类生存和发展最基本的活动，是人类社会生活的本质。马克思、恩格斯在《德意志意识形态》中讲道，"全部人类历史的第一个前提无疑是有生命的个人的存在"[①]，而人与其他生物相区别的本质就在于人作为现实生活的主体"开始生产自己的生活资料"[②]，"同时间接地生产着自己的物质生活本身"[③]。毛泽东在《实践论》开篇便明确指出，"人类的生产活动是最基本的实践活动，是决定其他一切活动的东西"[④]。现实生活中的个体基于自身需要，必然超越自我本身的生理界限，从而同其他自然建立联系。这种联系既包含对其所处的外在自然条件的认识，诸如地理、气候等方面的认识，也包含对自身生存需求的认识。随着生产生活范围的不断扩大，人与人之间形成更为广泛的交

①②　马克思，恩格斯 . 马克思恩格斯选集：第 1 卷 .3 版 . 北京：人民出版社，2012：146.

③　同① 147.

④　毛泽东 . 毛泽东选集：第 1 卷 .2 版 . 北京：人民出版社，1991：282.

往关系，由此对于自我与他者、自我与自我之间的诸种关系的把握与反思逐渐成为实践活动的重要内容，发展出社会政治实践、科学文化实践等多种形式。

问题的内容是在实践活动的基础上产生的。正是基于现实的种种实践，以及由此形成的种种关系，个体的生存与发展要面临一个又一个的新问题、新挑战，作为个体的人以及作为社会成员的人为满足需求、获得更美好的生活方式，就必须不断认识问题和解决问题。作为个体存在的人，其自生命产生伊始就要围绕独立生存的实践问题而不断努力，为其生命的存续拼尽全力学会爬行、坐立直至自如行走，学会独立饮食；作为类存在的人，经历由猿向人的质变，转变过程也是努力奋斗摆脱疾苦向着美好生活的发展之路。作为社会成员的人，其生命进程围绕独立生活的现实不断延伸出与他人的种种关系问题，因此，如何处理好不同角色中的不同关系，不仅是个体终其一生要面对的问题，更衍生出了关于共同体包括社会、国家、民族等的伦理、道德、政治等问题。由此可见，实践是问题产生的源头活水。

实践为时代问题提供具体内容，因而从方法论上必须坚持一切从实际出发、实事求是。一切从实际出发，就是要把客观存在的事物作为认识和解决问题的根本出发点，按照客观存在的本来面目承认问题、认识问题，这是马克思主义唯物论，与从观念出发的唯心主义思想截然相反。恩格斯曾说，"我们对未来非资本主义社会区别于现代社会的特征的看法，是从历史事实和发展过程中得出的确切结论；不结合这些事实和过程去加以阐明，就没有任何理论价值和实际价值"①。了解客观事物的本来面貌，才能大胆承认问题，避免掩盖隐瞒问题；才能实事求是找出真问题，防止无中生有，编造虚假问题；才能有勇气正视问题，客观分析问题，做到现象与本质相结合，既能把握问题的表象，又能追根溯源，把好脉、开好药；才能做到系统调查问题、精准解决问题，既尊重客观现实，又充分发挥主观能动性，有理有据地深入探究问题，避免抽象地空谈问题，最后有针对性地给出解决问题的有效措施，正面回答问题。

（二）实践为认识问题、解决问题提供重要动力

认识问题和解决问题离不开实践。问题的本质是事物发展过程中产生出的矛盾。作为矛盾的问题的产生绝不是突然出现或者偶然产生的，而体现为必然性与偶然性的统一。正所谓"冰冻三尺非一日之寒"，因此，要认识问题产生的前因后果、问题存在的本质与现象就离不开对事物运动变化发展的具体实践过程的把握。深入认识问题和分析问题，就要把握事物运动的必然规律与影响其变化发展的偶然因素，运用纵向历史分析方法与横向比较研究方法等重要方法，总结概括已有经验、已具备条件，找出问题存在的原因要素，综合评判这些因素之间的关系以及各个因素的重要性，筛选出导致问题存在的直接原

---

① 马克思，恩格斯.马克思恩格斯选集：第4卷.3版.北京：人民出版社，2012：582.

因与间接原因、主要原因与次要原因、内部原因与外部原因等，依次排序，进而"步步为营""各个击破"，针对每一个原因及其具体情况，制订出精细、精准、有效的解决方案，从而使问题最终得以解决。

问题的内容源于具体实践，认识问题和解决问题的过程及其中具体环节和内容也离不开实践，因此，实践为认识问题和解决问题提供重要动力。

第一，实践为认识问题和解决问题提供直接经验和间接经验。要深入透彻认识问题，既要对问题的对象、问题产生的来龙去脉"知其然"，更要通过实践的"行"进行调查研究，充分认识问题、辨别问题真伪，做到"知其所以然"，这样才能为最终解决问题提供有效且可靠的依据。一方面，实践为认识问题和分析问题提供直接经验。毛泽东在《实践论》中讲道："无论何人要认识什么事物，除了同那个事物接触，即生活于（实践于）那个事物的环境中，是没有法子解决的。"① "知识的问题是一个科学问题，来不得半点的虚伪和骄傲，决定地需要的倒是其反面——诚实和谦逊的态度。你要有知识，你就得参加变革现实的实践。你要知道梨子的滋味，你就得变革梨子，亲口吃一吃。"② 对于问题本质的把握离不开实践的直接经验，人们只有通过实践获得对问题的原初的、直接的、本真的感性认识，才能真切感受到问题所呈现的方方面面情况。这些最鲜活、最直观的感受为人们全面系统认识问题、分析问题提供了直接经验和数据，进而为深入把

---

① 毛泽东.毛泽东选集：第 1 卷 .2 版 .北京：人民出版社，1991：286-287.
② 同① 287.

握、理性分析问题奠定重要基础。另一方面，实践为认识问题和分析问题提供间接经验。由于世界广阔、人生有限，人们不可能也没有必要事事都要直接尝试，因而通过书本、他人经验，特别是通过网络获取更多的数据，并由此获得对问题的概括判断、特征总结、原因分析、趋势预测、影响研究等理性认识，也十分重要。

第二，实践为认识问题和解决问题提供条件和手段。问题之所以产生，主要是因为现实所能提供的物质活动和精神活动条件与人们对美好生活的追求之间存在"供给 – 需求"不平衡。当需求水平超出供给水平时，问题也随之而来。这里的"条件不满足"状态有可能是绝对不满足，即主体需求还处于绝对理想化状态，客观条件完全不具备，供给与需求之间还需要付出长久努力，需要几代人甚至更多人的艰苦奋斗；也有可能是相对不满足，即主体需求的满足已经具备一定的客观条件，但客观条件本身还需要再完善、调整，通过长期或者短期规划，经过一定历史阶段的付出，可以实现。无论是绝对不满足，还是相对不满足，要解决"条件不满足"的问题，进而解决问题本身，都不可能一蹴而就，都需要以已有的实践为基础，循序渐进，不断完善与改进。基于此，实践为认识问题和解决问题提供了重要条件。与此同时，实践也为认识问题和解决问题提供了重要手段。马克思曾讲道，"手推磨产生的是封建主的社会，蒸汽磨产生的是工业资本家的社会"①。这句话本身揭示了生产力

---

① 马克思，恩格斯 . 马克思恩格斯选集：第 1 卷 .3 版 . 北京：人民出版社，2012：222.

与生产关系之间的辩证关系，恰恰是人们创造了新旧石器、青铜器、铁器、手推磨、蒸汽机等生产工具，才推动人类社会生产力水平不断进步提升；也恰恰是生产力水平的发展甚至质变，才使人类社会生产关系不断发生变化，进而实现了人类社会本身从原始社会到奴隶社会、封建社会、资本主义社会、社会主义社会等社会形态的不断进步与发展。人们在实践过程中逐渐学会使用工具作为人的肢体、感官、体能的延伸，使人与自然之间的关系逐渐由被动适应向主动应对转变，使劳动方式逐渐由机械自动化向智能自动化转变。这些都为问题的解决提供了重要的手段支持。

第三，实践的发展锻炼和提高了人的认识能力，改造了人的主观世界。实践要求作为主体的人在探究和处理问题的过程中以实践为基础，发挥创造力深化对问题的认识，运用辩证思维探求问题，以求索解决问题之道，这是马克思主义问题观的辩证法。毛泽东在阐释"实事求是"概念时讲道："'实事'就是客观存在着的一切事物，'是'就是客观事物的内部联系，即规律性，'求'就是我们去研究。"[①] 以往人们对于"实事求是"的理解重点都集中于"实事"和"是"，但"求"的实践过程也十分重要、不容忽视。其一，坚持运用唯物辩证法认识问题和解决问题。所谓"求"的实践活动就是要求主体能够基于客观存在找到事物运动变化发展的规律，因而探求的过程本身要求主体首先要做到以发展的眼光辩证看待处于普遍联系之中的事物，这样才能最终找到问题的

---

① 毛泽东 . 毛泽东选集：第 3 卷 . 2 版 . 北京：人民出版社，1991：801.

有效解决之道。人们的实践过程以及由此产生的交往活动决定问题出现。问题有大有小、有轻有重、有急有缓、有隐有显，因此，人们在认识问题和解决问题时，就要时刻把握形势的变化，处理好内部条件与外部条件、主要矛盾与次要矛盾、矛盾的主要方面与次要方面、整体与局部等关系，只有这样，才能既尊重客观事实、抓住问题的本质，又运用马克思主义唯物辩证法在不断出现的新问题或者老问题新形式中实现自我批判、自我革新，指导我们解决理论与现实问题。其二，坚持用守正创新的方法认识问题和解决问题。人们正是在实践的推动下，逐渐打破思想上的桎梏，突破头脑上的枷锁，逐渐认清问题的来龙去脉，逐渐尝试解决问题的新途径，逐渐找寻到解决问题的有效路径。邓小平强调，将马克思主义作为行动的指南，而不是教条地学习，"它要求人们根据它的基本原则和基本方法，不断结合变化着的实际，探索解决新问题的答案，从而也发展马克思主义理论本身"[①]。问题本身不是一成不变的，而是客观存在和不断变化发展的。不同时代会产生不同的问题，有的问题在历史上也曾出现过但当时并不是主要问题，随着社会的发展，演化到今天可能就会转变为主要问题，如生态环境问题、气候问题等，这就要求人们改变以往的发展思路，更新发展理念，站在时代前沿，利用新工具，发挥新思维，解放思想，吸收新的有益的经验和方法，创造新的解决问题的方法。总之，实践成为人们认识问题、解决问题的重要动力，要以实际条件为基础，激发人的主观创造性，进而达到认识问题与解

[①]　邓小平. 邓小平文选：第 3 卷. 北京：人民出版社，1993：146.

决问题的辩证统一，避免僵化地、教条化地、片面地认识问题，避免做无用功。

（三）实践为解决问题提供最终目的

马克思在《关于费尔巴哈的提纲》中指出："哲学家们只是用不同的方式解释世界，问题在于改变世界。"①习近平总书记强调："马克思主义具有鲜明的实践品格，不仅致力于科学'解释世界'，而且致力于积极'改变世界'。"②实践指向是马克思主义理论首要的和基本的特征。人们认识问题的目的不是只停留于"解释世界"，而在于"改变世界"，即为实践服务、指导实践，进而满足人们生产生活的需要，促进社会发展，最终实现人的自由而全面的发展。

人们通过实践认识问题、解决问题，绝不是单纯的"好奇"，而必然具有实践指向，以满足人们生活和生产的需要。按照实践的形式及其所涉及领域，最基本的物质生产实践，本质上就是要解决人与自然之间的矛盾，从而提高人类社会的劳动生产效率，使物质生活资料和生产劳动资料更加丰富，更好满足人们的物质生活需求。社会政治实践活动，本质上就是要解决人与人、自我与他者之间的矛盾，主要反映了个体、社会与

---

① 马克思，恩格斯.马克思恩格斯选集：第1卷.3版.北京：人民出版社，2012：136.

② 习近平.在哲学社会科学工作座谈会上的讲话.北京：人民出版社，2016：9.

国家等不同层面主体之间交往关系的合理性、正当性等问题，与此相关的关键词通常涉及权利与义务、社会公平正义、民主与法治等内容。而科学文化实践活动，主要体现为创造精神文化产品的实践活动，其中包括科学、教育、思想文化等重要形式。广义而言，精神文化活动属于社会意识范畴，更具体地说属于观念的上层建筑方面。其中的自然科学、人文社会科学等内容，尽管某些方面产生于人对外部世界以及自身内在世界的好奇探索，但归根结底都为改进人们的实践活动、现实生活发挥了至关重要的作用。狭义而言，某些精神文化活动在当代社会通过智能技术实现大规模、有形制造，有的结合声、光、电等现代技术应用到现代生活中，发挥着满足人们精神文化需求、促进精神文明建设的作用。因此，实践始终是认识问题、解决问题的最终归宿。

三、问题的价值以满足人民
需要为内在要求

坚持问题导向的价值关怀在于以人民为中心，解决人民群众在实际生活中遇到的问题，满足人民群众对美好生活的追求。正如马克思、恩格斯在《共产党宣言》中所论述的，共产主义社会将是每个人自由发展的联合体，实现人的自由而全面的发展是马克思主义的使命和目标。因此，坚持问题导向绝不是机械地对待"问题"，更不是"无中生有"地刻意制造问题，而是要真心实意满足人民需要，并且在凝结人民群众智慧的基础上解决问题，创造更美好的生活。

（一）坚持问题导向的根本价值关怀在于以人民为中心

习近平总书记在 2021 年 3 月 15 日召开的中国共产党与世界政党高层对话会上强调，"我们要坚守人民至上理念，突出现代化方向的人民性。人民是历史的创造者，是推进现代化最坚实的根基、最深厚的力量。现代化的最终目标是实现人自由而全面的发展。现代化道路最终能否走得通、行得稳，关键要看是否坚持以人民为中心。现代化不仅要看纸面上的指标数据，更要看人民的幸福安康。"① 以人民为中心是马克思主义者始终坚持的根本立场，是中国共产党的根本宗旨，为实现中国式现代化、实现中华民族伟大复兴奠定重要基础，也为实现马克思主义所强调的人的自由而全面的发展的终极目标发挥了巨大作用。坚持问题导向作为习近平新时代中国特色社会主义思想的重要世界观和方法论，始终以满足人民群众对美好生活的需要为根本价值关怀。

坚持问题导向是以马克思主义唯物史观中人民主体的哲学范畴为价值基础的。回顾马克思以前的哲学家们的观点，其中不乏对"人"的阐述。遗憾的是，以往的"哲学家们"在其"解释世界"的哲学中都只是把人作为抽象的存在来对待，因而无论是在直观的唯物主义那里，还是在唯心主义那里，广大贫苦人民之疾苦都无关痛痒，都不被统治阶级放在眼中，人如

---

① 习近平.携手同行现代化之路：在中国共产党与世界政党高层对话会上的主旨讲话.中国政府网，2023-03-16.

"尘埃""鸿毛"般渺小卑微。马克思、恩格斯创立的历史唯物主义理论，颠覆了以往哲学家们的观点，确立了"现实的人"的基础性地位，成为唯物史观的最基本、最重要的支撑点。唯物史观最基本的观点就在于强调人民群众是历史的真正创造者。无论在物质生活、精神生活，还是在变革社会过程中，人民群众所表现和发挥的历史主动性和创造性，都说明人民群众已成为推动历史发展的决定力量。这里需要补充一点，尽管资本主义社会提倡重视"人权"，但客观而言，资本主义社会所谓的个人权利依然是掩盖了资本主义剥削雇佣劳动创造的剩余价值这一事实的异化了的人权，是受制于资本逻辑、抹杀广大劳动者群体的少数人的权利，是经过资本主义生产关系包装后的虚假人权。马克思主义基本立场所强调的人民群众，是建立在唯物史观基础上，消除剥削，而真正与生产力相一致的广大劳动者群体，真正通过个人诚实劳动满足自身需求的广大人民群众。因此，问题导向之"问题"的核心价值立场正在于以人民为中心，维护人民的根本利益。

坚持问题导向体现了马克思主义政党始终坚持以人民为中心的根本立场和根本宗旨。马克思、恩格斯指出，"无产阶级的运动是绝大多数人的，为绝大多数人谋利益的独立的运动"[①]，而未来社会"生产将以所有的人富裕为目的"[②]，马克思主义政党的根本立场是以人民为中心。以马克思主义为指导的中国共产党，

---

① 马克思，恩格斯.马克思恩格斯选集：第1卷.3版.北京：人民出版社，2012：411.

② 马克思，恩格斯.马克思恩格斯文集：第2卷.北京：人民出版社，2009：42.

一经诞生就把为中国人民谋幸福、为中华民族谋复兴确立为自己的初心使命，把能否解决实现中国特色社会主义、实现中国式现代化、实现中华民族伟大复兴之路上的诸多问题甚至难题作为"是否实现为人民谋幸福"的重要判断标准。从推翻"三座大山"实现民族独立、人民解放，到建立新中国、开启社会主义建设，到实行改革开放、确立社会主义市场经济体制，再到历史性解决绝对贫困问题、全面建成小康社会，百余年来中国共产党带领中国人民从站起来到富起来再到强起来的现实过程，充分反映了中国共产党勇于承担重大历史任务，坚持问题导向，不断发现问题、承认问题、认识问题、分析问题、解决问题，以人民群众为中心的责任担当。习近平新时代中国特色社会主义思想始终坚持人民群众的根本立场，发动全党全国各族人民踔厉奋发、勇毅前行，在更好满足人民群众美好生活需要的生动实践中，坚守初心，站稳立场，不畏风险挑战，迎难而上，"啃硬骨头"，为更好满足人民群众美好生活需要做出积极贡献。

坚持问题导向以实现人的全面发展为终极关怀。马克思主义经典作家历来高度重视人的全面发展问题。马克思、恩格斯在《共产党宣言》中指出，"代替那存在着阶级和阶级对立的资产阶级旧社会的，将是这样一个联合体，在那里，每个人的自由发展是一切人的自由发展的条件"[①]。习近平总书记强调，"要坚持把增进人民福祉、促进人的全面发展、朝着共同富裕方向

---

① 马克思，恩格斯.马克思恩格斯选集：第1卷.3版.北京：人民出版社，2012：422.

稳步前进作为经济发展的出发点和落脚点",同时强调,"现代化的最终目标是实现人自由而全面的发展"。党的十八大以来,我们党始终坚持问题导向,锚定人民对美好生活的向往,积极回应人民各方面诉求和多层次需要,既注重解决当代人问题,又注重子孙后代的可持续发展,既注重预判问题、未雨绸缪,又重视可持续发展的当代基础。党的二十大报告客观地分析了十年前面对的形势、取得的巨大成就,同时指出,"一系列长期积累及新出现的突出矛盾和问题亟待解决"①,特别是面对影响党长期执政、国家长治久安、人民幸福安康的突出矛盾和问题,我们党带领全体中国人民义无反顾进行伟大斗争,最终实现了其中具有重大现实意义和深远历史意义的"三件大事","一是迎来中国共产党成立一百周年,二是中国特色社会主义进入新时代,三是完成脱贫攻坚、全面建成小康社会的历史任务,实现第一个百年奋斗目标"②。进入新时代,我国社会主要矛盾转化为人民日益增长的美好生活需要和不平衡不充分的发展之间的矛盾。换言之,社会问题的呈现早已由"有没有"转化为"好不好",人民对美好生活的向往愈加强烈,特别是社会民主、法治、公平、正义、安全、生态等方面的要求愈加突出。为此,党和国家坚持问题导向,积极深入调研,从中央到地方、从国家顶层设计到地方基层治理积极为人民群众排忧解难,地区之间、城乡之间积极展开合作及对口支援建设,以便为解决不平衡发展

---

① 习近平. 高举中国特色社会主义伟大旗帜 为全面建设社会主义现代化国家而团结奋斗:在中国共产党第二十次全国代表大会上的报告. 北京:人民出版社,2022:4-5.

② 同①4.

问题提出有效治理方案。我国已经建成包括养老、医疗保障、社会救助等在内的世界上规模最大的社会保障体系，健康中国建设取得新进展，基本公共卫生服务均等化持续推进，同时为建成幼有所育、学有所教、劳有所得、病有所医、老有所养、住有所居、弱有所扶的现代化社会做出积极努力。

（二）坚持问题导向的行动力量源自人民

人民群众是历史的创造者，对社会矛盾问题具有切身的感受与独特的观点。以人民之智慧谋问题之解决，既可以调动人民的主体性、积极性、创造性，集思广益解决问题；也可以有效协调个体与共同体之间的关系，满足人民的利益诉求，推进社会共同富裕，为实现中国式现代化做出积极贡献。

坚持问题导向实现中国式现代化的重要力量在于人民群众。实现中国式现代化是党带领全体中国人民实现第二个百年奋斗目标的重要内容。习近平总书记在党的二十大报告中明确指出，中国式现代化是中国共产党领导的社会主义现代化，既有各国现代化的共同特征，更有基于自己国情的中国特色。特别是其中所蕴含的五个基本特征既反映了新征程上党带领人民群众实现中国式现代化所面临的问题，又突出了实现中国式现代化离不开人民群众的共同建设、共同参与。人口规模巨大的现代化的实现，面临着社会主体年龄性别、民族地域、知识文化、代际承继等方面愈加多元化分众化的特点，因而要更加注重个体的自主性与社会性之间的协调发展，通过顶层设计和基层治理，让全体中国人民全方位参与到国家社会发展的各项事业中，发挥主观能动性，最大程度构建"同心圆"。全体人民共同富裕的现代化的实现，面临着经济社会发展不平衡不充分、如何实现高质量发展以更好满足人民对美好生活需要的难题。基于此，要使人民群众树立起主人翁意识，积极参与经济建设与发展事业，既要重视以国有企业为代表的公有制经济改革与发展，又要充分重视社会主义市场经济建设，积极调动市场主体参与的积极性，创造更多的物质和精神财富；完善分配制度，通过改善人民群众参与决策的渠道和过程，提高其参与的有效性和治理的实效性，实现人民在参与中共享经济发展成果。物质文明和精神文明相协调的现代化的实现，面临着如何协调二者之间的关系、如何在经济利益面前更好创造满足人民精神文化需求的优秀艺术作品的问题，因此，要始终坚持以人民群众为中心的基本立场，调动人民群众参与文化建设的积极性与主动性，促进物的全面丰富和人的全面发展。人与自然和谐共生的现代化的实现，面临着处理好人与自然协调发展、既不能破坏自然生态又要保证可持续发展的紧迫问题，因此，要紧紧依靠人民群众的重要力量，既要重视宣传教育、提升公民生态环保意识、养成良好生活习惯，又要依靠人民在生产生活中实时保护好生态环境，守好生态文明的"红线"和"底线"。和平发展道路的现代化的实现，面临着全球经济复苏乏力、"特定文明优越论""文明冲突论"等论调重回公众视线等问题，因此要更加坚持人民群众基本立场，充分调动起广大人民群众的主观能动性，在共同建设国家经济、政治、文化、社会、生态等方面的基础上，增强"四个自信"，讲好中国故事，传播好中国声音。

坚持问题导向是马克思主义理论的重要内容，是习近平新时代中国特色社会主义思想的世界观和方法论的重要组成部分。习近平总书记曾讲道，"时代是出卷人，我们是答卷人，人民是阅卷人"。只有坚持问题导向，增强问题意识，认真认识问题、研究问题，才能给出符合时代要求的答案，回答好当今时代的重大问题。坚持问题导向，必须做到解放思想、实事求是、一切从实际出发，只有这样才能真正把握问题的主要矛盾以及矛盾的主要方面，对症下药、解决问题。坚持问题导向，关键还要看能否满足人民群众的真正需求，能否解决人民群众急难愁盼的问题，能否真正把解决问题做到人民群众的心坎里。新时代新征程，要坚持用习近平新时代中国特色社会主义思想凝心铸魂，坚持问题导向的重要方法论解决实际问题，不断回答好中国之问、世界之问、人民之问、时代之问。

第六章

理论的根本任务是回答并指导解决问题

"必须坚持问题导向"是习近平新时代中国特色社会主义思想的重要世界观和方法论之一。党的二十大报告指出："问题是时代的声音，回答并指导解决问题是理论的根本任务。今天我们所面临问题的复杂程度、解决问题的艰巨程度明显加大，给理论创新提出了全新要求。"① 可以说，报告中的这段话论旨鲜明，不仅有着丰富深刻的哲学内涵、历史内涵，而且在问题、理论以及二者之间，还存在着巨大的思辨张力和悠长的阐释进路，至少涉及矛盾、实践、认识三个基础逻辑环节，至少涉及何种问题、什么理论、怎么指导等讨论面。因此，应深入学习这段话，深刻理解其中蕴含的学理和哲理。

---

　　① 习近平.高举中国特色社会主义伟大旗帜 为全面建设社会主义现代化国家而团结奋斗：在中国共产党第二十次全国代表大会上的报告.北京：人民出版社，2022：20.

一、必须坚持问题导向的哲学基础

以哲学的反思批判视角来看，问题是一个包括主体、实践、认识、关系、方法、结构、层次在内的总体性的辩证法范畴。在概念的容量、抽象的程度、认识的深度方面，问题与系统、过程、发展等范畴处于同一序列。

作为总体性的辩证法范畴理解的问题与人类是同生共存、一体两面的关系。在从个体到人类整体的每个层次上，在从实践到认识的每个环节中，新问题、旧问题、大问题、小问题、真问题、假问题等总是纵横交错、数不胜数、不断演化。普罗泰戈拉说过："人是万物的尺度。"这个世界上的问题之所以具有运动性、发展性、复杂性、无限性以及主体性与客观性、绝对性与相对性、普遍性与特殊性、必然性与偶然性等众多属性，归根结底在于人类的存在方式具有深刻的矛盾性。这种深刻的矛盾性是理解问题的必要前提。

矛盾是反映事物内部或事物之间对立统一关系的哲学术语。作为关系范畴，事物内部的两个要素或两个不同事物之间既相互对立又相互统一这种特殊关系的运动、变化（尤其是尖锐化），表现出来的就是所谓的问题。也就是说，问题在矛盾的运动中自然聚集并显现，"问题是事物矛盾的表现形式"①，"哪里有没有解决的矛盾，哪里就有问题"②。进而言之，矛盾与问题具有因果关系和内涵重叠，矛盾是上位概念，问题是下位概念，矛盾不等于问题，但问题背后必有矛盾。

矛盾的主要内涵可以用内部结构和外在表现进行简要概括。其中，斗争性和同一性是矛盾的内部结构，即这两种属性是矛盾得以成立的、缺一不可的构成性要素。普遍性与特殊性、绝对性与相对性是矛盾的外在表现，是矛盾表现自身的、不可或缺的理解性要素。在黑格尔这位辩证法大师看来，"一切事物本身都自在地是矛盾的"，"这个命题比其他命题更加能表述事物的真理和本质"③。因为"天地间绝没有任何事物，我们不能或不必在它里面指出矛盾或相反的规定"④，"而且可以在一切种类的

---

① 坚持运用辩证唯物主义世界观方法论 提高解决我国改革发展基本问题本领 . 人民日报，2015-01-25（1）.

② 毛泽东 . 毛泽东选集：第 3 卷 .2 版 . 北京：人民出版社，1991：839.

③ 黑格尔 . 逻辑学：下卷 . 杨一之，译 . 北京：商务印书馆，1982：65.

④ 黑格尔 . 小逻辑 . 贺麟，译 . 北京：商务印书馆，1980：200.

对象中，在一切的表象、概念和理念中发现矛盾"①。但事实上，一方面，黑格尔的观点不能用来直接解释矛盾何以具有以上内涵；另一方面，常见的对矛盾基本原理的解释，一般到斗争性、普遍性等层面时，也就停下脚步。因此，要真正解释人类的存在方式何以具有深刻的矛盾性，需要从"生成"和"构造"两个向度进行前提性追问，上溯至世界的存在形式、思维的运行方式、人类的生存结构这三个问题。

首先，就世界的存在形式而言，世界上的万事万物，包括宏观宇宙、微观世界、人类以及人类的社会历史在内的一切事物，都不是抽象、静态、孤立、片面的存在。比如在自然界中，有生存就有毁灭，有聚集就有离散，有遗传就有变异，有分解就有化合；在人类社会中，有真理就有谬误，有战争就有和平，有文明就有野蛮，有收益就有风险。世界之所以呈现为具体、动态、联系、复杂的样貌，浅层原因是随着实践与认识的深化，矛盾较之于其他任何关系、范畴能够更加有效、准确、全面地揭示并把握事物的理论力，获得哲学、科学、常识的共同承认；深层原因是作为实践与认识主体的人的思维，原本就具有根深蒂固甚至不可逾越的矛盾性。

其次，就思维的运行方式而言，思维必须有指向、有依凭才可成为思维。"有指向"指思维必须有自己的对象，而不能茫无涯际、漫无焦点。这一点由大脑的工作原理决定并基本被现代脑科学所证实。"有依凭"指思维运行的全过程必须借助一定

---

① 黑格尔. 小逻辑. 贺麟，译. 北京：商务印书馆，1980：132.

的语言符号中介。"指向"与"依凭"的统一，会产生"无"与"有"这一对直接与存在相关的、最具有原始性和优先性地位的存在论范畴，以及"是"与"否"这一对直接与判断相关的认识论范畴。这两对范畴及其关系虽然近似，但不能套用康德在《纯粹理性批判》中提到的感性与知性的认识阶段以及"范畴表"等思想。总之，"无"与"有"确定存在，"是"与"否"判断存在。这两对范畴在逻辑的顺序上，表现为"有"从"无"中不断分离，事物纳入主体的视域，亦即存在进入思维的领域；"是"从"否"中不断生成，事物在否定其所"不是"中认识"是"，又源源不断地在"怎么是"中获得并丰富自身的规定性。这两对范畴在历史的进程中，表现为随着思维的持续运转，"无"与"有"、"是"与"否"的二元逻辑不断扩大、延伸，越来越多地表现为矛盾性的对偶概念被创造出来。就像点形成线、线汇成面一样，一张人们认知世界的"大网"由此织就。人们通过这张网去捕捉现象、发展认识、表达思想，但人们一般也只能认识那些"撞到"网上的东西。

　　最后，就人类的生存结构而言，从历史与逻辑相统一的方法出发，一方面，人作为自然存在物和社会存在物，生命、智识、能力、影响、资源的有限共同汇成的自然必然性，是人无法超越的生存界限；另一方面，人不同于其他动物的地方在于后者是"本质先于存在"，生命表现为服从于本能、依附于自然，而人可以通过劳动和语言发挥自己的能动性。尤其是产生于劳动基础上的语言对理解人类的生存结构十分重要。按照瑞士语言学家索绪尔的理论，语言是一个二重性的符号系统，由

"能指"与"所指"两部分构成。"能指"是声音形象留给人的心理印迹，它的量受人们活动累积量的影响。"所指"即概念，概念作为反映对象本质属性的思维形式，在一定时期内基本是稳定的。这样，"能指"与"所指"的关系其实就是个别与一般的关系。由于个别在经验上的有限性使其无法跨越与一般之间的逻辑鸿沟，所以，拥有了语言的人类的世界，不是纯粹现实的、唯一的世界，还有一个因为"能指"与"所指"的异质性、不对称性而敞开了可能性空间的世界。因此，能够穿梭于现实与可能之间的人就是有选择权利和选择空间的人，他不仅可以从"能指"一极向"所指"一极进发，创造出自然界原本不存在的事物，也可以用"所指"规范"能指"，使现实事物不断趋近于合理或理想。选择意味着与自然必然性相对立的、自由的出场。原始的、逻辑上的自由是直接与必然相同一的自由，而一旦自由成为于人类而言的另一种必然，生命力的涌动就不会满足于这种逻辑上的、空洞的自由。这种不满足的社会历史化展开，就是人在语言符号系统之外，取材于自然界，通过物质性工具系统，去不断发明和发现、创造和改造。最终，一边是必然的领域不断缩小、自由的疆域日益扩大，一边是每一次自由与必然之间矛盾的相对解决，二者都以更加深刻的彼此嵌套为前提和结果。

综合上述三点，由于人类的思维运行建立在以矛盾性为根本特征的范畴体系之上，而人类的生存结构又存在自由与必然的永恒矛盾，所以，正如康德所言，"人为自然立法"，黑格尔所谓的"一切事物本身都自在地是矛盾的"才获得理智上的支撑力。更重要的是，既然面临、发现和解决问题的主体即人在存在方式的层面具有深刻的矛盾性，那么辩证唯物主义的矛盾学说其实也紧密关联着自己的"问题学说"。

第一，必须坚持一切从实际出发、理论联系实际、实事求是、在实践中检验真理和发展真理的思想路线。对于无处不在、无时不有的问题，不怀有否定、恐惧、厌恶、逃避的心态，不做出夸大、漠视、混淆、放任的举动，不抱有一蹴而就认识问题、一劳永逸解决问题的幻想。"严重的问题不是存在问题，而是不愿不敢直面问题、不想不去解决问题。"①

第二，坚持矛盾分析法，注重从内生性因素理解和把握问题的客观性、必然性、特殊性、层次性、过程性。要重点把握主要矛盾和矛盾的主要方面，推动主要问题、急迫问题、症结问题、当下问题的不断相对解决，同时，不忽略次要矛盾和矛盾的次要方面，不使非主要、非急迫、非症结、非当下的问题淹没在汹涌回旋的问题潮水之中。

第三，坚持辩证的问题观，将具体问题具体分析与具体问题整体分析、动态分析等相结合，既要以系统观念和辩证思维强化问题意识，也要以守正创新和形式思维增强解决问题的能力。习近平总书记指出："上面的问题需要下面配合解决的就上题下答，下面的问题根子在上面的就下题上答，需要地方和地方、地方和部门、部门和部门联合会诊的就同题共答，前后照应、左右衔接，使查摆和解决问题做到纵向到底、横向到边。

①　习近平.牢记初心使命，推进自我革命.求是，2019（15）.

实践证明，只有坚持问题导向，从细处入手，向实处着力，一环紧着一环拧，一锤接着一锤敲，才能积小胜为大胜。"①总书记也曾多次在不同场合用不能"头痛医头、脚痛医脚"、不能"脚踩西瓜皮，滑到哪里算哪里"、不能"当一天和尚撞一天钟"来诠释协调推进"四个全面"战略布局的方法论问题。这些生动的话语其实都是辩证的问题观的体现。

---

① 习近平. 在党的群众路线教育实践总结大会上的讲话. 人民日报，2014-10-09（2）.

二、理论与问题的辩证关系

从"人猿相揖别"的那一刻开始，人成为人、作为人的事实，决定了不断面临、发现和解决问题就是人之为人的代价和命运。走过由神话、巫术、原始宗教主宰的昏暗历史，随着以哲学和科学为代表的理性成果的渐次成熟，人类才逐渐摆脱面对世界时的茫然无措，走出愚昧笼罩下的茫茫黑夜，最终创造出我们眼前这个完全"属人"的世界。可以说，生存本身就是问题。人类解决问题的实践不断面临发现和解决问题的需要促成了作为认识的必然结果、高阶形式和有力工具的理论的出场，理论一经出场，随之而来的就是理论与实践的结合，这表现为既用理论指导实践，在实践中不断应用、检验和发展理论，不断推动问题的相对解决，也用实践证明理论，以实践的成果作为理论正确与否、有用与否的合法性证明。生存"出题"，认识"审题"，理论"答题"，实践"阅题"，这既是文明发展的否定性辩证法，也是历史进步的基本形式。

（一）理论的出场

列宁说过："世界不会满足人，人决心以自己的行动来改变世界。"① 所谓改变世界的人"自己的行动"就是实践。实践作为马克思主义的核心概念，具有古老的历史。在马克思之前，朱熹、王阳明和亚里士多德、康德等中外思想家囿于自身的思维方式和阶级属性以及前现代社会落后的生产力、狭窄的生产关系、森严的等级壁垒、低下的社会治理能力，都是在伦理道德或社会政治的层面理解实践。费尔巴哈虽然将唯物主义从死灰中复活，注意到社会实践的重要性，但他的缺点在于对实践的理解是消极片面的。"对于他来说，真正人的东西只有人的理论行为；……费尔巴哈所知道的社会实践只有犹太小商贩的肮脏形式。"② 与费尔巴哈不同，同样生活在轰轰烈烈的产业革命和政治革命时代的马克思，注意到了现实的、感性的人的活动对于正在发生深刻变革的世界的生成性意义，尤其看到了人的物质生产活动迸发出的磅礴之力。所以，正如习近平总书记所言："时代是思想之母，

---

① 列宁.哲学笔记.北京：人民出版社，1993：183.

② 梅林.保卫马克思主义.吉洪，译.北京：人民出版社，1982：266.

实践是理论之源。"① 时代为十八世纪、十九世纪的哲学家们提供了海量的思想样本，但只有马克思准确把握住实践的本质内涵，认识到"全部社会生活在本质上是实践的"②。

《关于费尔巴哈的提纲》标志着马克思主义科学实践观的建立，奠定了历史唯物主义的认识论前提。在《德意志意识形态》中，马克思和恩格斯指出，"可以根据意识、宗教或随便别的什么来区别人和动物。一当人开始生产自己的生活资料，即迈出由他们的肉体组织所决定的这一步的时候，人本身就开始把自己和动物区别开来"③，"思想、观念、意识的生产最初是直接与人们的物质活动，与人们的物质交往，与现实生活的语言交织在一起的。人们的想象、思维、精神交往在这里还是人们物质行动的直接产物。表现在某一民族的政治、法律、道德、宗教、形而上学等的语言中的精神生产也是这样。人们是自己的观念、思想等等的生产者，但这里所说的人们是现实的、从事活动的人们，他们受自己的生产力和与之相适应的交往的一定发展——直到交往的最遥远的形态——所制约"④。在此，我们可以清楚看到马克思和恩格斯不像早先的霍布斯、洛克、卢梭等契约论哲学家那样，预设某种形态特定的"自然状态"作为逻辑起点，而是紧扣着人之为人就要按照"属人"的即现实的、

----

① 习近平.在庆祝中国共产党成立 95 周年大会上的讲话.人民日报，2016-07-02（2）.

② 马克思，恩格斯.马克思恩格斯文集：第 1 卷.北京：人民出版社，2009：501.

③ 同② 519.

④ 同② 524-525.

客观的、物质的方式与外界发生能量和信息交换这一朴素事实，越过"繁芜丛杂的意识形态"的云雾，实现历史与逻辑、哲学与科学在理论上的统一，顺利解决了因为必然的史迹湮灭和史料匮乏而无法从历史科学的维度确定令人信服的研究起点的难题，"破天荒"地解开人类历史之谜。

马克思、恩格斯确立的逻辑起点和分析方法是从总体上把握理论的基本遵循。起初，人作为生命体，出于生物本能，必须吃喝住穿、繁衍生息，而"力不若牛，走不若马"的人要在极端残酷的自然界中生存，必须结成群体，分工劳动。劳动和交往促成了语言的产生和发展。语言的产生发展使意识获得表达和进化的通道。劳动、交往、语言、意识的共同作用为认识提供了迈向规范化、理性化、社会化的台阶。认识一经得到发展，一方面，必然伴随着实践在质上的发展和量上的累积，伴随着认识在具体与抽象、感性与理性上的辩证发展；另一方面，一个已经分化出自在与人化、客观与主观、自我与他人、个体与群体的世界，必将是问题杂丛的世界。在历史上，劳动、语言、认识、实践是互相成就的关系，直到雅思贝尔斯所言的"轴心时代"，理论才以蓬勃之势升起于认识的地平线上。

（二）理论的历史统一于回答并指导解决问题的历史

理论是人们在实践的基础上，通过概念、判断、推理的理性认识形式和论题、论点、论据的逻辑展开形式，表达的关于事物本质及其发展规律的系统性的认识和知识。问题是理论的出场动因，抽象是理论的外在表现，理性是理论的基本成分，实践和反思是理论的催化试剂，继承和创新是理论的发展方式。逻辑性、系统性是理论的重要属性，可理解性、可验证性是理论的根本属性。逻辑性、系统性、可理解性、可验证性的逐渐实现与健全，既是逻辑的过程，也是历史的过程；既是人们的理论思维不断成熟的过程，也是理论获得其全部职能即世界图景、概念框架、方法体系、价值理念、行动指南、未来愿景的过程。

　　哲学作为理论思维的典范，最典型的思维方式不是辩证法或形而上学，不是关系思维或实体思维，而当属概念思维。所谓概念思维，即通过概念的提出和界定，通过概念间关系的建立和演绎，去理解和解释事物的思维活动。"规定与证明是这种概念思维的基本核心"①，用规定与证明后的清晰概念，进行字面意思上的逻辑性表达并做出自洽性保证、前提性考察、合理性审查是其主要工作。哲学正是通过对具有普适性的概念、范畴的关系把握，间接实现对事物的把握。需要强调的是，哲学永无止境的反思、怀疑和批判精神是极为可贵的，在历史的绝大多数时候，这些精神都是带领人们向自由开阔之地前行的心灵火炬。但是，同样在它的绝大多数历史中，哲学所致力的，总是"抱不器之器"（白居易），成"无用之用"（庄子），是"判天地之美，析万物之理"（庄子），"究天人之际，通古今之变"（司马迁语），"寻求最高原因的基本原理"（亚里士多德语），提供"全部知识学的基础"（费希特语）等等。所以，驰骛于概念

---

① 黄裕生.从概念思维到本源思维.杭州师范大学学报（社会科学版），2009（5）：63.

王国的哲学也因此遮蔽了对"被压迫生灵"的体察。哲学也一度如马克思当年对青年黑格尔派的批判,"他们只是用词句来反对这些词句;既然他们仅仅反对这个世界的词句,那么他们就绝对不是反对现实的现存世界"①。

可能因为哲学在诞生之初就是不事生产的"有闲阶级"的特权,所以以"学以致知"而非"学以致用"为旨趣的哲学,在精神基因中缺乏对改变世界的明显渴望。然而,理论思维已经生发,"精神的伟大和力量是不可以低估和小视的"②。古希腊时期的科学家几乎都是哲学家。以柏拉图和亚里士多德为代表,柏拉图奠定了西方哲学两千多年的形而上学传统,亚里士多德开创了在后世发扬光大的实证主义倾向。形而上学对演绎逻辑的坚守和实证主义对归纳逻辑的强调,恰恰是近代以来科学释放出令人惊叹的伟力的方法基础,而方法的重要性诚如黑格尔所言,"不是外在的形式,是内容的灵魂"③。

哲学与科学之间,不是理性的拾级而上关系。恩格斯指出:"全部哲学,特别是近代哲学的重大的基本问题,是思维和存在的关系问题。"④参照这一说法,科学的基本问题,可以表述为思维与存在的统一问题。"关系"问题涉及两个可供比较的对象,所以哲学有"第一性"和"同一性"的问题。"统一"问题没有

---

① 马克思,恩格斯.马克思恩格斯文集:第1卷.北京:人民出版社,2009:516.

② 黑格尔.小逻辑.贺麟,译.北京:商务印书馆,1980:36.

③ 同②427.

④ 马克思,恩格斯.马克思恩格斯文集:第4卷.北京:人民出版社,2009:277.

比较的余地或必要，因为思维是进行思维的主体即人的思维，存在是面向思维主体的沉默的思维客体。所以，科学的任务，就是使主观、理论、思维力求趋向于客观、现实、存在。为了达成目标，科学汲取了哲学的概念思维方式和逻辑检验标准，通过"观察→归纳→证明"和"问题→猜想→反驳"两条路径，向普遍必然性知识不断靠拢。

将哲学史、科学史与世界史合流，可以这样总结：自十五世纪至十九世纪，西方夹杂发生了哲学、科学、政治、产业四种革命。其中哲学革命和科学革命解放的是头脑，政治革命和产业革命解放的是身体。这四种革命汇成的社会革命，使整个西方社会逐渐分裂为具有迥异命运的"两大敌对的阵营"，"分裂为两大相互直接对立的阶级：资产阶级和无产阶级"[①]。作为革命与解放的结果，无产阶级固然成为政治上的自由人，但也成为经济上的赤贫者。资产阶级则不断获得自身发展的全部元素，这些元素包括政治、经济、社会生活中的权力和权利，包括资金、土地、技术、劳动力、生产资料来源地、商品销售市场，以及它所需要的思想理论和意识形态。十九世纪中后期，受前期理论积累、资本原始积累、奖掖创新的社会氛围、现代教育的日趋成熟以及资本主义生产方式的增殖逻辑、竞争逻辑等复杂因素的推动，科学又一次迎来变革，之前表现为技术进步、科学跟进的发展模式，随着电气革命的到来表现为科学与技术、理论与实践的齐头并进。人类尤其是西方人的主体性借此得到

---

① 马克思，恩格斯.马克思恩格斯文集：第2卷.北京：人民出版社，2009：32.

前所未有的张扬。就像《共产党宣言》描述的那样："自然力的征服，机器的采用，化学在工业和农业中的应用，轮船的行驶，铁路的通行，电报的使用，整个整个大陆的开垦，河川的通航，仿佛用法术从地下呼唤出来的大量人口"①，西方人"第一个证明了，人的活动能够取得什么样的成就"②。

综上所述，逻辑性、系统性、可理解性、可验证性是理论的衡量维度，它们的健全完备与否意味着理论所能达到的高度，而理论的高度意味着回答和解决问题的程度。在历史上，黑格尔做出的"密涅瓦的猫头鹰"的比喻可以概括哲学进入世界的独特方式，科学则直接熔铸于工业革命以来世界史的每一次重大变迁，关联着人类回答和解决问题的重大成就。尽管随着科学的胜利一道登上历史舞台的资产阶级和资本主义是带着浸血的资本、炮火的硝烟和深重的灾难而来的，它们带来的问题可能比它们创造的成就还要多、还要大；尽管在今天，彰显人类主体性、创造性的理性和科学技术，已经结合为技术理性主义和人类中心主义，由此导致的自然环境和生活世界的全面危机，"实质是一场在新的条件下人类遇到的人文精神的危机和文化危机，其突出表现就是人的普遍异化"③，但历史的齿轮已经转动，"世界史本身，除了用新问题来回答和解决老问题之外，没有别的方法"④。

---

① 马克思，恩格斯 . 马克思恩格斯文集：第 2 卷 . 北京：人民出版社，2009：36.

② 同① 34.

③ 韩庆祥，王勤 . 从文艺复兴 "人的发现" 到现代 "人文精神的反思" . 北京大学学报（哲学社会科学版），1999（6）：18.

④ 马克思，恩格斯 . 马克思恩格斯全集：第 1 卷 .2 版 . 北京：人民出版社，1995：203.

三、在回答并指导解决问题的实践中 增强理论力

　　毛泽东在《从历史来看亚非拉人民斗争的前途》中有一句名言："有压迫，就有反抗；有剥削，就有反抗。"①资本主义逐渐取得成功的过程，也是其对抗者即社会主义发展壮大的过程。在科学社会主义诞生之前，同不成熟的资本主义生产状况和阶级状况相适应，"解决社会问题的办法还隐藏在不发达的经济关

---

① 中共中央文献研究室.毛泽东文集：第 8 卷.北京：人民出版社，1999：384.

系中"①，所以，社会主义先驱们的反抗总是无法摆脱空想和失败的结局。1848 年《共产党宣言》的发表是人类思想史上的伟大事件，有了马克思主义作为理论武器的全世界被压迫和剥削的人民的斗争，才由此掀开新的篇章，社会主义运动才开始从涓滴之流变成滔天巨浪。

作为马克思主义的主要创始人，青年时代的马克思就展现出极强的理论天赋、钻研精神和对现实问题的高度关切。1837年，在给父亲的两封信中，马克思写道："康德和费希特在太空飞翔，对未知世界在黑暗中探索；而我只求深入全面地领悟在地面上遇到的日常事物。"② "先前我读过黑格尔哲学的一些片断，我不喜欢它那种离奇古怪的调子。我想再钻到大海里一次，不过有个明确的目的，这就是要证实精神本性也和肉体本性一样是必要的、具体的，并且具有同样的严格形式；我不想再练剑术，而只想把真正的珍珠拿到阳光中来。"③大学毕业后，马克思在 1842 年 10 月 25 日成为《莱茵报》主编的第一天写下的文章，表明那时的他对"理论与实践相结合"的传统命题已经有了周全的思虑，已经认识到理论论证必须慎思明辨。马克思指出："我们坚信，真正危险的并不是共产主义思想的实际试验，而是它的理论论证；要知道，如果实际试验会成为普遍性的，那末，只要它一成为危险的东西，就会得到大炮的回答；至于掌握着

---

① 马克思，恩格斯.马克思恩格斯文集：第 3 卷.北京：人民出版社，2009：528.

② 马克思，恩格斯.马克思恩格斯全集：第 40 卷.北京：人民出版社，1982：651-652.

③ 同② 15.

我们的意识、支配着我们的信仰的那种思想（理性把我们的良心牢附在它的身上），则是一种不撕裂自己的心就不能从其中挣脱出来的枷锁。"[①]1843年，为解决"对所谓物质利益发表意见的难事"[②]，马克思的第一部著作是对黑格尔哲学最保守的部分——法哲学的批判性分析。在《〈黑格尔法哲学批判〉导言》中，马克思预言般地写下他一生的使命和追求，十分可贵地为理论的可检验性添加了人民性的主体维度："批判的武器当然不能代替武器的批判，物质力量只能用物质力量来摧毁；但是理论一经掌握群众，也会变成物质力量。理论只要说服人，就能掌握群众；而理论只要彻底，就能说服人。所谓彻底，就是抓住事物的根本。而人的根本就是人本身。"[③]另外，这篇导言也表现出马克思对"理论与实践相结合"的更加辩证的理解，强调理论与实践要"双向奔赴"："光是思想力求成为现实是不够的，现实本身应当力求趋向思想。"[④]1849年，革命形势的变化促使马克思退回书斋，移居英国这个当时最为发达的资本主义国家，专心研究资本主义这种全新的社会形态和生产方式。马克思相信理论武器的能量要胜于零敲碎打的反抗，因为只要阶级对立的"内部联系一旦被了解，相信现存制度的永恒必要性的一切理论信仰，还在现

---

① 马克思，恩格斯.马克思恩格斯全集：第1卷.北京：人民出版社，1956：134.

② 马克思，恩格斯.马克思恩格斯文集：第2卷.北京：人民出版社，2009：588.

③ 马克思，恩格斯.马克思恩格斯文集：第1卷.北京：人民出版社，2009：11.

④ 同③ 13.

存制度实际崩溃以前就会破灭"①。

从 1843 年底马克思开始系统阅读政治经济学著作算起，到 1867 年《资本论》第一卷出版，他用了 24 年时间研究"资本主义生产方式以及和它相适应的生产关系和交换关系"②，最终"运用最彻底、最完整、最周密、内容最丰富的发展论"③，实现了对当时时代一切问题的总根源在理论上的全景呈现。根据马克思的观点和逻辑，资本主义之所以取得巨大成就，缘于它创造了全新的社会运行逻辑和社会运行秩序。这种逻辑即资本增殖逻辑，表现为外在扩张和内在形塑这两种方式，通过占据一切物理空间和包括心理空间、时间空间、网络空间在内的虚拟空间，改变了人们的生存和思维方式，从而"按照自己的面貌为自己创造出一个世界"④。这种秩序是"竞争－合作"秩序，它以丛林法则为法则，以金钱逻辑为逻辑，以勤劳经营为鼓吹，以万能市场为信仰，又以自然资源和人力资源为可燃物，以劳动和科技为助燃物，以需求和欲望为点火源，从而掀起一场席卷全球的熊熊烈火。增值逻辑导致市场经济的竞争逻辑的外化和扩大化，在"你死我活"的市场上，每个商品生产者和拥有者为了完成从商品到货币的"惊险的跳跃"，必须在展开殊死搏斗或摔得粉身碎骨之间自行衡量。作为这些逻辑展开的结果，资本

---

① 马克思，恩格斯．马克思恩格斯选集：第 4 卷．3 版．北京：人民出版社，2012：474.

② 马克思，恩格斯．马克思恩格斯全集：第 44 卷．2 版．北京：人民出版社，2001：8.

③ 列宁．列宁选集：第 3 卷．3 版修订版．北京：人民出版社，2012：186.

④ 马克思，恩格斯．马克思恩格斯选集：第 1 卷．3 版．北京：人民出版社，2012：404.

主义解决了困扰人类千万年的贫乏问题，这是它进步性的体现。但是，增殖逻辑、竞争逻辑还引出资本主义的扩张逻辑，这是《共产党宣言》中描述的资产阶级不惜奔走于全球各地、到处安家落户的原因。作为以上全部逻辑的结果，资本主义带来了资产阶级与无产阶级之间、资产阶级与资产阶级之间、地区与地区之间、国家与国家之间、人类与自然之间的全面对抗，这是它对抗性的体现。

由此可见，虽然马克思对资本主义和资产阶级发表过很多道德义愤，但这绝不是他预测资本主义必将崩溃的原因。对于未来的每一步，马克思都是谨慎地提出问题、彻底地依据问题的最新动向去建构和发展理论。在马克思晚年，针对有人提出的革命胜利后采取何种措施的问题，马克思批评这个问题本身提的就不正确，"现在提出这个问题是不着边际的，因而这实际上是一个幻想的问题，对这个问题的唯一的答复应当是对问题本身的批判"①。

马克思病逝后，恩格斯用 11 年的时间整理和出版《资本论》第二、三卷手稿，使《资本论》的理论体系得到完整呈现。1895年 8 月 5 日，恩格斯与世长辞。虽然他在有生之年没能看到与战友奋斗毕生的事业的真正成功，但他们为人类留下的马克思主义理论体系，很快就释放出改天换地的理论伟力，这不仅在随后震撼整个欧洲，也为灾难深重的中国注入全新的活力。

十九世纪末二十世纪初，自由竞争的资本主义发展到垄断

---

① 马克思，恩格斯 . 马克思恩格斯选集：第 4 卷 .3 版 . 北京：人民出版社，2012：541.

资本主义阶段。列宁根据时代的最新变化，首先在理论上论证了"一国革命论"的可行性。十月革命胜利前夕，列宁指出："马克思主义者必须考虑生动的实际生活，必须考虑现实的确切事实，而不应当抱住昨天的理论不放。"[①]十月革命胜利后，列宁强调要以实践而非书本作为建设社会主义的标准，指出："现在一切都在于实践，现在已经到了这样一个历史关头：理论在变为实践，理论由实践赋予活力，由实践来修正，由实践来检验。"[②]

"十月革命一声炮响，给中国送来了马克思列宁主义"[③]，这对当时中国的先进知识分子来说是巨大的精神提振，以至于彼时还没有一本马克思和恩格斯的中文译著，许多中国知识分子就开始拥抱马克思列宁主义。这种看似吊诡的行为有深刻的历史原因。1840 年以来，鸦片战争的失败为古老的中华民族提出了如何通过科学和民主走向现代化的历史性课题。但当时的中国有思想却无概念思维意义上的哲学，有技术却无西方意义上的科学，所以当中西方的力量天平在十九世纪已然出现严重倾斜的关口时，清朝统治者仍"竭力以天朝尽善尽美的幻想自欺"[④]，对现实问题熟视无睹，对科学理论置若罔闻，将先进科技斥为"奇技淫巧"，将开眼看世界的先驱咒骂为"名教罪人"，麻木、颟顸、自大、封闭使中国几度错过改变命运的机会。尔后，中原板荡，神州陆沉，国家蒙难，民族蒙羞，文明蒙尘。直到 1921 年，百年

① 列宁.列宁全集：第 29 卷.2 版.北京：人民出版社，1985：139.

② 列宁.列宁选集：第 3 卷.3 版.北京：人民出版社，1995：381.

③ 习近平.在庆祝中国共产党成立 100 周年大会上的讲话.人民日报，2021-07-02（2）.

④ 马克思，恩格斯.马克思恩格斯文集：第 2 卷.北京：人民出版社，2009：632.

来国势的衰弱和民众的颓唐才有了根本改变的可能。

中国共产党是携带着解决时代问题的历史使命诞生的，也是携带着高度重视理论的马克思主义基因诞生的。毛泽东一生都充满问题意识，重视理论思维。五四运动之后，26 岁的青年毛泽东撰写《问题研究会章程》，提出当时中国需要研究 71 项共 144 个问题。此后的革命和建设年代，他笔耕不辍，写下众多名篇，用马克思主义的箭矢瞄准中国具体实际，创建、丰富并发展了毛泽东思想。改革开放之后，以邓小平、江泽民、胡锦涛为主要代表的中国共产党人，围绕什么是社会主义、怎样建设社会主义，建设什么样的党、怎样建设党，新形势下实现什么样的发展、怎样发展等重大问题展开理论探索，形成邓小平理论、"三个代表"重要思想和科学发展观，中国巨轮得以行稳致远。

党的十八大以来，国内外局势的变化和我国各项事业的发展，从实践和理论两方面提出了新时代坚持和发展什么样的中国特色社会主义、怎样坚持和发展中国特色社会主义这一重大课题。围绕这一课题，以习近平同志为核心的党中央一以贯之的工作方法就是坚持问题导向、坚持守正创新，通过对共产党执政规律和社会主义建设规律等问题的艰辛探索，取得了重大理论创新成果，形成了习近平新时代中国特色社会主义思想。

作为"六个必须坚持"之一的"必须坚持问题导向"蕴含丰富的世界观、认识论和方法论思想。它是马克思主义一贯倡导的理论与实践的辩证统一在新时代的集中表达，是中国共产党的思想路线及解放思想、求真务实的内在要求在新时代的着重强调。它既以"必须坚持人民至上""必须坚持系统观念""必须坚持胸怀天下"为哲学世界观层面的方法论基础，以"必须坚持自信自立""必须坚持守正创新"为认识论层面的方法论基础，又以提高"七种能力"、增强"八项本领"为具体工作层面的方法，在事实上形成了系统科学的习近平新时代中国特色社会主义思想的问题学说，为以中国式现代化全面推进中华民族伟大复兴提供了校正之尺、检视之钥。

2017年9月29日，在十八届中央政治局第四十三次集体学习时，习近平总书记总结党的百年奋斗历程，深刻指出："我们党之所以能够不断历经艰难困苦创造新的辉煌，很重要的一条就是我们党始终重视思想建党、理论强党，坚持用科学理论武装广大党员、干部的头脑，使全党始终保持统一的思想、坚定的意志、强大的战斗力。我们要赢得优势、赢得主动、赢得未来，战胜前进道路上各种各样的拦路虎、绊脚石，必须把马克思主义作为看家本领，以更宽广的视野、更长远的眼光来思考把握未来发展面临的一系列重大问题，不断提高全党运用马克思主义分析和解决实际问题的能力，不断提高运用科学理论指导我们应对重大挑战、抵御重大风险、克服重大阻力、解决重大矛盾的能力。"[①]

康德说过："感性无知性则盲，知性无感性则空"。化用这句表述，理论与实践的关系就是"理论无实践则盲，实践无理论则空"。穿越历史的沧桑巨变，时代是出题者，理论是答题者，实践是阅题者，而唯有被实践检验后的正确理论是我们通往未来星辰大海的舟楫和船帆。

---

① 习近平.坚持用马克思主义及其中国化创新理论武装全党.求是，2021（22）.

第七章

新时代面临问题的复杂性
和艰巨性给理论创新
提出全新要求

党的二十大报告指出，问题是时代的声音，回答并指导解决问题是理论的根本任务。今天我们所面临问题的复杂程度、解决问题的艰巨程度明显加大，给理论创新提出了全新要求。我们要增强问题意识，聚焦实践遇到的新问题、改革发展稳定存在的深层次问题、人民群众急难愁盼问题、国际变局中的重大问题、党的建设面临的突出问题，不断提出真正解决问题的新理念新思路新办法①。

———————

① 习近平.高举中国特色社会主义伟大旗帜 为全面建设社会主义现代化国家而团结奋斗：在中国共产党第二十次全国代表大会上的报告.人民日报，2022-10-26（1）.

一、新时代面临问题的复杂程度史所罕见 要求理论创新坚持问题导向

问题是创新的起点，也是创新的动力源①。坚持问题导向是马克思主义的鲜明特点，是中国共产党人实事求是思想路线的具体体现，是习近平新时代中国特色社会主义思想的重要认识论原则。坚持问题导向是以客观存在的问题为起点，来探究客观世界内在矛盾和规律，从而提出解决问题的思想方法。中国共产党人干革命、搞建设、抓改革，从来都是为了解决中国的

① 习近平.在哲学社会科学工作座谈会上的讲话.人民日报，2016-05-19（2）.

现实问题，党的理论也是在不断回答时代课题中创新发展的。抓住问题就找到了实践前进的突破点，也就找到了理论创新的生长点。

（一）新时代理论创新必须紧扣时代脉搏

科学回答时代课题，是理论创新的驱动力。恩格斯说过："每一个时代的理论思维，包括我们这个时代的理论思维，都是一种历史的产物，它在不同的时代具有完全不同的形式，同时具有完全不同的内容。"[①]马克思主义之所以始终保持强大生命力，就在于在不同时代能够准确把握并科学回答时代课题，指导马克思主义政党胜利完成不同历史时期的主要任务，从而不断推进理论创新。习近平总书记指出："只有聆听时代的声音，回应时代的呼唤，认真研究解决重大而紧迫的问题，才能真正把握住历史脉络、找到发展规律，推动理论创新。"[②]把回答时代课题作为推动理论创新的现实动力，是坚持理论创新的时代要求和现实需要。

当今世界正经历百年未有之大变局，中华民族伟大复兴正处在关键时期，今天我们所面临时代课题的复杂程度、解决各方面问题的艰巨程度明显加大，推进马克思主义中国化时代化的任务不是轻了，而是更重了。面对快速变化的世界和中国，

---

① 马克思，恩格斯.马克思恩格斯选集：第 3 卷 .3 版 .北京：人民出版社，2012：873.

② 习近平.在哲学社会科学工作座谈会上的讲话.人民日报，2016-05-19（2）.

"如果墨守成规、思想僵化，没有理论创新的勇气，不能科学回答中国之问、世界之问、人民之问、时代之问，不仅党和国家事业无法继续前进，马克思主义也会失去生命力、说服力"①。"我们必须坚持运用辩证唯物主义和历史唯物主义，坚持解放思想、实事求是、与时俱进、求真务实，准确把握时代大势，勇于站在人类发展前沿，聆听人民心声，回应现实需要，把坚持马克思主义和发展马克思主义统一起来，坚持用马克思主义之'矢'去射新时代中国之'的'"②。

党的十八大以来，以习近平同志为核心的党中央坚持问题导向，直面一系列长期积累及新出现的突出矛盾和问题，进行深邃思考和科学判断，系统回答了新时代坚持和发展什么样的中国特色社会主义、怎样坚持和发展中国特色社会主义，建设什么样的社会主义现代化强国、怎样建设社会主义现代化强国，建设什么样的长期执政的马克思主义政党、怎样建设长期执政的马克思主义政党等重大时代课题，在实践的基础上及时回答了中国之问、世界之问、人民之问、时代之问，推进了党的理论创新。比如，面对党内一度存在的对坚持党的领导认识模糊、行动乏力，落实党的领导弱化、虚化、淡化等问题，提出坚持和加强党的全面领导这一重大原则；面对西方敌对势力对我国民主政治的攻击、污蔑和歪曲，提出发展全过程人民民主的重大命题；面对发展中不平衡、不协调、不可持续的突出问题，提出立足新发展阶段、贯彻新发展理念、构建新发展格

①② 曲青山.开辟马克思主义中国化时代化新境界（认真学习宣传贯彻党的二十大精神）.人民日报，2022-11-28（9）.

局、推动高质量发展。再比如，面对资源环境约束趋紧、生态系统退化，特别是各类环境污染、生态破坏等突出问题，提出绿水青山就是金山银山的理念，倡导人与自然和谐共生，推进美丽中国建设；面对经济全球化遭遇的逆流逆风和单边主义、保护主义甚至霸权主义甚嚣尘上，提出构建人类命运共同体的理念；面对"四大考验"、"四大危险"和党内存在的突出问题，提出全面从严治党和党的自我革命的战略思想，等等。可以说，习近平新时代中国特色社会主义思想的"十个明确"、"十四个坚持"、"十三个方面成就"的全部内容，就是在勇于直面问题和解决问题中孕育、创立、形成和发展的；就是在回答新的时代课题中形成，又在深化拓展中"真正搞懂"和不断丰富发展，从而开辟马克思主义发展新境界的①。

（二）新时代理论创新必须结合具体实际

理论是实践的基础和产物，实践是理论的来源和目的。毛泽东在《实践论》中形象地比喻，要想知道梨子的滋味，就必须去亲口品一品、尝一尝。这启示我们真知只能来源于实践，真知只能在实践中检验。理论创新不是闭门造车，不是自我论证，而是要从实践中来，反映实践的发展变化，科学回答实践提出的问题。习近平总书记在二十届中央政治局第六次集体学习时的讲话中指出："一切划时代的理论，都是满足时代需要的

---

①　姜辉.深化对坚持理论创新的规律性认识.红旗文稿，2022（1）.

产物。用以观察时代、把握时代、引领时代的理论，必须反映时代的声音，绝不能脱离所在时代的实践，必须不断总结实践经验，将其凝结成时代的思想精华。理论的飞跃不是体现在词句的标新立异上，也不是体现在逻辑的自洽自证上，归根到底要体现在回答实践问题、引领实践发展上。马克思主义是实践的理论。我们推进理论创新是实践基础上的理论创新，而不是坐在象牙塔内的空想，必须坚持在实践中发现真理、发展真理，用实践来实现真理、检验真理。"[1]马克思主义认为，理论在一个国家实现的程度，总是取决于理论满足这个国家的需要的程度。"马克思主义中国化理论之树常青的根源在于中国革命、建设和改革实践之树常青。反映现实、聚焦现实，是理论创新的根本，也是马克思主义理论之树常青的内在奥秘"[2]。

理论的生命力在于不断创新。马克思主义只有不断根据时代、实践的发展而发展，才能成为常青的理论，持续发挥科学指引作用。毛泽东同志曾指出，"马克思主义一定要向前发展，要随着实践的发展而发展，不能停滞不前"[3]，"不适应新的需要，写出新的著作，形成新的理论，也是不行的"[4]。党的二十大报告指出："实践没有止境，理论创新也没有止境。不断谱写马克思主义中国化时代化新篇章，是当代中国共产党人的庄严历史责任。"[5]"每个时

---

① 习近平.开辟马克思主义中国化时代化新境界.求是，2023（20）.
② 韩振峰.理论创新的科学内涵与根本要求.光明日报，2022-04-15.
③ 中共中央文献研究室.毛泽东文集：第7卷.北京：人民出版社，1999：281.
④ 中共中央文献研究室.毛泽东文集：第8卷.北京：人民出版社，1999：109.
⑤ 习近平.高举中国特色社会主义伟大旗帜 为全面建设社会主义现代化国家而团结奋斗：在中国共产党第二十次全国代表大会上的报告.人民日报，2022-10-26（1）.

代总有属于它自己的问题，只要科学地认识、准确地把握、正确地解决这些问题，就能够把我们的社会不断推向前进。"① 回望过往的奋斗路，我们党之所以能够取得革命、建设、改革和新时代的伟大胜利和辉煌成就，就在于我们党坚持马克思主义指导，高瞻远瞩、见微知著，既解决现实问题，又解决战略问题，准确判断和把握形势，制定切合实际的目标任务、政策策略。新时代新征程，全面建设社会主义现代化国家是一项伟大而艰巨的事业，要求"我们必须坚持解放思想、实事求是、与时俱进、求真务实，一切从实际出发，着眼解决新时代改革开放和社会主义现代化建设的实际问题，不断回答中国之问、世界之问、人民之问、时代之问，作出符合中国实际和时代要求的正确回答，得出符合客观规律的科学认识，形成与时俱进的理论成果，更好指导中国实践"②。

习近平新时代中国特色社会主义思想是直面问题的理论结晶。新时代，我们党始终把问题作为研究制定政策的起点，始终把工作的着力点放在最突出的矛盾和问题上，始终把化解矛盾、破解难题作为打开局面的突破口，推动全面深化改革涉险滩、破坚冰，持之以恒纠"四风"、刮骨疗毒反腐败，啃下贫中之贫"硬骨头"，打赢蓝天碧水净土保卫战……面对影响党长期执政、国家长治久安、人民幸福安康的突出矛盾和问题，以习近平同志为核心的党中央坚持以马克思主义为指导，运用其科

---

① 习近平.之江新语.杭州：浙江人民出版社，2007：235.
② 本报评论部.不断提出真正解决问题的新理念新思路新办法.人民日报，2022-11-18（7）.

学的世界观和方法论解决中国问题，提出了一系列新理念新思路新办法，推进马克思主义中国化时代化实现了新的飞跃。

（三）新时代理论创新必须聚焦中心工作

理论创新的过程就是面对现实、回应问题、剖析国情的过程。把握问题机理、回应现实诉求是理论创新的根本所在。"当今世界正在经历百年未有之大变局，处在民族复兴关键时期的当代中国正在经历着有史以来最为广泛而深刻的社会变革，正在推进中国式现代化这一人类历史上非常宏大而独特的实践创新。在'两个大局'加速演进并深度互动的时代背景下，人类社会面临许多亟待解决的共同问题，我国改革发展稳定、内政外交国防、治党治国治军等各个领域也都面临着一系列新的重大课题，中国之问、世界之问、人民之问、时代之问给我们提出的新考题比过去更复杂、更难，迫切需要我们从理论与实践的结合上提交答案。"[①] "面对复杂形势、复杂矛盾、繁重任务，没有主次，不加区别，眉毛胡子一把抓，是做不好工作的。我们要有全局观，对各种矛盾做到了然于胸，同时又要紧紧围绕主要矛盾和中心任务，优先解决主要矛盾和矛盾的主要方面，以此带动其他矛盾的解决，在整体推进中实现重点突破，以重点突破带动经济社会发展水平整体跃升，朝着全面建成社会主

---

① 习近平．开辟马克思主义中国化时代化新境界．求是，2023（20）．

义现代化强国的奋斗目标不断前进。"[1]

党的二十大报告指出:"从现在起,中国共产党的中心任务就是团结带领全国各族人民全面建成社会主义现代化强国、实现第二个百年奋斗目标,以中国式现代化全面推进中华民族伟大复兴。"[2] 这是一项前无古人的开创性事业,"完成这样一项前无古人的艰巨任务,我们比以往任何时候都更加需要科学理论的指引,都更加需要强化理论创新的自信与自觉"[3]。加强新时代理论创新,"进一步彰显马克思主义的开放性和时代性,需要以我们正在做的事情为中心,用马克思主义的立场、观点、方法观察时代、把握时代、引领时代,不断深化对共产党执政规律、社会主义建设规律、人类社会发展规律的认识,聚焦全面建设社会主义现代化国家面临的重大现实问题、全局性战略问题,不断推进马克思主义中国化时代化,为发展马克思主义作出中国的原创性贡献,为实现中华民族伟大复兴提供战略引领"[4]。

党的二十大擘画了新时代新征程上推进强国建设、民族复兴伟业的宏伟蓝图。新时代新征程紧扣党的中心任务,我们需要"牢固树立大历史观,以更宽广的视野、更长远的眼光把握

---

① 习近平. 继续把党史总结学习教育宣传引向深入 更好把握和运用党的百年奋斗历史经验. 人民日报, 2022-01-12（1）.

② 习近平. 高举中国特色社会主义伟大旗帜 为全面建设社会主义现代化国家而团结奋斗:在中国共产党第二十次全国代表大会上的报告. 人民日报, 2022-10-26（1）.

③ 中共中央党校（国家行政学院）校（院）务委员会. 在新时代新征程上不断推进党的理论创新. 求是, 2023（20）.

④ 艾四林. 马克思主义的开放性和时代性在中国得到充分彰显. 人民日报, 2022-01-24.

世界历史的发展脉络和正确走向，认清我国社会发展、人类社会发展的大逻辑大趋势，把握中国式现代化的历史沿革和实践要求，在新一轮科技革命、全球经济发展大格局和我国发展的阶段性特征中深化对推动高质量发展、构建新发展格局的规律性认识，在世界马克思主义政党命运比较和我们党长期执政面临的现实考验中深化对党的自我革命战略思想的规律性认识，全面系统地提出解决现实问题的科学理念、有效对策，让当代中国马克思主义、21世纪马克思主义展现出更为强大、更有说服力的真理力量"[1]。

---

① 习近平.开辟马克思主义中国化时代化新境界.求是，2023（20）.

二、新时代破解问题的艰巨程度世所罕见
要求理论创新坚持正确方法论

党的二十大报告在充分肯定党和国家事业取得举世瞩目成就的同时，也指出必须清醒看到，"我们的工作还存在一些不足，面临不少困难和问题。主要有：发展不平衡不充分问题仍然突出，推进高质量发展还有许多卡点瓶颈，科技创新能力还不强；确保粮食、能源、产业链供应链可靠安全和防范金融风险还须解决许多重大问题；重点领域改革还有不少硬骨头要啃；意识形态领域存在不少挑战；城乡区域发展和收入分配差距仍

然较大；群众在就业、教育、医疗、托育、养老、住房等方面面临不少难题；生态环境保护任务依然艰巨；一些党员、干部缺乏担当精神，斗争本领不强，实干精神不足，形式主义、官僚主义现象仍较突出；铲除腐败滋生土壤任务依然艰巨，等等。对这些问题，我们已经采取一系列措施加以解决，今后必须加大工作力度"①。新时代破解问题的繁重程度、艰巨程度世所罕见迫切需要科学理论的正确指导，迫切要求理论创新坚持正确方法论。习近平总书记在党的二十大报告中指出："继续推进实践基础上的理论创新，首先要把握好新时代中国特色社会主义思想的世界观和方法论，坚持好、运用好贯穿其中的立场观点方法。"②"坚持人民至上、坚持自信自立、坚持守正创新、坚持问题导向、坚持系统观念、坚持胸怀天下——这'六个坚持'相互联系相互依存，构成一个系统完整的思想体系，充分体现了马克思主义世界观和方法论的本体论、认识论和方法论的思想原则。"③

（一）新时代理论创新必须注重系统性

"系统性是马克思主义理论本身的重要特征，马克思主义是一个完整的、逻辑严密的科学体系。马克思主义中国化也就是

---

①② 习近平.高举中国特色社会主义伟大旗帜 为全面建设社会主义现代化国家而团结奋斗：在中国共产党第二十次全国代表大会上的报告.人民日报，2022-10-26（1）.

③ 余双好.马克思主义世界观方法论的新发展.北京日报，2022-11-07（13）.

马克思主义哲学、政治经济学和科学社会主义理论的中国化。系统是协调发展的，任何一个组成部分的变更或系统结构的重新配置都会自觉调整系统的发展方向，积极的、正向的变化能激发出系统本身最大化的功能。理论成果的系统性、完整性和科学性是其富有强大生命力和指导力的重要根据。按系统性原则要求推进马克思主义中国化，必须从总体上把握中国的国情，从理论上建构一个具有自己独特主题、内容、特点和风格的理论体系。"① 无论是毛泽东思想，还是邓小平理论、"三个代表"重要思想、科学发展观抑或习近平新时代中国特色社会主义思想，都是完整的理论体系，是马克思主义中国化理论创新的系统成果。邓小平曾精辟指出，"毛泽东思想是个体系"②，"需要用毛泽东思想的体系来教育我们的党，来引导我们前进"③。"马克思主义中国化有机组成部分的协调发展，最终推动了马克思主义整体中国化的进程，实现了系统资源的最佳配置目标，使社会主义中国的发展愈来愈接近目标趋向，体现在实践上就是中国政治、经济、文化等各方面的发展。"④

坚持系统观念是马克思主义世界观方法论在思想方法方面的体现，它是推进党的创新理论体系化学理化的基础性方法。习近平总书记指出，"推进理论的体系化学理化，是理论创新的内在要求和重要途径"⑤。这一重要论述，既深刻揭示了推进理

① 张国宏.马克思主义中国化理论创新的十大辩证要求.探索，2008（1）.

② 邓小平.邓小平文选：第 2 卷.2 版.北京：人民出版社，1994：43.

③ 同② 44.

④ 同①.

⑤ 习近平.开辟马克思主义中国化时代化新境界.求是，2023（20）.

论创新的重要方向，也明确了加强党的创新理论研究阐释工作的重点任务。体系化重在强调理论的系统性、完整性、有机性，学理化重在强调理论的原理性、科学性、真理性。不断推进新时代党的理论创新，必须坚持系统观念，洞悉时势、总揽全局、把握根本，加强顶层设计和战略擘画，增强理论创新的整体性、协同性、耦合性。首先要增强整体性。没有整体性的谋划布局，就很难有系统性的视野与思维。注重党的创新理论顶层设计，就是要从系统整体性出发，由点到面展开整个设计，形成不同领域、不同层次及其之间关系结构的设计过程。其次必须重视协同性。没有领域之间的协同性就难以做到系统的效能优化。运用系统思维谋划理论创新，要对中国特色社会主义事业各方面进行周密考察，系统梳理各领域之间的发展现状与相互关系，准确研判各领域的关联性，确保不同领域之间有机融合，推动系统整体协同发展。最后要增强各项举措的耦合性。"耦合性反映的是系统内部各个要素在整体运行与发展过程中的协调与合作性质。运用系统思维增强理论创新的耦合性，就是要使中国特色社会主义事业各项举措之间产生互补效应、拉动效应，相互促进、良性互动，使各项举措在一定范围内衔接配合，确保重点突破与整体推进相统一"①。

　　经过党的十八大以来的不断丰富发展，习近平新时代中国特色社会主义思想在体系化学理化上不断完善，概括形成了"十个明确"、"十四个坚持"、"十三个方面成就"的主要内容，

---

　　①　李锐.以系统思维谋划作战理论创新.解放军报，2021-08-24.

总结提炼和深刻阐述了"两个结合"、"六个必须坚持"等推进党的理论创新的科学方法，为我们更好地从整体上、纵深上把握这一科学思想打下了坚实根基。"随着新时代中国特色社会主义伟大实践进程的深化，习近平新时代中国特色社会主义思想仍将持续发展、不断丰富、更加完善。要更加自觉加强理论的体系化学理化建构，把党的创新理论的理论渊源、时代背景、科学体系、精神实质、实践要求、原创性贡献研究深、阐释透。不仅要关注这一科学思想在基本内容上的增量，也要关注它在视角视野上的新拓展，还要关注它在基本原理上的新创见，不断深化对这一科学思想的逻辑架构、内在联系、源流发展等方面的认识把握，不断深化对共产党执政规律、社会主义建设规律、人类社会发展规律的认识把握。"[①]

（二）新时代理论创新必须突出战略性

战略思维是对全局性、长远性、根本性问题进行谋划的思考方式，是从现象揭示本质、从局部把握全局、从当今放眼长远、从被动变为主动的科学思维，是科学世界观和方法论在实际工作中的具体运用。战略思维能力是新时代新征程上赢得胜利的关键能力和本领。习近平总书记指出，"要强化战略思维，保持战略定力，把谋事和谋势、谋当下和谋未来统一起来"[②]，强

①　中共中央党校（国家行政学院）校（院）务委员会.在新时代新征程上不断推进党的理论创新.求是，2023（20）.

②　习近平.新发展阶段贯彻新发展理念必然要求构建新发展格局.求是，2022（17）.

调"全党要提高战略思维能力，不断增强工作的原则性、系统性、预见性、创造性"①。

100多年来，中国共产党人坚持把马克思主义基本原理同中国具体实际相结合、同中华优秀传统文化相结合，始终保持清醒敏锐的战略思维，抓住不同时期的主要矛盾和中心任务，正确判断形势的变化，制定正确的战略策略，准确把握机遇和挑战，积极创新思想理论，科学制定路线方针，努力在困境中迎来转机，从而战胜无数风险挑战、不断夺取新的胜利，始终立于时代潮头，永远站在历史正确的一边。"战略上判断得准确，战略上谋划得科学，战略上赢得主动，这是从战略角度看党一百多年奋斗史得出的结论"②。

党的十八大以来，以习近平同志为核心的党中央善于观大势、谋全局，坚持运用战略思维贯通历史、现实和未来，凝结历史智慧、彰显现实要求、指明未来方向、明确战略导向，从全局、长远、大势上做出判断和决策。我们统筹中华民族伟大复兴战略全局和世界百年未有之大变局，坚持党的基本理论、基本路线、基本方略，统揽伟大斗争、伟大工程、伟大事业、伟大梦想，提出增强"四个意识"、坚定"四个自信"、做到"两个维护"，统筹推进"五位一体"总体布局、协调推进"四个全面"战略布局，保证了中国特色社会主义事业战略布局的有序衔接，"以居高望远的战略设计、战略运筹推动世界大

① 习近平.高举中国特色社会主义伟大旗帜 为决胜全面小康社会实现中国梦而奋斗.人民日报，2017-07-28（1）.

② 陈庆修.强化战略思维 提高领导能力，http://www.qstheory.cn/2023-11/21/c_1129985444.htm.

变局朝着有利于中华民族伟大复兴、有利于世界和平进步的方向发展，创造了世所罕见的经济快速发展和社会长期稳定两大奇迹"①。

中国共产党是一个大党，领导的是一个大国，进行的是以中国式现代化全面推进中华民族伟大复兴的伟大事业，越是接近民族复兴，越充满风险挑战乃至惊涛骇浪，各种"黑天鹅""灰犀牛"事件随时可能发生，越要善于运用战略思维，紧紧围绕主要矛盾和中心任务，统筹抓好发展和安全两件大事，把困难估计得更充分一些，把风险思考得更深入一些，不断提高谋划长远、推动发展的能力和水平。面向未来，必须具有高超的战略思维能力和本领，自觉从战略高度看问题、想问题，以更宽广的视野、更长远的眼光思考和把握党和国家发展面临的一系列重大战略问题，以更坚定的立场、更科学的方法制定大政方针、发展战略和各项政策，在掌握战略主动中赢得历史主动，在进行战略谋划中实现历史变革，进而赢得优势、赢得胜利。"具体来说，就是要强化战略思维，科学谋划全局，搞好顶层设计，牢牢把握战略主动，坚持稳中求进，把握好节奏和力度，正确处理短期目标和长期目标的关系，既立足当下把'十四五'规划执行好、把全面建设社会主义现代化国家开局起步好，又着眼全面建成社会主义现代化强国'两步走'的战略安排，制定战略远景、战略规划，一张蓝图干到底，积小胜为大胜，坚定不移实现全面建设社会主义现代化国家、全面推进

---

① 陈庆修.强化战略思维 提高领导能力，http://www.qstheory.cn/2023-11/21/c_1129985444.htm。

中华民族伟大复兴的战略目标"①。

（三）新时代理论创新必须坚持人民性

人民性是马克思主义最鲜明的品格，人民立场是中国共产党的根本政治立场。正是从唯物史观的基本原理出发，我们党十分注重从人民群众的创造性实践中总结新鲜经验、升华理性认识、提炼理论成果，紧紧依靠人民群众开辟马克思主义中国化时代化新境界。在党的二十大报告中，习近平总书记进一步强化人民至上立场，要求全党站稳人民立场、把握人民愿望、尊重人民创造、集中人民智慧，形成为人民所喜爱、所认同、所拥有的理论，使之成为中国共产党人认识世界和改造世界的思想武器②。

"马克思主义是为人民立言、为人民代言的理论"③，这是历史唯物主义群众史观的政治逻辑和价值选择。党的理论创新，只有以人民为中心，以人民利益为目的，才能成为指导人民的理论信仰，成为指导人民认识世界和改造世界的强大思想武器。一切脱离人民的理论都是苍白无力的，一切不为人民造福的理论都是没有生命力的。2020年9月17日，在基层代表座谈会上，习近平总书记同乡村教师、农民工、快递小哥等基层代表亲切

---

① 陈庆修.强化战略思维 提高领导能力，http://www.qstheory.cn/2023-11/21/c_1129985444.htm.

② 佘双好.马克思主义世界观方法论的新发展.北京日报，2022-11-07（13）.

③ 习近平.开辟马克思主义中国化时代化新境界.求是，2023（20）.

交流，认真听取意见建议，强调"好的方针政策和发展规划都应该顺应人民意愿、符合人民所思所盼，从群众中来、到群众中去"①。"当前，鲜活的中国实践正在提出大量前人没有提出或没有涉足的理论和实践课题，投身社会主义现代化建设的广大人民群众每天都在创造新事物、提供新经验。我们要站稳人民立场、把握人民愿望、尊重人民创造、集中人民智慧，把人民的创造性实践作为理论创新的不竭源泉，让理论来自人民、为了人民、造福人民。"②

党的历史充分证明，人民不仅是物质财富的创造者，也是精神财富的创造者，任何时候都要紧紧依靠人民来创造历史伟业。全面建设社会主义现代化国家，必须充分激发人民群众的积极性、主动性、创造性，让党的创新理论的发展呈现出更加蓬勃的新气象。邓小平曾指出，"改革开放中许许多多的东西，都是群众在实践中提出来的"，"绝不是一个人脑筋就可以钻出什么新东西来"，"这是群众的智慧，集体的智慧"③。习近平总书记强调，人民群众"身处实践最前沿，对实践变化感知最敏感、感受最深切，也最聪慧"④。"这深刻阐明了人民群众不仅是社会变革的决定力量，也是实践创新的历史主体。要坚持理论来自人民、为了人民、造福人民，将理论创新的源头深深植根于人

---

①　习近平. 在基层代表座谈会上的讲话. 人民日报，2020-09-20（2）.

②　任理轩. 不断谱写马克思主义中国化时代化新篇章. 人民日报，2023-08-02（9）.

③　中共中央文献研究室. 邓小平年谱（1975—1997）：下. 北京：中央文献出版社，2004：1350.

④　习近平. 开辟马克思主义中国化时代化新境界. 求是，2023（20）.

民群众火热实践之中，从人民群众的真知灼见中获取理论创新的灵感，让理论创新的活水充分涌流。坚持自觉问计于民、问需于民，发现并运用党的创新理论回答好、解决好人民关心期待、急难愁盼中的突出问题，寻找真问题、做出大学问"①。

---

① 中共中央党校（国家行政学院）校（院）务委员会.在新时代新征程上不断推进党的理论创新.求是，2023（20）.

三、新时代推进中国特色社会主义实践创新
永不止步 要求理论创新坚持与时俱进

实践永无止境，理论创新也没有完成时。"我们身处世界之变、时代之变、历史之变都前所未有的世界，肩负着以中国式现代化全面推进中华民族伟大复兴的使命任务，必须担当起不断谱写马克思主义中国化时代化新篇章的庄严历史责任，不断推进追求真理、揭示真理、笃行真理的过程"①，始终将"实践逻

① 任理轩.不断谱写马克思主义中国化时代化新篇章.人民日报，2023-08-02（9）.

辑"坚持贯彻到底，以科学的态度对待科学、以真理的精神追求真理，紧跟时代步伐，顺应实践发展，不断拓展认识的广度和深度，让马克思主义在中国大地上展现出更强大、更有说服力的真理力量。

（一）新时代理论创新必须做到前瞻性

中国共产党推进理论创新，始终着眼于承前启后、环环相扣的人类历史发展进程，坚持唯物辩证的历史眼光，既在客观总结历史中把握历史规律，汲取历史智慧，增进理论创新的科学性；也立足当下，聚焦于正在做的事情，解决实践中的现实问题，凸显理论创新的针对性；还以当下的实践作为正在生成的历史，在开创未来中推进理论创造，提高理论创新的前瞻性，真正在历史、现在、未来的相融相通中推进理论创新。

善于总结国内外正反两方面历史经验，从而揭示和认识真理，是马克思主义方法论的内在要求，是马克思主义中国化理论创新的重要途径和方法。毛泽东指出，总结经验的过程，就是将感性认识上升到理性认识的过程，是认识的深化和飞跃过程。他还说，我们共产党人就是靠总结经验吃饭的。邓小平说："我们现在的路线、方针、政策是在总结了成功时期的经验、失败时期的经验和遭受挫折时期的经验后制定的。"[1]总结历史经验是马克思主义中国化的阶梯。以正在做的事情为中心推进理论

---

① 邓小平.邓小平文选：第3卷.北京：人民出版社，1993：234.

创新，是中国共产党在百余年奋斗历程中一以贯之的鲜明特征。习近平总书记指出："一种理论的产生，源泉只能是丰富生动的现实生活，动力只能是解决社会矛盾和问题的现实要求。"①判断中国共产党推进理论创新的有效性、可靠性，就要看其是否聚焦于对实际问题的理论思考、是否能对发展变化的实践主题和时代形势做出逻辑解答。

作为指导和引领中国社会发展的思想理论，中国化马克思主义的创新理论不仅应从历史经验中总结，而且必须始终站在时代的前列进行总结。前瞻性是马克思主义中国化理论创新的必然要求。党的十六大报告指出："实践基础上的理论创新是社会发展和变革的先导。"②"先导"的实质就是具有前瞻性。"这首先是体现在科学的理论是对客观事物发展规律的科学揭示，既然科学理论把握了客观事物发展的规律性，从而就能对事物的发展进行预测和前瞻。其次，理论创新的前瞻性还体现在理论创新的进程中，通过目标的前瞻、目标的设定来推进理论创新的进程。"③中国共产党不仅立足于历史与现实，更是在明确社会发展目标中引领社会前进方向，在部署未来党和国家事业发展图景中推进理论创新，具体体现为在各个历史时期将对共产主义的理想信念具体化，转化为不同的战略规划和安排。在马克思提出的共产主义"两阶段论"的基础上，毛泽东结合新中国成立初期"我国的社会主义制度还刚刚建立，还没有完全建成，

---

① 习近平.坚持用马克思主义及其中国化创新理论武装全党.求是，2021（22）.

② 江泽民.江泽民文选：第3卷.北京：人民出版社，2006：537.

③ 张国宏.马克思主义中国化理论创新的十大辩证要求.探索，2008（1）.

还不完全巩固"的现状，认为社会主义要经历"不发达的社会主义"与"比较发达的社会主义"两个阶段。改革开放之后，邓小平进一步提出了社会主义初级阶段的范畴，并做出"我国正处于并将长期处于社会主义初级阶段"的科学论断，规划了"三步走"的战略安排。党的十八大以来，以习近平同志为核心的党中央接过历史的接力棒，提出实现中华民族伟大复兴中国梦的美好前景。在习近平新时代中国特色社会主义思想的指引下，当代中国发展的战略目标和战略安排更加明确具体，党和国家事业发展的图景更为清晰。党的十九大提出从 2020 年到 21 世纪中叶的"两步走"的战略安排，描绘了实现"两个一百年"奋斗目标的宏伟蓝图。党的二十大进一步对"中国式现代化"和"全面建成社会主义现代化强国"进行总体描绘和深刻阐释，同时强调以中国式现代化全面推进中华民族伟大复兴，在不断擘画中华民族的光辉未来中引领人民团结奋斗，增强广大人民群众踔厉奋发、继续前行的信心与力量[①]。

（二）新时代理论创新必须满足开放性

马克思主义"整个世界观不是教义，而是方法。它提供的不是现成的教条，而是进一步研究的出发点和供这种研究使用的方法"[②]，它是一个开放的理论体系，可以同外部的客观实际、

---

① 赵付科.中国共产党推进理论创新的方法论图景.马克思主义研究，2023（8）.

② 马克思，恩格斯.马克思恩格斯选集：第 4 卷.3 版.北京：人民出版社，2012：664.

人类思想文化进步等保持着紧密互动和信息交流，因而，它"始终能够站在时代前沿，不断吸取着人类在自然科学、社会科学等方面取得的有益文明成果，并在同各民族和国家的传统文化、实践运动相结合的过程中实现时代化、具体化和民族化"①。

　　开放性特征是确保马克思主义理论科学性和真理性的重要前提。在人类思想史上，没有一种思想理论能达到马克思主义的高度，也没有一种学说能像马克思主义那样对世界产生了如此巨大的影响。马克思主义之所以具有如此巨大真理威力和强大生命力，关键就在于马克思主义始终处于不断的发展和开放之中，是一个不断丰富和发展的理论体系。习近平总书记指出："一部马克思主义发展史就是马克思、恩格斯以及他们的后继者们不断根据时代、实践、认识发展而发展的历史，是不断吸收人类历史上一切优秀思想文化成果丰富自己的历史。因此，马克思主义能够永葆其美妙之青春，不断探索时代发展提出的新课题、回应人类社会面临的新挑战。"②强调马克思主义是发展的和开放的，就必然要立足时代特点推进马克思主义时代化，更好地运用马克思主义观察时代、解读时代、引领时代，真正搞懂面临的时代课题，深刻把握世界历史的脉络和走向。人类历史发展到今天，与马克思所处的时代相比已经发生了巨大而深刻的变化，但从人类历史发展的大视野来看，世界仍然处于马克思主义所指明的从资本主义走向社会主义的大时代。马克思

---

　　①　高正礼，吴琼．论中国共产党坚持理论创新的时代境遇和遵循路径．北京交通大学学报（社会科学版），2022（3）．

　　②　习近平．在纪念马克思诞辰 200 周年大会上的讲话．人民日报，2018-05-05（2）．

主义所揭示的资本主义基本矛盾仍然存在，马克思主义所揭示的人类社会发展规律、社会主义代替资本主义的历史趋势依然存在并发生作用，马克思主义仍然是当今时代的真理。但是，如何运用马克思主义来分析和解决时代问题，必然要求马克思主义理论本身始终保持开放性，不断实现理论本身的时代转化和创新发展。

开放性特征要求我们以科学的态度对待科学、以真理的精神追求真理。紧跟时代步伐，顺应实践发展，不断拓展认识的广度和深度，让马克思主义在中国大地上展现出更强大、更有说服力的真理力量。中国特色社会主义进入新时代，新时代需要有新气象，新时代呼唤新的实践发展和理论创新。党的十八大以来，我们党围绕新时代坚持和发展什么样的中国特色社会主义、怎样坚持和发展中国特色社会主义这个重大时代课题，形成了习近平新时代中国特色社会主义思想。这是新时代中国共产党人以科学的态度对待马克思主义的理论总结和时代表达，特别是在回答时代和实践提出的重大课题中，对马克思主义创新发展做出的原创性贡献，使科学社会主义在21世纪的中国焕发出强大生机活力，深刻彰显出马克思主义理论的开放性特征。"习近平新时代中国特色社会主义思想立足新的历史方位，统筹中华民族伟大复兴战略全局和世界百年未有之大变局，坚持用马克思主义观察时代、把握时代、引领时代，坚持用马克思主义之'矢'射新时代中国之'的'，吸收借鉴人类历史上一切优秀思想文化成果，探索时代发展提出的新课题、回应人类社会面临的新挑战，不断谱写马克思主义中国化时代化新篇章，是在实践中不断自我更新、自我完善的开放的理论体系。"①

（三）新时代理论创新必须强调原创性

建设中国特色社会主义，是科学社会主义的创新实践，其中所要解决的矛盾问题、所要克服的阻力障碍都是前所未有的。我们既没有现成道路可以借鉴，也没有现成理论可以照搬；既不能丢"老祖宗"，又要敢于说新话，必须以开创性的政治勇气和理论勇气言前人之所未言，把马克思主义基本原理同改革开放具体实际结合起来，发展当代中国马克思主义，深入探索中国特色社会主义建设规律，为改革开放伟大实践提供科学理论指导。

理论的终极生命在于创造。无论是理论的基石、框架，还是其宗旨目标、价值关怀等，都离不开理论创造。概念是思想理论的物质载体和鲜明标识，理论的创造往往始于概念的创新或新诠。纵观党的百余年历史，中国共产党人在推进马克思主义中国化时代化进程中，不仅高度重视架构宏观的理论体系，而且也善于从微观入手，不断创造、阐释和运用新概念或术语。比如，在毛泽东思想创立过程中，生成了实事求是、联合政府、人民、马克思主义中国化、新民主主义等标识性概念；在中国特色社会主义理论体系创立过程中，生成了解放思想、改革开放、社会主义初级阶段、社会主义市场经济、和谐社会等标识

① 郭跃文 . 深刻把握新时代党的创新理论的鲜明特质 . 南方日报，2023-06-13.

性概念；在习近平新时代中国特色社会主义思想创立过程中，生成了中国梦、不忘初心、人民至上、自我革命、人类命运共同体、新发展观、百年未有之大变局等标识性概念。这些概念群的内在结构和相互自我支撑，共同建构了中国化马克思主义的逻辑大厦[①]。从一定意义上说，正是由于中国共产党善于在复杂的实践中创生出具有鲜明中国气派的新概念，促使党的理论掌握群众，赢得民心，才有中国共产党"百年恰是风华正茂"。

当代中国正在经历人类历史上最为宏大而独特的实践创新，改革发展稳定任务之重、矛盾风险挑战之多、治国理政考验之大前所未有，世界百年未有之大变局深刻变化前所未有，提出了大量亟待回答的理论和实践课题。在新时代波澜壮阔的丰富实践中，新事物、新现象不断涌现，我们要勇于突破既有的认识藩篱，自觉地或对既有概念进行新诠，或创造性地使用新概念，在实践活动中善于提炼标识性概念，打造易为国际社会理解和接受的新概念、新范畴、新表述，从而在建构中国自主的知识体系中，不断推进马克思主义中国化时代化[②]。习近平新时代中国特色社会主义思想展现了对新时代重大理论和实践问题的深邃思考，科学回答了新时代坚持和发展什么样的中国特色社会主义、怎样坚持和发展中国特色社会主义，建设什么样的社会主义现代化强国、怎样建设社会主义现代化强国，建设什么样的长期执政的马克思主义政党、怎样建设长期执政的马克思主义政党等重大时代课题，彰显了新时代党的创新理论在制

①②　王朝庆，王刚.推进马克思主义中国化时代化的实践进路.中国社会科学报，2022-08-25.

度设计、价值引领、目标路径三个方面的原创性贡献，以崭新的思想内容丰富和发展了马克思主义，使科学社会主义在 21 世纪的中国焕发出新的蓬勃生机[①]。

[①]　佘明薇.党的创新理论对科学社会主义的原创性贡献.人民论坛，2023（8）.

第八章

坚持问题导向首先要
增强问题意识

所谓"问题"是指对尚待解决或弄不明白的事物产生的疑虑，亦即需要研究讨论并加以解决的矛盾、疑难。在哲学语境中，问题就是矛盾，它既表征着影响或困扰人们进行实践的意识状态，又是指引人们进行实践的起点和原点。所谓"问题意识"是对矛盾认知的敏感性、能动性，问题本身虽然是客观存在，但如果不被"意识"，也只是脱离主体而存在的客体而已，所以，从这个意义上来看，问题只有被意识到才能得以解决，亦即问题"在任何时候都只能是被意识到了的存在，而人们的存在就是他们的实际生活过程"①。

---

① 马克思，恩格斯.马克思恩格斯选集：第1卷.3版.北京：人民出版社，2012：152.

一、增强问题意识是坚持问题导向的前提和基础

马克思认为："一个时代的迫切问题，有着和任何在内容上有根据的因而也是合理的问题共同的命运：主要的困难不是答案，而是问题。"[①]一切活动在本质上都是面向问题的，一切事物都是问题的集合，一切过程都是问题的解决过程。要坚持问题导向，首先要增强问题意识，没有问题意识，认识不到客观存

---

① 马克思，恩格斯.马克思恩格斯全集：第 1 卷 .2 版 .北京：人民出版社，1995：203.

在的问题，坚持问题导向就失去了前提和基础，成为无源之水、无本之木。只有树立问题意识，才能主动去寻找问题、发现问题。问题决定任务，增强问题意识，并以此发现问题是解决问题的先导。

（一）从理论逻辑来看，增强问题意识可以"抓住事物的根本"

马克思主义哲学认为理论取决于需要，"理论在一个国家实现的程度，总是取决于理论满足这个国家的需要的程度"①。《哲学大辞典》把"问题"界定为"一般指需要研究和解决的实际矛盾和理论难题"②。毛泽东从"需要研究和解决的实际矛盾"的角度来理解，认为："问题就是事物的矛盾。哪里有没有解决的矛盾，哪里就有问题。"③恩格斯从"需要研究和解决的……理论难题"的角度来理解，认为，"在前人认为已有答案的地方，他却认为只是问题所在"④。问题亦即矛盾，世界上的矛盾是普遍存在的，矛盾是事物发展的动力和根源，所以要善于发现问题、发现矛盾，进而发现事物的不足，推进事物向前发展。同时，问题源于发展，通过发展来解决。因此，要通过增强问题意识，

---

①　马克思，恩格斯.马克思恩格斯选集：第1卷.3版.北京：人民出版社，2012：11.

②　冯契.哲学大辞典.上海：上海辞书出版社，2001：1545.

③　毛泽东.毛泽东选集：第3卷.2版.北京：人民出版社，1991：839.

④　马克思，恩格斯.马克思恩格斯全集：第24卷.北京：人民出版社，1972：21.

提升发现问题的能力，任何事物在出现问题时被发现，可以促进其改进从而实现发展。问题中存在着发展的机会，在解决问题中实现事物的发展，在发展过程中又会出现新的问题。于是，事物的发展就呈现出"出现问题－发现问题－解决问题－出现问题"的过程，循环往复，周而复始。

事物的本质和规律也就蕴含在事物所呈现的问题之中，问题是事物本质和规律的外在表征，所以，增强问题意识可以"抓住事物的根本"。认识世界不是目的，真正的目的在于通过认识世界得以改造世界。就世界而言，增强问题意识，可以通过世界所呈现出来的问题，进一步去认识和把握世界的内在本质和规律，把握好人与自然、人与人、人与社会的关系，通过对世界规律的认知达到改造世界的目的。随着社会的发展进步，世界所呈现的问题也会越来越新、越来越多、越来越复杂，所以，增强问题意识，就能够通过表面问题，抓住自然界和人类社会发展的脉搏，找到推动世界发展的内在线索，也就抓住了事物的根本。对事物而言，呈现的问题即矛盾有多种表现形式：不同事物在发展过程中会呈现不同的问题，增强问题意识可以认清不同事物的不同性质的问题；同一事物在发展过程中会呈现出多个问题，即以问题群的形式出现，这种情况下通过增强问题意识，抓住问题群中的核心问题，即抓住最能体现事物本质的主要矛盾，可以进一步加强对事物问题的解决。

（二）从历史逻辑来看，增强问题意识可以"认清社会发展规律"

从人类社会发展的历史逻辑来看，任何人都是处在一定社会历史条件的人，每个时代的人有每个时代的际遇。所以，"历史不外是各个时代的依次交替。每一代都利用以前各代遗留下来的材料、资金和生产力"[①]。增强问题意识，就可以通过对不同历史时代所呈现问题的发现、分析和解决，从历史逻辑去认识和把握社会发展规律，亦即增强问题意识是历史的需要。

我们可以从人类文明的制度维度对人类社会发展的历史进行梳理。制度对人类文明的发展非常重要，没有制度的发展和支撑，人类就缺乏复杂的合作基础，人类文明就很难从低级向高级发展。人类能够充分发挥主观能动性，在改造自然界和人类社会的实践过程中，形成复杂的社会组织和社会结构，并构建出有效的组织制度。恩格斯在《家庭、私有制和国家的起源》中提出了"五种社会形态说"，即原始氏族社会、古代奴隶制社会、中世纪农奴制社会、近代雇佣劳动制（资本主义）社会、未来的共产主义社会，而后逐步演变为原始社会、奴隶社会、封建社会、资本主义社会和社会主义社会这五种社会形态。

原始文明是人类文明的第一阶段，是一种带有淳朴自然本色的文明。此种文明形态所呈现出原初的、朴素的、尚未与自

---

① 中央编译局．德意志意识形态：节选本．北京：人民出版社，2003：32.

然彻底分开的状态，所凸显出来的问题是：人类对自然的依赖性很强，很大程度上依附于自然而生存，在这一文明阶段，人类虽然已经逐渐从自然界中分离出来，但很大程度上仍然受到自然规律的绝对支配。阶级的出现、国家的诞生，标志着人类从此进入了第一个阶级社会——奴隶社会，也标志着人类进入文明时代。此种文明形态所呈现出的问题为：从构成要素来看，自然环境因素、生产工具因素依然很重要，与此同时，阶级产生所带来阶级之间的依附关系及斗争关系等因素日益凸显。继奴隶制文明之后，人类文明又发展出另一个历史形态——封建制文明。从封建社会的构成要素来看，自然环境因素、生产工具因素依然在社会中起着重要的推动作用，其文明成果在创造与破坏的循环中不断反复，文明的发展依旧迟缓，文明的水平也相对较低。资本主义社会是以资本家占有生产资料和剥削雇佣劳动为基础的社会，也是人类历史上最后一个剥削社会，同时也是私有制下文明发展的最高阶段。从构成要素来看，自然环境因素在社会中的制约作用表现得相对越来越小，人与自然之间的关系日渐紧张对立，生态危机不断加剧，资本主义文明在展现出进步性的同时隐含着诸多其自身固有的且不能自我解决的局限性，如资本主义基本矛盾严重阻碍社会生产力的发展、财富占有两极分化、频发周期性的经济危机，以及社会矛盾和冲突不断激化等等。社会主义制度的建立和社会主义文明的发展标志着人类文明进入了新的历史阶段。从构成要素来看，自然因素不再只是人类生存的条件，生态需要已经成为人类所追求的物质需要、精神需要之后的更高层次的需要，构成人类美好生活的必然组成部分。生产资料公有制决定了社会主义的生产目的是满足全体人民的需要，实现好、维护好、发展好人民群众的根本利益是社会主义的本质要求。

从原始文明到社会主义文明，贯穿始终的问题是"生产力和生产关系的矛盾、经济基础和上层建筑的矛盾"，只是在不同社会发展阶段，问题所呈现的表现形式不同。只有增强问题意识，认清社会发展规律，解决社会基本矛盾，才能不断推动社会实现从低级到高级的发展。

（三）从实践逻辑来看，增强问题意识可以"促进现实问题的解决"

矛盾是客观存在的，增强问题意识是因为"任务本身，只有在解决它的物质条件已经存在或者至少是在生成过程中的时候，才会产生"[①]。要促进现实问题的解决，首先要感觉、认知到现实问题，只有被意识到的才是即将被解决的，而不被意识到的问题则需要时间推移得以被发现才能被解决，增强问题意识是解决现实问题的前提。

每个时代都有每个时代所面临的问题，构成社会的主要矛盾，但有时候现实问题会以隐蔽或潜在的方式呈现，如果没有积极主动去认识问题、发现问题，就不能及时准确地发现问题、解决问题，进而解决社会的主要矛盾，推动社会向前发展。

---

① 马克思，恩格斯. 马克思恩格斯文集：第 2 卷. 北京：人民出版社，2009：592.

习近平总书记指出:"时代是出卷人,我们是答卷人,人民是阅卷人。"① 问题是时代的声音,每个时代都会面临诸多问题,同一时代不同阶段会有各自的问题,要准确把握时代脉搏,认清时代主题,增强问题意识是时代发展的必然要求。"新民主主义革命时期,党面临的主要任务是,反对帝国主义、封建主义、官僚资本主义,争取民族独立、人民解放,为实现中华民族伟大复兴创造根本社会条件。"② 共产党到底能不能带领人民打胜仗?这是我们党在革命时期面临的时代课题。大革命失败后,我们党走上了独立领导武装斗争的道路。井冈山斗争时期,面对敌人的持续"围剿",党内有些同志产生了"红旗到底能够打多久?"的疑问。这是一个关乎中国前途和命运的问题。在新民主主义革命时期,面对帝国主义、封建主义、官僚资本主义"三座大山",以毛泽东同志为主要代表的中国共产党人,把马克思主义基本原理与中国革命具体实践相结合,创立了毛泽东思想,团结带领全党全国各族人民浴血奋战,建立了中华人民共和国。"社会主义革命和建设时期,党面临的主要任务是,实现从新民主主义到社会主义的转变,进行社会主义革命,推进社会主义建设,为实现中华民族伟大复兴奠定根本政治前提和制度基础。"③ 共产党能不能带领人民搞建设?这是我们党在建设时期面临的时代课题。毛泽东在党的七届二中全会上鼓励全党:"我

---

① 中共中央宣传部.习近平新时代中国特色社会主义思想学习纲要.北京:学习出版社,2019:43.

② 中国共产党第十九届中央委员会第六次全体会议公报.北京:人民出版社,2021:4.

③ 同② 5.

们能够学会我们原来不懂的东西。我们不但善于破坏一个旧世界，我们还将善于建设一个新世界。"以毛泽东同志为核心的党的第一代中央领导集体，团结带领全党全国各族人民进行伟大创造，体现了中国人民的意愿，符合中国的实际，顺应了历史发展的潮流。这场中华民族有史以来最为广泛而深刻的社会变革，为当代中国一切发展进步奠定了根本政治前提和制度基础，为开创中国特色社会主义提供了宝贵经验、理论准备、物质基础。"改革开放和社会主义现代化建设新时期，党面临的主要任务是，继续探索中国建设社会主义的正确道路，解放和发展社会生产力，使人民摆脱贫困、尽快富裕起来，为实现中华民族伟大复兴提供充满新的活力的体制保证和快速发展的物质条件。"[①]改革开放之初，所针对的是"如何解放生产力、发展生产力"，如何快速发展经济的问题，后来围绕"如何将蛋糕做大"这一问题，在发展关键期、改革攻坚期和矛盾凸显期，我们的问题是不仅要将"蛋糕"继续做大，还要将"蛋糕"分好。我国实现了从生产力相对落后的状况到经济总量跃居世界第二的历史性突破，实现了人民生活从温饱不足到总体小康、奔向全面小康的历史性跨越，推进了中华民族从站起来到富起来的伟大飞跃。"党的十八大以来，中国特色社会主义进入新时代。党面临的主要任务是，实现第一个百年奋斗目标，开启实现第二个百年奋斗目标新征程，朝着实现中华民族伟大复兴的宏伟目

---

① 中国共产党第十九届中央委员会第六次全体会议公报.北京：人民出版社，2021：6.

标继续前进。"①这一时期书写了经济快速发展和社会长期稳定两大奇迹新篇章，我国发展具备了更为坚实的物质基础、更为完善的制度保证，实现中华民族伟大复兴进入了不可逆转的历史进程。

---

① 中国共产党第十九届中央委员会第六次全体会议公报．北京：人民出版社，2021：9.

二、问题意识的内涵意蕴

何为问题？何为问题意识？问题即矛盾，问题意识是"被意识到了的存在"，是认识问题、解决问题的前提。在实践中，问题意识体现了"人的尺度"和"物的尺度"的统一；在社会历史中，问题意识则进一步体现了"历史决定论"和"主体选择性"的辩证统一。

（一）问题意识是"被意识到了的存在"

马克思主义认为，矛盾是普遍存在的，是事物联系的实质内容和事物发展的根本动力。问题也是普遍存在的，人的认识活动和实践活动从根本上说就是不断认识矛盾、解决矛盾的过程。问题意识是一种思维的问题性心理，是面对不明白的问题或者现象而随之产生的疑问、探求的心理状态，在现实生活中通常指的是发现问题的能力。马克思、恩格斯在《德意志意识形态》中有一句经典论述："意识在任何时候都只能是被意识到了的存在，而人们的存在就是他们的现实生活过程。"[①] 既然问题意识本身就是一种重要意识，那么问题是"被意识到了的存在"就是解决问题的第一步，也是最关键的一步。我们面对问题，主要困难不是答案，而是"意识到"，不否认、不回避，进而才能够更好地去研究和解决问题。

"问题意识"具体体现的是对实践的前提性思考。任何内容正当的、合理的问题都具有鲜明的时代特色，都是经过人们充分调查研究和深入思考而切实认识和把握的。习近平总书记告诉我们，要学习掌握事物矛盾运动规律，不断强化问题意识，积极面对和化解前进中遇到的矛盾。新时代新征程，"问题意识"就是指我们在推进中国特色社会主义事业的过程中，树立焦点意识、重点意识、聚焦意识，致力于发现问题，将纷繁复杂的客观现实和历史的、现实的诸多因素转化为思维的"被意识到了的存在"，进而科学分析问题、解决问题，从而使之成为中国共产党人的一种思维方法和工作方法。"问题意识"的内涵包括承认问题而不否认问题、发现问题而不忽略问题、直面问题而不逃避问题、研究问题而不

---

① 马克思，恩格斯．马克思恩格斯选集：第1卷.3版.北京：人民出版社，2012：152.

搁置问题、解决问题而不放过问题的基本要求。在强国建设、民族复兴的伟大实践中，我们要继续树立问题意识，聚焦实践遇到的新问题、改革发展稳定存在的深层次问题、人民群众急难愁盼问题、国际变局中的重大问题、党的建设面临的突出问题，从而不断提出真正解决问题的新理念新思路新办法。

（二）问题意识是"人的尺度"和"物的尺度"的统一

"人是万物的尺度"是古希腊智者普罗泰戈拉的名言，这一哲学思想被黑格尔认为是"伟大的命题"。"以人为尺度"一度被人类中心主义作为其价值尺度而采用。人类中心主义认为，有且只有人类才有资格成为价值判断的主体，这是因为只有人类才具有内在价值，而其他存在物没有内在价值只有工具价值，因此只有作为理性存在物的人才是唯一的道德代理人，有资格获得伦理关怀，人类的利益理应作为价值原点和道德评价的依据。"以物为尺度"是当代非人类中心主义者在面对人类中心主义的"人类沙文主义"和"物种歧视主义"时所依据的价值尺度。控制论之父维纳曾预言"人与机器完全相当"。2023年初，ChatGPT 一度成为人们关注的焦点，短短两个月上亿用户登录 ChatGPT，开启了自己与人工智能的一次亲密接触。数字媒介对人类文明产生了最大挑战，即突破了"人的尺度"。我们过去已经习惯了"人是万物的尺度"，而今天"机器也成了人的尺度"。

"问题意识"集中体现了"从物质到感觉和思想"的马克思

主义认识论路线，集中体现了认识来源于实践又指导实践的认识论原理，集中体现了"人的尺度"和"物的尺度"的辩证统一。列宁在《唯物主义和经验批判主义》中指出，从物到感觉和思想呢，还是从思想和感觉到物？恩格斯坚持第一条路线，即唯物主义的路线。马赫坚持第二条路线，即唯心主义的路线。在这里强调的是人的认识是从物质性的客观存在出发的，首先形成感觉即感性认识，进而对感觉进行提炼形成了思想即理性认识。毛泽东在《实践论》中所解决的核心问题就是人的认识是从什么地方来的、怎样发生发展的、要实现什么样的结果，也就是认识发生论、认识过程论、认识结果论问题。人类的认识来源于人们的社会实践，人们就是在生存、生产和发展面临自然的、社会的以及各方面的挑战和问题的过程中开展生产斗争、阶级斗争、科学实验等方面的实践，并从解决这些问题的过程中形成认识。习近平总书记在《辩证唯物主义是中国共产党人的世界观和方法论》中告诫全党，要坚持用辩证唯物主义的世界观和方法论解决问题，努力学习和掌握事物矛盾运动的基本原理，不断强化问题意识，积极面对和化解党和国家事业发展前进中遇到的矛盾，把"人的尺度"和"物的尺度"有机统一于"坚持问题导向"，不断推进实践基础上的理论创新。

（三）问题意识是"历史决定论"和"主体选择性"的统一

马克思的社会形态理论是唯物史观的重要组成部分，揭示了人类历史发展的客观规律，其体现了社会规律与人的选择的统一、"历史决定论"和"主体选择性"的统一。"历史决定论"，是指人类历史过程总是有明确可循的必然规律，总是决定于那些物质的、生产的、现实的和基础的因素。社会历史的发展是一个动态的过程，在这个过程中包含着各种各样复杂烦琐的因素，但所有的这些因素中有一个非常重要的因素，是人的主体性因素。在唯物史观科学体系中，群众史观不仅是一个普通的基本原理，而且与马克思主义关于社会历史发展规律性的思想共同构成唯物史观的两个基本支柱。马克思主义认为，人民群众是历史的创造者，是历史的主体。人民群众是物质财富和精神财富的创造者、社会变革的决定力量，是先进生产力和先进文化的创造主体。人民群众的总体意愿和行动代表了历史发展的方向，人民群众的社会实践最终决定了历史的结局。

问题意识是唯物史观的重要内容。唯物史观的"问题意识"本身不是一个问题，它是一个方法论上的选择，是我们的一种思维方式或理论旨趣。树立问题意识是马克思主义的鲜明特点。习近平总书记指出，"问题是创新的起点，也是创新的动力源"[1]，"理论创新只能从问题开始"[2]，"问题是时代的声音，回答并指导解决问题是理论的根本任务。今天我们所面临问题的复杂程度、解决问题的艰巨程度明显加大，给理论创新提出了全

---

[1] 习近平.在哲学社会科学工作座谈会上的讲话.北京：人民出版社，2016：14.

[2] 同①20.

新要求"①。我国的发展站在全新的历史起点上，面对新形势新任务，要根据新发展阶段的新要求，牢固树立问题意识，以重大问题为导向，着力推动解决我国发展面临的一系列突出矛盾和问题，不断把党和人民的事业推向前进。

---

① 习近平.高举中国特色社会主义伟大旗帜 为全面建设社会主义现代化国家而团结奋斗：在中国共产党第二十次全国代表大会上的报告.北京：人民出版社，2022：20.

三、增强问题意识，使坚持问题导向落到实处

　　坚持问题导向，是马克思主义的重要品质，是党的十八大以来党治国理政的突出特点，是习近平新时代中国特色社会主义思想的实践概括。习近平总书记指出："要有强烈的问题意识，以重大问题为导向，抓住关键问题进一步研究思考，着力推动解决我国发展面临的一系列突出矛盾和问题。"① 新时代新征程，我们

①《中共中央关于全面深化改革若干重大问题的决定》辅导读本．北京：人民出版社，2013：67.

要科学把握党的二十大报告提出的"必须坚持问题导向"的深刻内涵、时代意义和实践要求，自觉增强问题意识，在敢于正视问题、善于发现问题、勇于解决问题上下功夫，以更高标准补短板、强弱项，推动党和国家事业行稳致远。

（一）保持正视问题的清醒，科学看待问题

问题意识是一个哲学命题，是指思维的问题性心理，是人们对客观存在的矛盾的敏锐感知，也是主动发现问题、解决问题的思想自觉。问题意识被广泛运用到社会的各个领域之后，人们通过认识、分析、回答并解决问题来推进理论创新和实践创新，因而问题意识成为人类社会发展进步的"基本方法"。黑格尔在《法哲学原理》中写道"存在即合理"。问题是不可回避的现实存在，是时代的声音。每个时代总有属于它自己的问题，只有科学地认识、准确地把握、正确地解决这些问题，社会进步才有原始推动力。纵观人类发展史，人类社会就是在不断发现问题、解决问题、总结经验之中取得发展进步的。因此，聚焦解决时代的关键问题就是抓住了社会发展进步的"牛鼻子"，就能推进实践基础上的理论创新。发现问题、研究问题、解决问题，始终是社会进步的重要动力，是理论创新的起点和动力源泉。我们要看到事物的发展道路是前进性与曲折性相统一的，这是发展的必然规律。遇到问题不逃避，敏感问题越要说清，这是直面问题、解决问题应有的姿态。

马克思主义理论发展史告诉我们，重要理论发展总是在破

解重大时代课题中产生。新时代以来党的理论创新历程告诉我们，坚持问题导向是以习近平同志为核心的党中央治国理政所旗帜鲜明、反复强调的，是当代中国马克思主义、21 世纪马克思主义的鲜明风格、突出特色。敢于直面问题、勇于修正错误，是我们党的显著特点和优势，体现了我们党求真务实的科学态度。习近平总书记指出："每个时代总有属于它自己的问题，只要科学地认识、准确地把握、正确地解决这些问题，就能够把我们的社会不断推向前进。"①在新时代的伟大实践中，以习近平同志为核心的党中央始终坚持问题导向，在系统回答中国之问、世界之问、人民之问、时代之问的过程中，推动党和国家事业取得历史性成就、发生历史性变革，党的创新理论也实现了马克思主义中国化时代化新的飞跃。

敢不敢面对问题是发现问题、解决问题的前提。问题是一种客观存在，增强问题意识首先要敢于正视问题，始终保持头脑清醒、立场坚定，科学认识和看待问题。社会实践中，往往因为头脑不清醒而害怕问题、不敢面对问题，甚至回避、逃避问题，从而导致问题越积越多，小问题演变为大问题，最终解决问题时人们付出了更多精力和沉重代价。我们要把握坚持问题导向的深刻内涵，拥有一双善于在纷繁事务中发现问题的眼睛，自觉用辩证唯物主义和历史唯物主义方法正视问题、科学分析和研究问题，坚持具体问题具体分析，一条一条梳理、一项一项分析，直至弄清问题性质、找到症结所在；坚持透过现象看本质，见微知著、由表及里，拨开迷雾抓规律、撇开枝节抓根本；坚持胸怀全局、把

---

① 党的二十大报告辅导读本．北京：人民出版社，2022：129.

握大势、着眼大事，践行初心、担当使命，深入研究思考事关全局、事关长远发展、事关人民福祉的紧要问题，努力为党和人民赢得更大的胜利和荣光。

（二）锻造解决问题的自觉，善于发现问题

问题一直都在，且不以人的主观意志为转移。在社会实践中，我们之所以没有发现问题，除了不敢面对问题外，还有一个至关重要的原因就是缺乏发现问题的眼光，不是把有问题当作没有问题，就是抓不住主要问题和问题的主要方面。问题无处不在、无时不有，只有找得准、查得实，才能"拨开云雾见青天"，防止小问题演变成大问题、个别性问题蔓延成普遍性问题、容易解决的问题恶化成"老大难"问题。精准发现问题，就是要弘扬共产党人求真务实的作风，增强查找问题的意识，践行"刨根问底"之举，坚持抓早抓小、防微杜渐、禁于未然。人民是历史的创造者，群众是真正的英雄。我们要继承和发扬党的光荣传统和优良作风，坚持从群众中来、到群众中去，善于借助群众的智慧和眼光发现问题、掌握问题。我们要看到，人民群众身处改革发展稳定最前沿，对于问题的感受最敏感、最直接，最有发言权。只有坚持与人民同呼吸、共命运、心连心，和群众站在一起、想在一起、干在一起，才能让诸多问题乖乖浮出水面，才能分清轻重缓急、抓住关键问题。

注重调查研究、坚持实事求是，是中国共产党人认识和改造世界的根本要求，也是我们党的基本思想方法、工作方法、

领导方法。调查研究就是为了解决问题。当前，全党正在深入开展学习贯彻习近平新时代中国特色社会主义思想主题教育。调查研究是主题教育的一项重要内容，是推动主题教育走深走实的重要抓手。发现问题、解决问题，正如勇士射出弓弦上的利箭，穿透云雾、直中靶心。扎实开展主题教育，我们要站在党之所需、时代所需的全局高度，不断提升政治判断力、政治领悟力、政治执行力，旗帜鲜明讲政治，坚持从政治上考虑，以政治的眼光打量，从政治上看待每一个问题，这是善于发现问题的前提和基础。解决当下的问题，要弘扬和践行"千万工程""浦江经验"，用脚步丈量广袤天地，用眼睛发现事物变化，用耳朵倾听群众呼声，用内心感应时代脉搏，此为善于发现问题的不二法门。要善于发现问题，锻造解决问题的自觉，切实把主题教育开展的成效转化为解决深层次问题和难点问题的有效措施，转化为为民办实事解难题的实际行动，转化为推动经济社会内涵式发展、高质量发展的不竭动力。

（三）增强直面问题的自信，勇于解决问题

习近平总书记指出："当今世界，要说哪个政党、哪个国家、哪个民族能够自信的话，那中国共产党、中华人民共和国、中华民族是最有理由自信的！"不惧敏感问题、直面敏感问题，这源于自信。坚持问题导向是我们学深悟透习近平新时代中国特色社会主义思想必须掌握的基本方法论，是前行路上书写新业绩、创造新辉煌的有效武器、制胜利器，只有把握其深刻内涵，才能坚持

好、运用好贯穿其中的立场观点方法。"正入万山圈子里，一山放过一山拦。"在全面建设社会主义现代化国家新征程中，问题只会多、不会少。我们只有增强直面问题的自信，激发面对问题的勇气毅力，才能披荆斩棘、攻坚克难；只有时时处处善于发现问题，才能沉着应对、从容不迫；只有着力完美地解决问题，才能百尺竿头、更进一步。

一语不能践，万卷徒空虚。一个时代有一个时代的问题，一个时代有一个时代的答案。问题是时代的呼声，理论是时代的回声，但这种回声不是简单重复问题，而是创造性反映问题、回应问题、分析问题和解决问题。站在新的历史起点上，我们党要团结带领中国人民不断为美好生活而奋斗，就必须不断回答中国之问、世界之问、人民之问、时代之问，跟着问题走、奔着问题去。要坚持具体问题具体分析，运用辩证唯物主义和历史唯物主义方法，弄清楚哪些是体制机制不合理产生的问题，哪些是工作责任不落实产生的问题，哪些是条件不具备一时难以解决的问题，紧盯主要矛盾和矛盾的主要方面持续用力、久久为功。要增强透过现象看本质的能力，从繁杂问题中把握事物的规律性，从苗头问题中发现事物的倾向性，从偶然问题中揭示事物的必然性，谋势而动、顺势而为、应势而变。要紧盯"老问题"、研判"新问题"、突出"大问题"、聚焦"真问题"，抓住问题导向这个"牛鼻子"、找到解决问题这把"金钥匙"，用拼劲、韧劲、闯劲、干劲把一个个"问题清单"变为"成果清单"，努力推动中央各项决策部署落地生根、开花结果，在解决问题、破解难题中推进强国建设、民族复兴伟业。

第九章

聚焦实践遇到的新问题提出
新理念新思路新办法

问题产生于实践，并在实践的过程中加以解决。习近平总书记指出："历史总是在不断解决问题中前进的。我们党领导人民干革命、搞建设、抓改革，都是为了解决我国的实际问题。"①中国的现实问题是党领导人民实践的起点，解决中国的现实问题是党领导人民实践的指向，在解决现实问题中为中国人民谋幸福、为中华民族谋复兴是党领导人民实践的归宿。聚焦新时代实践遇到的新问题，必须深入扎根实践，继续秉持实践的观点和原则，提出解决问题的新理念新思路新办法。

①　习近平.年轻干部要提高解决实际问题能力 想干事能干事干成事.人民日报，2020-10-11（1）.

一、新时代实践不断提出新问题

社会实践的发展永无止境，伴随着社会实践的推进，新问题不断被提出。中国特色社会主义进入新时代，社会实践条件发生变化，新形势、新阶段、新任务、新事物在不同的维度提出了新的时代问题，这对党和国家发现问题、分析问题和解决问题的能力提出了新的更高要求。

（一）新形势下的新实践催生新问题

新形势意味着新的客观条件、新的社会实践关系。党的十八大以来，国际国内形势发生了深刻变化，党和国家着力推动新时代中国特色社会主义实践，需要面对和处理更错综交织的内外关系、更复杂的国际国内问题。

当代中国实践面临新形势，需要整体研判复杂的实践关系。从国际形势来看，世界百年未有之大变局加速演进，在世界格局"东升西降"的发展趋势日益显著的态势下，和平、发展、合作、共赢成为不可阻挡的历史潮流，这为中国谋求自身发展的同时为促进世界共同发展带来机遇。同时，当代世界面临一系列新矛盾新挑战，"逆全球化思潮抬头，单边主义、保护主义明显上升，世界经济复苏乏力，局部冲突和动荡频发，全球性问题加剧，世界进入新的动荡变革期"①。在中国与世界交往日益广泛深入、愈发紧密联系为一个整体的背景下，中国不仅要妥善应对世界性的普遍问题，为自身创造发展机遇，而且要在复杂多变、暗流涌动的国际局势下思考和处理本国经济发展、文明交流、生态建设、安全格局等问题，以及与世界各国的互动交往问题。

从国内形势来看，党的十八大以来，党和国家事业发展取得巨大成就。同时，新时代党和国家面临新形势、新变化，在经济、政治、文化、社会、生态、国防、安全等领域还存在一系列突出矛盾。比如，经济区域发展差距、城乡差距、贫富差距、收入差距等问题，愈发成为当前经济形势和经济增长迫切需要解决的问题；人口规模巨大，人口结构老龄化、少子化特

① 党的二十大报告辅导读本.北京：人民出版社，2022：74.

征与人口流动分化趋势明显，深刻影响我国经济社会运行状况。这些具有长远性、战略性的突出问题，是影响党长期执政、国家长治久安、人民幸福安康的重要因素，考验着中国共产党治国理政的能力和水平，也考验着全国人民在党的领导下对抗风险、解决问题的信念和信心。

（二）新方位下的新实践形成新问题

新方位即新的历史方位，意味着新的社会实践起点。中国特色社会主义新时代，是我国社会主义初级阶段中新的发展阶段。这一历史方位的重大战略判断，与我国社会实践发展推动的社会主要矛盾转化密切相关，体现了当代中国发展主要问题的重大变化。

新的历史方位中的中国实践，需要重点关注社会主要矛盾。中国特色社会主义新时代，我国社会主要矛盾由人民日益增长的物质文化需要同落后的社会生产之间的矛盾转化为人民日益增长的美好生活需要同不平衡不充分的发展之间的矛盾。问题是矛盾的表现形式，社会主要矛盾的转化表明在我国社会主义实践中，社会生产力水平总体显著提高，而发展不平衡不充分成为突出问题，成为影响国家发展、社会稳定、人民美好生活的主要制约因素。这一关系全局的历史性变化，要求党和国家在新的历史阶段的实践中注重聚焦区域发展、城乡发展、收入分配、经济与社会、经济与生态等涉及经济社会体系结构的发展平衡等问题，注重改善市场竞争、有效供给、动力转换、制度创新等涉及经济社会发展水平的不充分问题，既把"蛋糕"做大，又把"蛋糕"分好，从法律、制度、政策等维度创造条件和机遇，使发展成果由人民共享，更好地捍卫社会公平正义，维护广大人民群众的根本利益。

（三）新任务中的新实践面临新问题

新任务意味着新的目标要求，新的实践方向。党的二十大报告提出了新时代新征程中国共产党的使命任务，擘画了直至本世纪中叶的宏伟蓝图。作为一项前无古人的开创性实践，"前进道路上，必然会遇到大量从未出现过的全新课题、遭遇各种艰难险阻、经受许多风高浪急甚至惊涛骇浪的重大考验"[①]。

当代中国实践迎来新任务，需要科学把握国家发展新目标新要求。党的二十大报告指出："从现在起，中国共产党的中心任务就是团结带领全国各族人民全面建成社会主义现代化强国、实现第二个百年奋斗目标，以中国式现代化全面推进中华民族伟大复兴。"[②] 这一战略任务规定了全面建成社会主义现代化强国、实现中华民族伟大复兴的总体目标和中国式现代化的本质要求，框定了新时代中国特色社会主义实践的方向和路径。作为具有鲜明中国特色的现代化实践，中国式现代化本身具有的

---

① 习近平.在学习贯彻习近平新时代中国特色社会主义思想主题教育工作会议上的讲话.求是，2023（9）.

② 习近平.高举中国特色社会主义伟大旗帜 为全面建设社会主义现代化国家而团结奋斗：在中国共产党第二十次全国代表大会上的报告.北京：人民出版社，2022：21.

国情特殊性、范式独创性、文明创造性以及任务的艰巨性、所处环境的复杂性共同造就了这一历史任务的多重压力和挑战，如在经济维度要面临来自世界发达国家的生产力和科技创新等方面的激烈竞争；在文化意识形态领域要时刻警惕来自敌对势力的和平演变威胁；在国际关系维度要面临大国博弈压力和地缘政治挑战等问题。党的中心任务目标越远大，实现过程越艰巨，具体实践中的问题和风险越发多元和复杂，进而越加考验党领导人民解决问题的能力和水平。

（四）新事物中的新实践孕育新问题

新事物意味着新的发展潮流，新的实践方式。当代社会发展速度加快，一切事物产生、发展、消亡的速度加快、周期缩短，新事物本身的优越性使其具有强大生命力和不可抗拒性，因而新事物在现实变革的过程中给人们认识、学习和接受带来新的挑战。

当代中国实践催生新事物，需要在实践中透彻研究问题的本质属性。现代社会，经济和科技领域新事物层出不穷，以新技术革命为引领的新一轮技术革新浪潮深刻影响着当代社会的生产和生活方式，科技创新治理迎来众多新问题。比如，在新兴产业领域，信息技术、人工智能、生物技术、新能源、新材料、高端装备等一批新经济增长引擎正在成为当代经济发展的着力点，引领着现代产业体系布局。在技术就是生产力的背景下，一方面，科技创新面临瓶颈、技术协作攻关遭遇"卡脖子"危机、形势误判、错失技术引进机遇等具体问题往往会引起整个新兴产业体系陷入被动；另一方面，从更宏观的角度来看，对待新兴科技产业的理念和政策直接影响其发展状况，而其发展态势是否良好直接关系国家经济增长力、生命力，影响经济社会发展全局。在此意义上，以新兴科技为代表的新生事物，既在宏观层面考验敏锐察觉能力、统筹把控能力，又在具体维度调整着社会实践中的生产力和生产关系，引起生产方式和生活方式的变革，因而带给国家和社会治理更为直接的压力和挑战。

二、聚焦实践敏锐发现问题是前提

敏锐发现问题是正确分析问题、科学解决问题的前提。在社会实践中，实践是认识的来源和归宿，从实践到认识再回归实践的过程正是以具体问题为中介得以不断推进的，所谓"问题无处不在、无时不有，关键在善不善于发现问题"①。当代中国现实问题是当代中国实践中新形势、新阶段、新任务、新事物的集中反映，正确认知、对待当代中国现实问题，就必须保持头脑清醒，对实践中发现的基本问题、重大问题、关键问题、

---

① 中共中央宣传部. 习近平新时代中国特色社会主义思想学习纲要. 北京：学习出版社，2019：248.

突出问题等予以科学审视、综合考察，掌握分析和解决问题的主动权。

（一）实践中需要回答的基本问题

现实问题具有结构性、层次性、关联性，中国实践中的基本问题不仅是认识当代中国的出发点和落脚点，而且构成了中国现实问题的基本布局，其他问题都由基本问题派生而成。对当代中国实践中基本问题的考察和明确是系统性认知中国现实问题的前提，为理解和处理当代中国实践中的重大问题、关键问题、突出问题提供了总体视角和基础思路。党的十八大以来，国内外形势的变化和我国各项事业的发展提出了一个重大时代课题，即党和国家必须从理论和实践结合上系统回答"新时代坚持和发展什么样的中国特色社会主义、怎样坚持和发展中国特色社会主义"，其中包括"新时代坚持和发展中国特色社会主义的总目标、总任务、总体布局、战略布局和发展方向、发展方式、发展动力、战略步骤、外部条件、政治保证等基本问题"①，这些问题既是新时代坚持和发展中国特色社会主义需要回答的基本问题，亦是当代中国实践迫切需要予以回应的基本问题。习近平新时代中国特色社会主义思想作为马克思主义中国化时代化的最新成果，从理论与实践相统一的基础上创造性地回答了当代中国实践的基本问题，将党对基本问题的认识和把握进一步具体化，体现了中国共产党认识

① 习近平 . 决胜全面建成小康社会 夺取新时代中国特色社会主义伟大胜利：在中国共产党第十九次全国代表大会上的报告 . 北京：人民出版社，2017：18.

问题的科学性和把握问题的系统性。

（二）实践中需要聚焦的重大问题

着重聚焦新时代中国实践中的重大问题，既是坚持运用新时代中国特色社会主义思想的世界观、方法论和贯穿其中的立场观点方法，对当代中国实践中基本问题认知的进一步深化，同时也是贯彻落实党的二十大重大战略和重大决策部署的必然要求。新时代中国经济建设、政治建设、文化建设、社会建设、生态文明建设和党的建设实践中的重大问题，比如"如何应对世界百年未有之大变局、更好统筹国内国际两个大局、深化和拓展中国式现代化、构建新发展格局、推动高质量发展、发展全过程人民民主、扎实推进共同富裕、加快实现科技自立自强、推动中华优秀传统文化创造性转化创新性发展、推进国家安全体系和能力现代化、坚定不移全面从严治党、推动构建人类命运共同体"等"事关长远、事关全局、事关根本的重大战略课题"①，构成了新时代坚持和发展中国特色社会主义的重点内容，同时，对新时代中国实践中重大问题的研究和解决，将不断深化党和国家对共产党执政规律、社会主义建设规律、人类社会发展规律的认识，为开辟马克思主义中国化时代化新境界贡献智慧和力量。

---

① 习近平．在中央党校建校 90 周年庆祝大会暨 2023 年春季学期开学典礼上的讲话．求是，2023（7）．

（三）实践中需要解决的关键问题

问题具有普遍性、客观性，而在复杂的社会实践过程中，多种问题同时存在，其中关键问题的处理影响着其他问题的发展。在认识和解决当代中国现实问题的过程中，抓住关键问题，便掌握了解决问题的突破口，从而对社会实践的推进程度与推进效率起到决定性作用。党的二十大明确党的中心任务是团结带领全国各族人民全面建成社会主义现代化强国、实现第二个百年奋斗目标，以中国式现代化全面推进中华民族伟大复兴。新的历史征程需要重点关注中国式现代化实践中遇到的关键问题，以解决关键问题作为开展工作的主要抓手和目标导向。例如，在推进国家治理体系和治理能力现代化的过程中，"突出坚持和完善党的领导制度，抓住了国家治理的关键和根本"[①]，体现了对我国国家制度和治理体系发展方向和规律的准确把握。又如，国家科技攻关问题需要从国家急迫需要和长远需求出发，以关键核心技术问题攻坚为抓手，推动科技发展取得新突破。在推动共建"一带一路"工作过程中，"要坚持稳中求进工作总基调，贯彻新发展理念，集中力量、整合资源，以基础设施等重大项目建设和产能合作为重点，解决好重大项目、金融支撑、投资环境、风险管控、安全保障等关键问题"[②]，才能推动共建

---

① 习近平.关于《中共中央关于坚持和完善中国特色社会主义制度 推进国家治理体系和治理能力现代化若干重大问题的决定》的说明.人民日报，2019-11-06（4）.

② 习近平.坚持对话协商共建共享合作共赢交流互鉴 推动共建"一带一路"走深走实造福人民.人民日报，2018-08-28（1）.

"一带一路"向高质量发展转变,推动这项工作不断走深走实。

(四)实践中需要直面的突出问题

　　突出问题是实践过程中人民群众普遍关注的、反映强烈的、具有显著特征的问题,是推进社会实践过程中关系人民群众根本利益的问题。直面突出问题,才能回应人民诉求与期盼,确保各项工作经得起人民检验。比如,在全面深化改革的实践过程中,必须"立足新发展阶段,解决影响贯彻新发展理念、构建新发展格局的突出问题,解决影响人民群众生产生活的突出问题,以重点突破引领改革纵深推进"[①],才能推动改革落地见效,增强改革给人民带来的获得感、幸福感、安全感;在已经胜利完成的脱贫攻坚工作中,面对贫困村无人管事、无人干事、无钱办事等现象,必须"集中力量解决脱贫领域'四个意识'不强、责任落实不到位、工作措施不精准、资金管理使用不规范、工作作风不扎实、考核评估不严格等突出问题"[②],对发现的问题彻查彻办、责任到底,才能使工作实施经得起群众和社会的监督,赢得人民群众的认可和拥护。

---

　　① 完整准确全面贯彻新发展理念 发挥改革在构建新发展格局中关键作用.人民日报,2021-02-20(1).
　　② 习近平.提高脱贫质量聚焦深贫地区 扎扎实实把脱贫攻坚战推向前进.人民日报,2018-02-15(1).

三、聚焦实践正确分析问题是关键

　　发现问题是解决问题的前提，正确分析问题是解决问题的关键。问题分析得越透彻，解决起来就越有针对性。分析问题是一个见功力、见真知的过程，只有在实践中坚持用辩证唯物主义和历史唯物主义的方法，以事实为基础进行深度分析，透过现象看本质，"善于从繁杂问题中把握事物的规律性，从苗头问题中发现事物的倾向性，从偶然问题中揭示事物的必然性"，才能将问题层层剖开，找到症结所在。

（一）尊重实践，从实际问题中认清事物的客观性

实践中的问题是客观存在的，承认实际问题的客观性，就是以正视问题的态度承认问题无时不在、无处不有。习近平总书记指出，"问题是事物矛盾的表现形式，我们强调增强问题意识、坚持问题导向，就是承认矛盾的普遍性、客观性，就是要善于把认识和化解矛盾作为打开工作局面的突破口"①。承认问题的普遍性、客观性，就要尊重实践，坚持一切从实际出发，积极面对实践中遇到的问题，把实事求是贯穿到工作全过程。

我们党重视在实践中认知问题的客观存在。党的十八大以来，以习近平同志为核心的党中央坚持以人民为中心的发展思想，要求各级党员干部实事求是、深入实地了解人民群众最根本的需求和最关心的问题，积极主动为人民群众提供服务，实实在在解决人民群众关心的实际问题。党和国家依据人民群众生产生活实际，扎实推进保障和改善民生系列工作，健全覆盖全民、统筹城乡、公平统一、安全规范、可持续的多层次社会保障体系，强化基本公共服务，兜住兜牢基本民生保障底线，有效促进了社会公平、维护了社会稳定。比如 2023 年 4 月，中共中央政治局分析研究经济形势和经济工作时指出，"当前我国经济运行好转主要是恢复性的，内生动力还不强，需求仍然不

---

① 习近平.坚持运用辩证唯物主义世界观方法论 提高解决我国改革发展基本问题本领.人民日报，2015-01-25（1）.

足，经济转型升级面临新的阻力，推动高质量发展仍需要克服不少困难挑战"①。党中央在客观认知国际国内经济形势的基础上，以实事求是的态度提出了当前经济工作的总体要求，在保障和改善民生领域，要坚持就业优先，关注高校毕业生、农民工等重点群体就业，同时要求各级领导干部要带头大兴调查研究，奔着问题去，抓好安全生产、做好电力供应保障，巩固脱贫攻坚成果、做好粮食生产和农产品供应保障、全面推进乡村振兴，加强生态环境系统治理，切实帮助企业和基层解决困难。

（二）立足实践，从繁杂问题中把握事物的规律性

实践中的繁杂问题聚合了多层矛盾、多重关系，是矛盾的集中显现。面对繁杂问题，就要保持清醒的头脑，寻找突破口，通过条分缕析把握事物的规律性。在实践中，不仅"首先要有全局观，对各种矛盾做到心中有数"②，摸清情况、找准问题，"又要优先解决主要矛盾和矛盾的主要方面，以此带动其他矛盾的解决"③。只有深化实践，才能透过纷繁现象看到繁杂问题的本质，将问题系统化、简单化，真正把情况摸清楚、把问题弄准确，进而把握事物发展的规律。

我们党重视在实践中把握问题的演进规律。中国共产党是用马克思主义科学理论武装起来的无产阶级政党，是为人民谋幸福、

---

① 分析研究当前经济形势和经济工作 . 人民日报，2023-04-29（1）.

②③ 习近平 . 坚持运用辩证唯物主义世界观方法论 提高解决我国改革发展基本问题本领 . 人民日报，2015-01-25（1）.

全心全意为人民服务的先进政党，因此，中国共产党对各类危害党和国家发展、破坏党同人民群众的血肉联系的腐败问题零容忍，坚决查处各类政治问题与经济问题交织的腐败案件，把党风廉政建设和反腐败斗争提到关系党和国家生死存亡的高度来认识，放在突出位置常抓不懈。在党的十八大以来的反腐实践中，面对腐败行为种类多样、危害严重，反腐形势严峻复杂的状况，我们党始终坚持深入基层调查研究，深入群众掌握情况，在众多腐败案件追查审理过程中逐步摸清腐败问题发生的根源和规律，总结并揭示腐败问题的本质和底层逻辑，从而提出并推进了不敢腐、不能腐、不想腐的体制机制，强化制度建设和监督管理，综合施策、标本兼治，有效遏制了腐败之风，反腐败斗争取得压倒性胜利并全面巩固，党内政治生活呈现新的气象。

（三）深化实践，从苗头问题中发现事物的倾向性

社会实践中问题的形成不是一蹴而就的，一般具有产生、发展的过程。苗头问题往往处于潜在状态、尚未全部显现的阶段，对待苗头问题，应尽早发现、尽早处理。在具体实践中，应善于主动调查研究、积极掌握信息、认真分析研判、及时总结经验，在苗头问题中发现事物倾向性、趋势性，早发现、早介入、早处理。

我们党重视在实践中观察问题的未来趋势。党员干部作风建设是党的建设重大战略任务，是我们党的优良传统和政治优势。党员干部要保持清正廉明、坚决抵制贪污腐化，就必须坚

守拒腐防变的思想道德底线，保持强大的战略定力和坚定的决心意志，在日常生活和工作中不断提升党性修养，克服自身缺点和不足，注重防患未然、防微杜渐，杜绝苗头性问题。党的作风建设实践中的大量反面案例表明，党员干部走向腐败深渊往往是从苗头性问题开始的，小问题不注意导致思想上疏忽大意，思想上自我放任导致行为失范和职权滥用。因此，只有及时发现和解决党员干部作风上的苗头性问题，才能有效防止领导干部腐败变质。加强党员干部作风建设，就要从脱离群众、弱化自我约束、淡化民主集中制、主观主义、经验主义和"本本主义"等方面的苗头性问题入手，经常性开展党员干部批评和自我批评，慎独、慎初、慎微、慎行，使党员干部自觉规范言行举止，自觉抵制弱化党性的苗头问题。

（四）总结实践，从偶然问题中揭示事物的必然性

偶然意味着突然性、非经常性、非规范性、不确定性。社会实践中偶然性问题的出现既呈现着现实问题的复杂性、差异性，同时也考验着问题分析能力的科学性、系统性。面对偶然性问题，"要坚持用联系的发展的眼光看问题，增强战略性、系统性思维，分清本质和现象、主流和支流，既看存在问题又看其发展趋势，既看局部又看全局"[①]，以联系的眼光将偶然性问题放置在整体视域中，才能把握事物发展的总体趋势，从偶然性

---

① 习近平.在哲学社会科学工作座谈会上的讲话.人民日报，2016-05-19（2）.

问题中发现和揭示事物发展的必然性。

我们党重视在实践中揭示问题的必然联系。当今世界，百年未有之大变局加速演进，在世界经济发展和国际格局演变的关键时刻，世界各国如何共同应对人类社会问题，如何处理相互之间的国家关系，决定着当今世界格局的演变趋势和未来走向。2019 年 11 月，金砖国家领导人第十一次会晤在巴西举行，就金砖国家合作及共同关注的国际问题深入交换意见，达成广泛共识。习近平指出："金砖国家团结合作，顺应了人类社会发展和国际格局演变的趋势，看似偶然，但实属历史必然。金砖国家的发展壮大，带动了国际格局调整的速度、广度、深度，正在从根本上改变世界政治经济版图。"[①]在世界政治经济领域不稳定、不确定性因素明显上升的背景下，金砖国家本着战略伙伴关系精神，展现出强烈责任担当，共同商议国际事务、加强沟通协作，捍卫新兴国家和发展中国家共同利益，致力于维护国际公平正义，顺应了世界和平和发展大势。在看似偶然的国际关系交往中主动强调国家间合作共赢是顺应历史发展的必然趋势，为人类社会发展指明了方向，提供了确定性和信心。

① 习近平出席金砖国家领导人第十一次会晤并发表重要讲话.人民日报，2019-11-15（1）.

四、聚焦实践科学解决问题是目的

发现问题、分析问题，目的是解决问题。社会实践中的问题躲不过也绕不开，解决问题不仅要见思想，更要见行动。聚焦实践科学解决问题，必须强化责任担当，勇于触及矛盾，瞄着问题去、追着问题走，在实践中化解矛盾、破解难题，从理论和实践的结合上提出解决问题的新思路新理念新办法。

（一）深入实际、集合众智，对症下药、切中要害

深入实际了解情况、掌握实情、集合众智，是解决问题、科学决策的前提。人民群众是历史的创造者，在社会生产生活实践中积累了丰富的经验，党的政策方针好不好，各级领导干部执行得到不到位，人民最有发言权。习近平总书记指出，"调查研究是谋事之基、成事之道"①，各级领导干部必须时常"接地气"、"充充电"，把解决问题的思路和对策建立在对事情来龙去脉的调查研究、对问题前因后果的准确把握的基础之上，避免刻舟求剑、闭门造车，实现对症下药、切中要害。习近平总书记身体力行、率先垂范，本着求真务实、真抓实干的精神，不仅做到了"身"入基层，更做到了"心"到基层。在脱贫攻坚工作中，习近平总书记坚持访真贫、问真苦，怀着对人民群众的真情实感，进行了50多次调研，走遍14个集中连片特困地区，掌握一手调研资料，听取一线群众声音，不断完善扶贫思路和扶贫举措，提出了精准扶贫的重要理念。不仅主动提出解决问题的思路和办法，更将具体对策建议落到实处，有效解决了人民群众的贫困问题，真正做到了"调"以务实、"研"以致用。

---

① 中共中央文献研究室．习近平关于全面建成小康社会论述摘编．北京：中央文献出版社，2016：191.

（二）抓紧推进、提前部署，加强统筹谋划、强化顶层设计

解决实践问题要以战略思维看待事物的发展，从整体上统筹谋划、做出顶层设计。所谓战略就是要站在政治和全局的高度把握实践中存在的问题，从国家急迫需要和长远需求出发做出判断和决策，对那些能够快速突破、及时化解的问题要抓紧推进，对那些事关全局发展、长远发展的问题要提前部署，只有这样才能在危机中育先机、于变局中开新局，推动党和人民事业取得胜利。习近平总书记指出："我们是一个大党，领导的是一个大国，进行的是伟大的事业……要善于进行战略思维，善于从战略上看问题、想问题。"①在中国特色社会主义新时代，我们党坚持"十个指头弹钢琴"，谋划开展了一系列具有全局性、长远性的工作，面对宏伟壮阔的中国特色社会主义事业，提出统筹推进"五位一体"总体布局；立足我国新发展阶段的显著特征，提出了贯彻落实新发展理念、构建新发展格局的战略举措；针对当今世界和平与发展的问题，提出并推动构建人类命运共同体，应对世界共同问题。这一系列的顶层设计和规划部署，不仅是对我国新时代新问题的有效应对，而且为新时代各项工作全面有序推进提供了基础和保证。

---

① 习近平 . 更好把握和运用党的百年奋斗历史经验 . 求是，2022（13）.

（三）明确目标、抓住重点，补齐短板、堵塞漏洞、消除隐患

解决实践问题要以目标为导向，抓住问题重点，既要看到应该达到的目标和境界，又要反思现实存在的短板和问题。在解决问题时，"坚持目标导向和问题导向相统一"①，即在努力达成目标的过程中以目标为引领，抓重点、补短板、强弱项，解决克服各种现实问题；也要在不断补齐短板弱项中、解决克服问题中，对标目标，不断向着既定目标奋进前行。在我国全面建成小康社会的过程中，深度贫困问题是突出短板。党中央科学谋划和推进脱贫工作，瞄准扶持谁、谁来扶、怎么扶的问题，明确脱贫攻坚的目标任务，制定了精准扶贫方略。各级领导干部高度重视，全党上下快速行动，着力补齐短板、堵塞漏洞、消除隐患，在缺水的地方引水修渠，在交通不便的地区修路架桥，在不宜居住的地方实行易地搬迁，特殊贫困地区行路难、吃水难、用电难、通信难、上学难、就医难等突出问题得到历史性解决，既如期完成脱贫攻坚任务，全面建成小康社会，达成预期目标，又解决了贫困地区脱贫致贫的突出问题，使贫困地区经济社会发展速度明显加快。

---

① 中共中央文献研究室.十八大以来重要文献选编：中.北京：中央文献出版社，2016：775.

（四）层层压紧、上下互动，解决问题纵向到底、横向到边

　　解决问题的决策、方案制定后，贯彻落实环节做到层层压紧、环环相扣、上下互动，才能彻底查摆问题和解决问题。从方法论上看，一级抓一级、一级带着一级，形成责任具体、环环相扣的责任链，使每个问题的解决都纵向到底、横向到边，这是强化落实、破除形式主义的最好方法，也是避免解决问题时出现"盲区"，导致该开展的未开展、该落实的未落实。但是，层层落实不等于层层安排，如果只是将事情安排下去，一讲了之、一开会了之、一发文了之，而对于措施是否落实、落实效果如何、是否解决了问题等一概不管不问，便与形式主义、官僚主义无异，无法对解决问题起到实际作用。党的十八大以来，党中央在落实经济社会等各领域决策的过程中，坚持层层抓落实，构建起纵向到底、横向到边的领导体系，为各项工作决战决胜提供了有力保障，如在疫情防控中，构建起上下贯通、左右协调的疫情防控工作体系，确保各项决策部署从严从快、从严从细、从严从实，坚持以上率下、层层压实责任，有效推动了各级各项疫情防控工作落地落实，筑牢疫情防线、助推疫情防控工作取得了决定性胜利。

（五）内涵清楚、指向明确，整改举措实化细化、落地生根

解决实践中的问题要奔着问题去、盯着问题改，使每一条改革举措都内涵清楚、指向明确，易于落到实处，切实解决问题。习近平总书记指出，"真抓才能攻坚克难，实干才能梦想成真"①，真抓实干，注重落实，就必须发扬钉钉子精神，抓住问题的本质和规律，做到"钉准又钉牢"。对于牵一发动全身的具体事项、具体环节、关键细节要做到对症下药、靶向施策，有指向、有目标地提出务实举措；对提出的对策建议要实化细化、落地生根，做到有一项改一项，改一项成一项。求真务实的工作方法，为中国共产党人锻造了锐利的工作武器，成为解决问题的善策良方。乡村振兴战略是习近平总书记亲自谋划、亲自部署、亲自推动的国家重大发展战略，在巩固拓展脱贫攻坚成果同乡村振兴有效衔接的考核评估和整改工作中，要求各级领导干部提高政治站位，充分认清抓好整改落实的紧迫性、重要性，在全面推进乡村振兴过程中认真贯彻落实中央一号文件部署要求，抓好以乡村振兴为重心的"三农"各项工作，大力推进农业农村现代化，研究制定具有指导性、针对性的发展政策，将政策措施从严从紧、实化细化，对标农业强国扎实推进乡村发展、乡村建设、乡村治理等重点工作，为全面建设社会主义现代化国家打下了坚实基础。

---

① 习近平．习近平谈治国理政．北京：外文出版社，2014：48.

（六）正视问题、刀刃向内，由群众来评价、由实践来检验

解决问题，既要有正视问题的自觉，也要有刀刃向内、正视自身的勇气。所谓"今人有过，不喜人规，如讳疾而忌医，宁灭其身而无悟也"。问题要抓早抓小，更要及时解决，否则将会养痈成患，适得其反。中国共产党之所以历经磨难取得伟大成就，并不是不犯错误，而在于不讳疾忌医，既有正视问题的自觉，时常进行自我剖析，发现短板不足；也有刀刃向内的魄力，及时解决问题，不断寻求进步；更有交由实践检验的勇气，深入群众听取意见，由人民进行监督。新时代以来，党的自我革命任重而道远。面对党内存在影响党的先进性、纯洁性的问题，以习近平同志为核心的党中央将自我革命精神一以贯之，一方面坚持刀刃向内、刮骨疗毒，以踏石留印、抓铁有痕的劲头"打老虎""拍苍蝇"，坚定不移惩治腐败、肃清毒瘤；另一方面，强化党内监督和人民监督，充分发挥人民群众在反腐倡廉建设中的重要作用，形成科学有效的防错纠错机制，不仅净化了党内的政治生态，更维护了群众合法权益，让人民群众切身感受到风清气正的实际成效。

第十章

聚焦改革发展稳定存在的
深层次问题提出新理念
新思路新办法

习近平总书记指出："只有聆听时代的声音，回应时代的呼唤，认真研究解决重大而紧迫的问题，才能真正把握住历史脉络、找到发展规律，推动理论创新。"① 当前，我国改革发展稳定面临许多深层次问题，这成为中华民族实现伟大复兴的制约因素。只有立足于新时代广泛而深刻的社会变革，不断促进理论创新，为改革发展稳定提出新理念新思路新办法，才能给学术繁荣提供更为广阔的空间，为社会主义现代化建设实践根治"疑难杂症"，并不断拓展马克思主义中国化时代化的新境界。

---

① 习近平.在哲学社会科学工作座谈会上的讲话.人民日报，2016-05-19（2）.

一、改革发展稳定存在的问题倒逼理论创新

　　一定的文化是一定社会的政治和经济在观念形态上的反映，理论创新归根结底是由社会实践的需要所催生的。这就意味着，二者之间存在一个"问题倒逼"机制。改革开放以来波澜壮阔的历史是党不断推进实践基础上的理论创新的历史，而不断聚焦并回答改革发展稳定的"实践之问"，正是党不断取得重大理论成果、破解实践难题的重要动力。

（一）党聚焦改革发展稳定问题推进理论创新的历史逻辑

改革开放的进程在中国共产党回答不同时期改革、发展、稳定具体问题的过程中得到深化。改革开放之初，邓小平就曾揭示了改革、发展、稳定之间相互支撑、相互联系的辩证统一关系，提出著名的"改革也是解放生产力"①，"发展才是硬道理"②，以及"中国的问题，压倒一切的是需要稳定"③的论断。这就从理论上廓清了改革开放初期的一些重要问题，拨开了教条主义和一些错误方针带来的思想迷雾。在此基础上，我们党通过理论创新"破立并举"，对生产方式、交换方式、分配方式、所有制关系、城乡关系、高度集中的管理体制等方面的老问题和新矛盾做出时代解答，构成了邓小平理论中的重要内容。面对 20 世纪末错综复杂的改革发展稳定形势，江泽民强调，要以"我国改革开放和现代化建设的实际问题、以我们正在做的事情为中心"④，"用正确的理论去指导实际问题的解决"⑤。因此，聚焦新时期涌现的坚持完善基本经济制度与分配制度、促进区域协调发展、开展精神文明建设、推进法治建设等课题，我们党形成了一批具有时代性和创新性的理论成果，还在保证改革发

①　邓小平 . 邓小平文选：第 3 卷 . 北京：人民出版社，1993：370.

②　同① 377.

③　同① 284.

④　中共中央文献研究室 . 十五大以来重要文献选编：上 . 北京：人民出版社，2000：13.

⑤　江泽民 . 江泽民文选：第 3 卷 . 北京：人民出版社，2006：48.

展稳定的过程中进一步丰富了关于建设什么样的党、怎样建设党这一基本问题的回答。在新世纪改革持续深化的背景下，胡锦涛提出，"必须用改革精神认真研究新情况、解决新问题"①。基于此，我们党充分发挥理论创新的力量，提出了坚持科学发展观、建设社会主义新农村、构建社会主义和谐社会、建设社会主义核心价值体系等原创性观点，科学回答了实现什么样的发展和怎样发展的问题。总而言之，在聚焦改革发展稳定问题推进理论创新的过程中，中国共产党人为经济社会发展提供了新思路新观点新方法，形成了时代问题与理论创新之间的时空对话。

（二）新时代关于改革发展稳定问题的理论创新成果

问题是时代的声音。党的十八大以来，中国共产党勘定了中国特色社会主义新的历史方位，揭示了社会主要矛盾的转变，从战略高度研判了中国改革发展所处的"两个大局"，理性认识和分析了我国改革发展稳定存在的深层次问题，例如发展得不充分、不平衡问题，意识形态安全问题，科技创新能力不强问题，生态环境保护问题，反腐败斗争形势更加严峻的问题。在这些问题的倒逼之下，以习近平同志为核心的党中央围绕全面深化改革，"发展为了谁、发展依靠谁、发展成果由谁共享"，以及国家安全稳定等问题进行了系统、全面、深刻的阐发，形

---

① 胡锦涛.胡锦涛文选：第 1 卷.北京：人民出版社，2016：95.

成了许多原创性的理论成果，体现了中国共产党人对改革发展稳定的深层次问题和内在规律的充分把握。从广义上来说，习近平新时代中国特色社会主义思想中的"十个明确""十四个坚持"，都是将马克思主义基本原理同新时代改革发展实际相结合而产生的创新成果，回答的是新时代坚持和发展什么样的中国特色社会主义、怎样坚持和发展中国特色社会主义的问题。而在狭义上，习近平总书记也阐发了在保持社会稳定中实现改革发展以及通过改革发展促进社会稳定的辩证法，并对改革、发展、稳定各方面存在的问题进行了精辟的分析。具体来看，习近平总书记提出了包含"以治理现代化为愿景的改革目标论，坚守社会主义方向的改革定向论，以'两个是否'为尺度的改革标准论，注重整体协同的改革系统论……党领导改革的领导力量论"等维度的全面深化改革新论断新要求①；形成了以人民为中心的发展思想，并围绕"高质量发展"的议题，提出人与自然和谐共生、城乡融合发展等新思想新战略，构建了教育强国、科技强国、交通强国、网络强国等发展目标；保持"安而不忘危"的战略敏锐性，强调坚持总体国家安全观，综合研判"大变局"中的危与机，并对防范化解风险危机、维护群众合法权益、强化法律意识等事关社会稳定的重要问题进行理论探索。总体而言，这些理论创新成果为应对和破解新时代改革发展稳定存在的深层次问题提供了重要的实践指南和原则遵循。

---

① 陈曙光.习近平改革思想论纲.理论视野，2018（8）：18.

二、新时代聚焦改革发展稳定深层次问题推进理论创新的逻辑理路

习近平总书记在哲学社会科学工作座谈会上指出，在一定程度上，"理论创新的过程就是发现问题、筛选问题、研究问题、解决问题的过程"①。聚焦新时代改革发展稳定中的深层次问题提出新理念新思路新办法，需要在逻辑上经历一个完整的发现、筛选、研究、解决问题的过程。

---

① 习近平.在哲学社会科学工作座谈会上的讲话.人民日报，2016-05-19（2）.

（一）发现问题：改革发展稳定中的突出问题和明显短板

发现改革发展稳定中存在的深层次问题，是坚持问题导向、推进理论创新的逻辑起点。事实上，发现问题甚至比解决问题更为重要。新时代，改革进入深水区，各种新问题层出不穷。与此同时，在各种错综复杂的利益关系下，改革发展稳定中的问题和短板更加多样、深层、隐蔽，有些尚处于萌芽状态，有些潜藏在表象之下，对其进行发现、识别、预见，并不总是十分容易的。因此，发现改革发展稳定中的问题，需要具备透过现象看本质的能力和善于归纳演绎的抽象思维。当前，发现改革发展稳定中存在的深层次问题，首先要善于深入到人民群众的生活实践中"找问题"。新时代改革发展实践是生动鲜活而不存在模板或教科书的，因此，坚持以人民为中心，从人民群众的真实生活出发，而不是从理论假设和概念演绎出发，有利于破除理论创新时的教条主义和本本主义，使理论成果更有生命力。此外，问题是事物矛盾的表现形式，我们要善于在各种矛盾关系中抽丝剥茧。一方面，要从生产力和生产关系、经济基础和上层建筑之间的矛盾运动规律中把握新时代改革发展稳定的新动向，发现其中彼此不相适应的内容；另一方面，要从理论和实践之间存在的矛盾中发现问题，搞清楚到底是理论滞后于改革发展实际还是当前贯彻理论指导的实践条件不具备①。值得注意的是，在这个过程中，我们要主动找寻一些具有独特性的问题。"简单的移植和类比很难发现问题的独特性"②，故而发现改革发展稳定中深层次问题的过程应该是根植于新时代我国现实国情和改革发展的新情况来捕捉具体的、特殊的、相异的问题的过程。

（二）筛选问题：改革发展稳定中的热点重点与难点疑点

新时代改革发展稳定面对着形形色色的问题，但并非所有在实践中发现的问题都具有同样的价值和作用。如果不分轻重缓急，笼而统之地将其纳入研究分析的视野之中，将会使党的理论创新以及现实问题的解决缺乏重点与突破口。质言之，改革发展稳定中存在问题的多元化、多维度、多层次特征以及从事理论创新的时间与精力有限性决定了筛选问题的必要性。具体来看，一是在已发现的问题里筛选出"关键问题"。所谓"关键问题"，也就是主要矛盾和矛盾的主要方面。这要求我们超脱于繁杂的理论观点与争论，把握住改革发展稳定中不同环节、不同方面的核心制约因素，进而牵住事物发展的"牛鼻子"，集中精力，有的放矢地解决问题③。二是筛选和把握住一些明显的、

① 陈锡喜．论马克思主义理论创新中坚持问题导向的科学路径．思想理论教育，2017（6）：4-9．
② 刘守英，熊雪锋．坚持问题导向的中国经济理论创新．中国社会科学，2022（10）．
③ 刘建军，王慧敏．论坚持问题导向的思想方法和工作方法．理论月刊，2021（7）：13-21．

直接的"热点问题"和"重点问题"。改革发展稳定事关现代化建设全局和人民群众的切身利益，其中涌现出的热点问题已然表明了多元主体对于某些问题的特殊关注，因而回应这些问题是理论创新的题中应有之义。但是，理论创新不能完全被热度牵着鼻子走，而应注意辨别当下的社会热点是否确实包含重大的理论问题，是否有启动研究的必要性。三是从新时代改革发展稳定相关的理论研究和社会问题中筛选出最为复杂和深层次的"疑难杂症"。这些问题，就是指那些以前尚未涉及或未予以充分解答的、值得提升到理论层面进行深入探讨的问题。当前，改革发展稳定面临着体制性、结构性的矛盾、风险和问题，将这些难点、疑点从林林总总的问题中筛选出来并予以攻克，有利于避免低水平重复研究，促使理论创新取得突破性进展，并找到破解改革发展稳定问题的"核心密码"。

（三）研究问题：改革发展稳定深层次问题的性质与原因

研究、分析问题是坚持问题导向的核心环节。对改革发展稳定深层次问题的性质及其内在原因进行的剖析，在本质上反映着我们对新时代改革发展稳定规律的认识和把握程度，在实践中关系到解决问题时方式方法的选择与最终效果的达成。新时代，研究好改革发展中存在的深层次问题，至少应把握三个要点。第一，坚持具体问题具体分析。在不同时期，我国改革发展稳定面临着不同的外部环境，遭遇着不同的国内外风险和挑战，并容易受到特殊事件的影响，体现出动态性和不确定性。

因此，研究新时代改革发展稳定中存在的深层次问题，既要把握一脉相承的历史逻辑，也要从新时代的历史方位和改革发展的时代进程出发，根植现实挖掘问题根源，避免做出过时的、悬浮的、抽象的、空洞的判断。第二，坚持全面、客观、辩证的分析眼光。列宁曾经指出："应当记住一个原则：在社会科学中（也象在一般科学中一样），所研究的是大量的现象，而不是个别的事件。"[①]改革发展稳定事关现代化建设与民族复兴全局，只有从整体、全局、战略上来研究问题，才能够深刻认识其中的逻辑关联，充分占有全面的资料，辩证客观地看待有利因素和不利因素，进而得出可靠的结论，避免一叶障目。第三，精准、透彻、创造性地分析问题。能否清晰透彻地分析问题取决于理论研究的能力。当前，我国改革发展稳定展现出新特点、新形势、新问题，要想洞察其背后的规律以及准确揭示其中蕴含的机理，并根据深刻的学理分析找到突破口，需要不断加强学习，提升应对复杂问题的素养，增强把握问题实质的能力，不断创新破解理论难题的方法，避免蜻蜓点水和隔靴搔痒。

（四）解决问题：改革发展稳定深层次问题的趋势与应对

正如马克思所说："哲学家们只是用不同的方式解释世界，而问题在于改变世界。"[②]理论创新并不是为了创新而创新，无论

---

① 列宁.列宁全集：第 21 卷.北京：人民出版社，1959：221.
② 马克思，恩格斯.马克思恩格斯选集：第 1 卷.3 版.北京：人民出版社，2012：140.

是发现问题、筛选问题还是研究问题，共同指向的都是要解决改革发展稳定中存在的深层次问题。毋庸置疑，改革发展稳定是学术研究的重点和热点，但中国共产党推进理论创新的目的不是让理论束之高阁，而是要提出应对新时代改革发展稳定问题的新思路新观点新方法。因此，要避免纯粹科学化、理论化的倾向，以实用为导向，使理论创新成果能够向实践顺利转化、同实践深度结合。基于此，聚焦改革发展稳定中存在的深层次问题推进理论创新，需要以对新时代中国问题的有效、长期、根本性的解决为导向，不仅为解决现存的问题出谋划策，还要努力总结出新时代改革发展稳定问题的演进规律，澄清某些理论上的误解，揭示未来发展趋势，为改革发展稳定大局带来重要的启示。与此同时，正如习近平总书记所提出的：“解决好民族性问题，就有更强能力去解决世界性问题；把中国实践总结好，就有更强能力为解决世界性问题提供思路和办法。”①聚焦改革发展稳定中存在的深层次问题推进理论创新，还要主动回应世界上不同国家面对的共同问题，为其他发展中国家推进改革、实现发展并保持社会稳定提供方法论启示，体现更多的中国智慧和中国价值。

---

①　习近平.在哲学社会科学工作座谈会上的讲话.人民日报，2016-05-19（2）.

三、新时代聚焦改革发展稳定深层次问题推进理论创新的基本原则

认识、分析、研究新时代改革发展稳定中存在的深层次问题，要运用科学的思想方法和工作方法，遵循理论和实践相结合的原则，在不断把握规律、破解难题的过程中取得更多的理论创新成果。

（一）坚持科学思维，善于把握规律

习近平总书记提出："我们要……不断提高战略思维、历史思维、辩证思维、系统思维、创新思维、法治思维、底线思维能力，为前瞻性思考、全局性谋划、整体性推进党和国家各项事业提供科学思想方法。"① 科学思维方法是马克思主义立场观点方法的鲜明体现，为新时代聚焦改革发展稳定中存在的深层次问题推进理论创新提出了原则性要求。改革发展稳定是事关战略、全局、宏观、长远的问题，因此，在推进理论创新时最为首要的是要树立统揽全局、高瞻远瞩的战略思维，立足"两个大局"，敏锐地研判国内国际的发展形势，从战略高度来准确认识、分析改革发展稳定中的重大理论问题，厘清改革发展过程中盘根错节的利益关系，通过理论研究增强对局势的预见性，为做出科学决策提供重要理论依据。此外，聚焦改革发展稳定中存在的深层次问题推进理论创新，还要树立尊重历史、面向未来的历史思维，将新时代改革发展稳定置于大历史观的视野下，而不是将其视为一时一地的问题，在坚持唯物史观、遵循历史规律的过程中理解改革发展稳定的内在逻辑与运作机理，把握其中的"变"与"不变"，从而把握历史主动，抓住历史变革时机；坚持辩证思维，运用动态、发展、全面的观点正确看

---

① 习近平.高举中国特色社会主义伟大旗帜 为全面建设社会主义现代化国家而团结奋斗：在中国共产党第二十次全国代表大会上的报告.人民日报，2022-10-26（1）.

待新时代改革发展稳定之中各种深刻复杂的矛盾，在理论研究中运用好矛盾转化的辩证法，处理好改革发展与社会稳定、发展速度和发展质量、物质文明和精神文明、经济发展与环境保护之间的关系；树立系统思维，在理论创新中处理好改革发展稳定中要素与全局、要素与要素之间的联系和作用①，破解改革发展结构性失衡的问题，为增强经济社会发展的整体效能和各部门的协调性、联动性提供智慧供给；树立防患未然、驾驭风险的底线思维，坚持实事求是的理论创新姿态，明晰改革发展稳定各环节的边界与底线，居安思危，提前布局，重点分析研究改革发展稳定中存在的"那些可能迟滞或中断中华民族伟大复兴进程的全局性风险"，通过推进理论创新完善应对改革发展稳定中各种越来越难以预料的风险挑战的对策，在危机中育新机。

（二）开展调查研究，勇于直面难题

毛泽东提出，"没有调查就没有发言权"②。开展调查研究是中国共产党了解中国实际和掌握中国特点的重要法宝，改革开放以来中国共产党推进马克思主义基本原理同中国具体实际相结合、同中华优秀传统文化相结合的过程也都离不开通过调查

---

① 秦书生，李瑞芳.论习近平经济思想中的科学思维.经济学家，2022（6）：28-38.
② 毛泽东.毛泽东选集：第3卷.2版.北京：人民出版社，1991：802.

研究对世情、国情、党情的把握①。新时代改革发展稳定各项工作都是动态发展着的、生动的实践活动，改革发展稳定问题的复杂性、内容的广泛性以及形势的变动性共同决定了只有在充分的调查研究基础上，才能掌握最为真实的情况、得出最为深刻的结论。例如，习近平总书记就在新时代脱贫攻坚的过程中，通过"7次座谈会，50多次调研，走遍14个特困地区"不断更新理论、调整政策，为实现脱贫攻坚伟大胜利提供了重要的理论指南。聚焦新时代改革发展稳定中存在的深层次问题推进理论创新，要抓好深入基层调查研究这个关键环节。具体来看，一要有正视各类问题的勇气。不回避改革发展中各种尖锐的矛盾，坚持一切从实际出发，以正在做的事情为中心，围绕改革发展稳定中的重大战略问题、重要工作领域、重点关注对象，把握改革发展稳定工作的客观要求和演进趋势。二是构建完整的调查研究工作路径。在改革发展稳定工作中，初次调查有时便能够解决一些问题，初次调查解决不了的深层次问题就需要进行更为深度的理论分析②，而调查研究后产生的理论分析成果和依据理论成果制定的方针政策最终还是要落实到基层推广之上，这就形成了一个通畅的理论创新与实践相结合的逻辑理路。在此基础之上，推进理论创新还依托于良好得当的调查研究方法、能力和作风。对此，习近平总书记提出了诸多方法论要

---

① 贺新元.中国共产党理论创新的基本历史经验.广西社会科学，2020（9）：13-18.

② 聂瑞筠，朱小理.习近平关于调查研究重要论述的核心要义.江西财经大学学报，2022（6）：3-12.

求，例如"深入实际摸清真实情况，集合众智提出解决办法"①；"放下架子、扑下身子，接地气、通下情"②；"解剖麻雀，发现典型"③；调查研究是"理论与实践相结合的对策性应用研究，必须强调'研以致用'"④。这些都为通过调查研究促进改革发展稳定工作理论创新提供了重要指引。

（三）丰富分析方法，精于理论创新

习近平总书记指出："当代中国的伟大社会变革，不是简单延续我国历史文化的母版，不是简单套用马克思主义经典作家设想的模板，不是其他国家社会主义实践的再版，也不是国外现代化发展的翻版，不可能找到现成的教科书。"⑤因此，要想解决改革发展稳定中的深层次问题，"一切刻舟求剑、照猫画虎、生搬硬套、依样画葫芦的做法都是无济于事的"⑥，必须要能够提出具有主体性、原创性、专业性的理论观点，体现出鲜明的中国特色，树立鲜明的理论自信和理论自觉。基于此，一方面，要综合运用研究分析的资源、方法和工具。马克思主义理论、国外社会科学研究资源、中华优秀传统文化中的智慧都

---

① 习近平.在庆祝中国人民政治协商会议成立 65 周年大会上的讲话.人民日报，2014-09-22（2）.

②③ 在常学常新中加强理论修养 在知行合一中主动担当作为.人民日报，2019-03-02（1）.

④ 习近平.干在实处 走在前列：推进浙江新发展的思考与实践.北京：中共中央党校出版社，2006：538.

⑤⑥ 习近平.在哲学社会科学工作座谈会上的讲话.人民日报，2016-05-19（2）.

是新时代聚焦改革发展稳定中的深层次问题推进理论创新的重要基础。但是，在对改革发展稳定中的深层次问题进行分析时，既不能一味依赖国外的理论工具，用西方现代化理论等分析范式剪裁中国改革发展稳定的实际；也不能一味强调中国问题的特殊性，排斥其他国家的学术研究成果。事实上，我们要保持"以我为主""为我所用"的姿态，在比较、对照、批判、吸收、升华的基础上，将对实践问题的解决建立在中国特色自主知识体系之上。另一方面，增强将重大理论问题提炼形成原创理论的能力①。新时代我国改革发展稳定工作取得了许多成就，也面临着许多困难，许多内容都并非西方理论所能够解释的。我们恰恰可以以此为突破口，从中国的具体国情出发，加强对政治、经济、文化、社会、生态文明等方面改革发展经验的系统总结，提炼创造一些新概念、新范畴、新表述，为解决改革发展稳定中的深层次问题提供新思路，形成一批具有独创性的研究成果，增强对于新时代中国问题的解释力。

---

① 刘守英，熊雪锋.坚持问题导向的中国经济理论创新.中国社会科学，2022（10）.

四、回答好新时代改革发展稳定面临的重大理论课题

　　党的二十大报告深刻揭示了我国改革发展稳定面临的严峻形势，即"我国改革发展稳定面临不少深层次矛盾躲不开、绕不过"，同时，"我国发展进入战略机遇和风险挑战并存、不确定难预料因素增多的时期"①。面对新时代改革发展稳定的系列重大理论问题，我们需要从实践中不断挖掘新材料、发现新问题、提出新

---

　　① 习近平 . 高举中国特色社会主义伟大旗帜 为全面建设社会主义现代化国家而团结奋斗：在中国共产党第二十次全国代表大会上的报告 . 人民日报，2022-10-26（1）.

观点、构建新理论，更加科学地回答好新时代的"实践之问"。

（一）增强对深化改革开放的学理性阐释

习近平总书记在党的二十大报告中提出了前进道路上需要牢牢把握的五个原则，其中第四个就是"坚持深化改革开放"。新时代，只有坚持以马克思主义及其中国化的创新理论为指导，继续深化改革开放，着力破解深层次体制机制障碍，才能不断彰显中国特色社会主义制度优势，不断增强社会主义现代化建设的动力和活力。当前，关于新时代深化改革开放，还有一些理论和实践问题的解决需要诉诸学理化阐释与学术化表达。一是有一些深层次的实践问题有待揭示。例如，在新时代哪些能改、哪些不能改，哪些现在要改、哪些改的时机还不够成熟，都必须通过学理性和政治性考虑相结合来具体问题具体分析；关于深化改革开放的历史方位、目标任务、价值立场、方式方法，都要通过充分的研究做出清晰、严谨的判断。二是在对待改革开放的历史经验和现实实践时还有一些错误言论有待澄清。例如，一部分西化派经济学家别有用心地将中国改革开放的巨大成就说成是西方经济学和新自由主义的胜利，"所有制中性"和将"两个毫不动摇"变为"一个毫不动摇"的论调不绝于耳[①]。对于这些言论，必须要通过有理有据的学术论证进行批判与反驳。三是一些关于改革发展的观点论争有待规范。例如，

① 程恩富.深化改革开放必须坚持以马克思主义及其中国化的创新理论为指导.当代经济研究，2019（1）：12-14.

对于市场经济"姓资姓社"的争论时不时会卷土重来，关于割裂政府与市场之间关系的观点也不鲜见。对此，只有开展扎实严密的理论工作，才能以更为有力的新思想新观点新方法凝聚共识。除此之外，新时代深化改革开放还面临着大量亟待解决的重大课题，这些重大课题都对推进理论创新提出了迫切要求。

（二）对高质量发展进行政治经济学分析

习近平总书记提出："高质量发展是全面建设社会主义现代化国家的首要任务。"① 当前，我国经济已由高速增长阶段转向高质量发展阶段。在新发展阶段贯彻新发展理念、构建新发展格局，是我国在新的历史方位下适应社会矛盾转化的必然选择，是在"两个大局"之下全面建设社会主义现代化国家的战略抉择。然而，由于原有的适应高速增长阶段的体制机制很难继续支撑高质量发展，我国实现高质量发展还面临着结构性失衡等制约因素。例如，我国产品和服务的质量有待提升、自主创新能力有待增强、区域协同发展有待深化、发展的可持续性有待提高。这些问题并不是突然产生的，而是过去的生产方式积累下的结果。因此，通过理论创新直面并努力破解这些问题，是顺利完成发展阶段过渡的不能回避、不能跳过的任务。从中国特色社会主义政治经济学的原理和方法论出发，在中国式现代

---

① 习近平.高举中国特色社会主义伟大旗帜 为全面建设社会主义现代化国家而团结奋斗：在中国共产党第二十次全国代表大会上的报告.人民日报，2022-10-26（1）.

化的语境下科学地阐释"高质量发展"的内涵、特征、意义，理解新发展阶段、新发展格局、新发展理念的内在逻辑和核心意蕴，构建关于新时代高质量发展的科学、客观、全面的评价体系，探索开展供给侧结构性改革、提升自主创新能力、促进产业升级的新路径，研究提出实现高水平对外开放、构建国内国际"双循环"、促进生产要素自由流动和资源优化配置的新方法……这些命题，都是理论创新的重点和难点。

（三）探索实施科教兴国战略的实践进路

当前，我们正处于世界新一轮科技革命和产业变革同我国转变发展方式的历史性交汇期，既面临着"弯道超车"的机遇，也面临着同发达国家差距进一步拉大的风险。实施科教兴国战略，是对改革开放以来我国科技、教育事业发展经验的继承，也是顺应深化改革开放、实现高质量发展、建设创新型国家、应对综合国力竞争之需要的必然选择。正因如此，党的二十大报告提出，"教育、科技、人才是全面建设社会主义现代化国家的基础性、战略性支撑"[①]，并强调通过实施科教兴国战略为社会主义现代化建设提供人才支撑。当前，从理论逻辑上揭示教育、科技、人才三要素之间的紧密关系以及教育强国、科技强国、人才强国战略目标的耦合性，有利于更好地理解科教兴国战略在

---

① 习近平.高举中国特色社会主义伟大旗帜 为全面建设社会主义现代化国家而团结奋斗：在中国共产党第二十次全国代表大会上的报告.人民日报，2022-10-26（1）.

新时代改革发展中的重要意义；围绕自主创新能力提升，从理论层面廓清推进基础研究、增强原始创新能力、掌握重大关键技术、攻克"卡脖子"难题的一些基本问题，有利于为解决改革发展稳定中的深层次问题提供突破口；不断通过理论建构与理论创新来提出更加具有现代化色彩的教育理念，有利于服务立德树人根本任务，为改革发展稳定工作奠定坚实的人才和人力资源基础；通过理论与实践相结合来探索发挥教育、科技、人才工作体制机制整体效能的路径，有利于实现对多种要素的系统性整合，激发科教体系的发展活力。

（四）提出维护意识形态安全的创新思路

意识形态安全是总体国家安全的重要组成部分，是事关改革发展稳定的重要环节。在世界百年未有之大变局之下，习近平总书记做出了"意识形态领域的斗争十分激烈"[①]的判断，指出"国内外各种敌对势力，总是企图让我们党改旗易帜、改名换姓"[②]。在外部环境上，资本主义与社会主义两种制度仍然上演着没有硝烟的争夺与较量，各种颠覆破坏活动愈发猖狂，意识形态渗透与"和平演变"的手段愈发具有隐蔽性、欺骗性。在内部环境上，我国思想文化领域中也出现了多元思潮相互交织、相互竞争的局面，历史虚无主义、新自由主义等思潮甚嚣尘上，

---

① 中共中央文献研究室. 十八大以来重要文献选编：上. 北京：中央文献出版社，2014：113.

② 习近平. 习近平谈治国理政：第 2 卷. 北京：外文出版社，2017：327.

更有敌对势力借助现代信息技术在日益去中心化的网络空间中进行情绪煽动、制造舆论事端、败坏国家形象。此外，党内的不良政治文化也在一定程度上增添了意识形态领域的不稳定、不安全因素[①]。面对意识形态领域的根本性、全局性转变，我们有必要聚焦新情况，从理论层面进行科学研判，综合分析意识形态领域面临的多重风险和挑战，促进从危到机的转化；构建意识形态安全的体系与理论模型，把握影响当前国家意识形态安全的关键因素，系统探讨维护意识形态安全的工作路径，明确新时代意识形态工作的实践原则；围绕意识形态安全的内容建设、体制机制、防控策略、宣传路径等具体问题提出新思路新方法，更好地构建起国家意识形态安全的屏障。

（五）研究防范化解其他重大风险的工作方法

党的二十大报告提出："全党必须坚定信心、锐意进取，主动识变应变求变，主动防范化解风险，不断夺取全面建设社会主义现代化国家新胜利！"[②]保持忧患意识、注重防范化解重大风险，是中国共产党实现稳固执政的重要前提，也是顺利实现中华民族伟大复兴的重要条件。进入新时代，防范化解重大风险既是一个理论问题，也是一个实践问题。当前，我国还面临

[①] 段光鹏，王向明.新时代国家意识形态安全面临的风险与防范.社会科学家，2021（12）：54-59.

[②] 习近平.高举中国特色社会主义伟大旗帜 为全面建设社会主义现代化国家而团结奋斗：在中国共产党第二十次全国代表大会上的报告.人民日报，2022-10-26（1）.

着来自政治、经济、社会以及自然界的各种风险和挑战。对此，习近平总书记指出："既要有防范风险的先手，也要有应对和化解风险挑战的高招；既要打好防范和抵御风险的有准备之战，也要打好化险为夷、转危为机的战略主动战。"①这里所谓的"先手""高招""准备"，都是开展实践前的关键关节，都需要借助理论创新的力量。事实上，新时代的各类风险十分复杂而且处于动态变化之中，有些是全局性的，有些是局部性的，有些是暂时性的，有些是长期性的，不可能存在以不变应万变或以逸待劳的方法。因此，要想做到有的放矢、循因施策，就需要我们基于马克思主义的立场观点方法，具体问题具体分析，理性、客观、全面地研究风险的类型、特点，通过深入的理论建构条分缕析，还原各类风险的本来面目，从而把握各类风险的性质和发展趋势。在此基础上，我们还要借助各类理论工具，整合现有的各类资源，不断提出关于防范化解新时代重大风险的创新思路。

---

① 习近平．提高防控能力着力防范化解重大风险 保持经济持续健康发展社会大局稳定．人民日报，2019-01-22（1）．

第十一章

聚焦人民群众急难愁盼
问题提出新理念新思路
新办法

党的十八大以来，我国社会主要矛盾转化为人民日益增长的美好生活需要和不平衡不充分的发展之间的矛盾，实现人民对美好生活的向往成为中国共产党人的奋斗目标。守初心、担使命，就是要在持续推动解决群众身边急难愁盼问题上下功夫，以新理念新思路新办法解决人民群众身边各类急难愁盼问题，让广大人民群众的获得感、幸福感、安全感更加充实、更有保障、更可持续。

一、人民群众急难愁盼问题的具体表现

解决好人民群众的急难愁盼问题，是习近平总书记反复强调的大事。这要求我们首先必须清醒认识到人民群众急难愁盼问题的具体表现。党的二十大报告指出，"城乡区域发展和收入分配差距仍然较大；群众在就业、教育、医疗、托育、养老、住房等方面面临不少难题"[1]，与此同时，人民对美好生活的向往更加强烈，在民主、法治、公平、正义、安全、环境等方面的要求日益增长。

---

[1] 习近平.高举中国特色社会主义伟大旗帜 为全面建设社会主义现代化国家而团结奋斗：在中国共产党第二十次全国代表大会上的报告.人民日报，2022-10-26（1）.

（一）收入分配差距仍然较大

我国建立了社会主义市场经济体制，并将其上升为基本经济制度。同时，收入分配制度改革持续推进，有力地促进了经济发展和居民收入提高，收入分配结构不断优化，中等收入群体规模持续扩大。但同时必须看到，由于我国各类要素参与分配格局有待完善，城乡、区域、不同行业间、不同群体间收入差距仍客观存在，收入分配领域不平衡、不充分等问题仍较突出。一是居民收入增速趋缓。受疫情影响，2022 年全国居民人均可支配收入实际增长 2.9%[①]，略慢于同期 GDP 增速。受到疫情冲击的中小企业等尚未完全恢复，不仅放缓了收入增长速度，而且进一步拉大了已有收入分配差距。二是居民收入差距仍然较大，城乡之间的收入差距表现得最为突出。随着脱贫攻坚各项政策和乡村振兴战略的纵深推进，农村居民人均可支配收入增速持续快于城镇居民，城乡之间的居民收入相对差距持续缩小，但绝对差距逐步扩大。城乡居民收入绝对差距自 2008 年突破 1 万元后，到 2022 年扩大至近 3 万元[②]，财产性收入差距扩大成为城乡居民收入绝对差距扩大的重要因素。三是分配体制机制有待健全。劳动报酬在初次分配中所占的比重有待提高，税收、社会保障、转移支付等再分配调节力度和精准性有待提高，第三次分配所发挥的作用比较有限。

---

① 中华人民共和国 2022 年国民经济和社会发展统计公报.
② 2022 年居民收入和消费支出情况. 新华网，2023-01-17.

（二）就业促进机制有待完善

"就业是最基本的民生。"[1] 党的十八大以来，以习近平同志为核心的党中央始终把就业摆在优先位置，推动我国就业工作取得了历史性重要成就，使我国就业局势保持总体稳定，实现了相对比较充分的就业，为经济发展、民生改善提供了重要支撑。但同时我国也面临着一些挑战和风险：一是就业需求向城镇集中，就业总量矛盾仍然存在，到 2025 年我国劳动年龄人口和劳动力数量将分别维持在约 8.7 亿、8.03 亿的高位[2]。二是人口老龄化加速，劳动年龄人口的数量和占总人口比重将持续下降，平均年龄不断提高，大龄劳动人口数量和所占比例持续上升，劳动力市场活力不足，劳动力供给面临冲击。三是劳动者技能水平有待提高，技术技能用工需求加速释放，结构性就业矛盾更加突出。四是部分劳动制度、就业服务与人民日益增长的美好生活需要存在不匹配问题，就业政策体系仍需完善，就业服务水平亟待提升，"进城"和"下乡"人群的薪资保障、权益维护、公共服务等方面需要加快推进。

---

[1] 习近平 . 高举中国特色社会主义伟大旗帜 为全面建设社会主义现代化国家而团结奋斗：在中国共产党第二十次全国代表大会上的报告 . 人民日报，2022-10-26（1）.

[2] 国家发展和改革委员会 .《中华人民共和国国民经济和社会发展第十四个五年规划和 2035 年远景目标纲要》辅导读本 . 北京：人民出版社，2021：408.

（三）社会保障体系仍需健全

　　"社会保障体系是人民生活的安全网和社会运行的稳定器。"[①]新时代十年来，我国社会保障工作坚持"全民覆盖、保障适度、权责明晰、运行高效"的原则，社会保障覆盖面持续扩大，保障水平稳步提高，制度改革持续推进，各项工作取得了显著成效。但在新的发展形势下，社会保障体系自身存在的多方面问题逐渐显现：一是受人口老龄化加速、人口负担系数提升等因素影响，城镇职工养老保险面临较大财政压力，社会保险基金收支平衡压力持续加大。二是职工社会保险覆盖率低，养老、医疗、失业等社会保险项目分城乡或群体组织实施，碎片化特征明显，不同群体之间的保障水平、社保待遇仍存在较大差距。三是多层次社会保障体系发展滞后，应充分发挥多方合力的保障项目主要由政府承担，市场和社会作用发挥有限。四是社会救助体系的危机预警和快速反应机制有待健全，妇女儿童以及残疾人的合法权益尚未得到有效保障。五是房地产行业定位失之偏颇，保障性住房供给不足，尚未满足人民群众对居住条件、环境和服务的美好需要。

[①]　习近平.高举中国特色社会主义伟大旗帜 为全面建设社会主义现代化国家而团结奋斗：在中国共产党第二十次全国代表大会上的报告.人民日报，2022-10-26（1）.

（四）健康中国建设亟待加强

"人民健康是民族昌盛和国家强盛的重要标志。"[1] 党的十八大以来，以习近平同志为核心的党中央始终把保障人民健康放在优先发展的战略地位，坚定实施健康中国战略，推动卫生健康事业取得新的发展成就，在抗击新冠疫情中发挥了重要作用，经受住了重大考验。但同时也暴露出一系列问题：一是生育、养育、教育成本过高导致适婚青年结婚率低、育龄家庭生育意愿偏低，难以应对人口老龄化加速带来的养老负担，老龄化、少子化、不婚化使人口结构日趋不合理，阻碍经济社会的可持续发展。二是由于区域间经济发展不平衡、城乡间收入分配有差距，造成了区域间、城乡间医疗资源差距扩大，发达地区、大中型城市医疗资源配置充分甚至过剩，西部地区、小城镇及农村地区人口众多，但医疗资源相对匮乏。优质医疗资源总体上发展不充分、分布不均衡，这是导致很多患者跨区域就医、增加医疗成本的主要原因之一。三是社会上对心理健康的重要性认知率较低，对心理健康服务的有效性、专业性认识不够，忽视心理因素对健康的影响，歧视心理行为问题人群和精神障碍患者的情况仍较为普遍，心理行为问题人群等缺乏主动就医意识。四是公共卫生应急机制有待健全，应对突发性公共

---

① 习近平．高举中国特色社会主义伟大旗帜 为全面建设社会主义现代化国家而团结奋斗：在中国共产党第二十次全国代表大会上的报告．人民日报，2022-10-26（1）．

卫生危机事件的能力亟待加强，重大疫情防控救治体系有待健全，基本公共卫生服务能力不强。

（五）美好政治生活诉求亟需满足

随着中国特色社会主义进入新时代，美好生活成为全体人民的共同追求，人民的美好生活需要日益广泛，人民"不仅对物质文化生活提出了更高要求，而且在民主、法治、公平、正义、安全、环境等方面的要求日益增长"①。美好生活作为将要实现的更高层次、更高要求的生活样态，蕴含着人民对更加公平、更加和谐的政治生活的追求。在民主法治方面，既存在着人民群众民主意识淡薄、民主能力较低的问题，又存在着人民的期盼、希望和诉求没地方说、说了没人听、听了没反馈的问题，尚不能确保人民当家作主真实、可感。民主只有在法治的轨道上才能有序推进。科学完备的法律制度、全面系统的法治体系、公平正义的法治环境等是新时代人民对美好法治社会的追寻，但当前仍存在着具体法律制度不健全、法治体系不完善等问题。在公平正义方面，人民期待能够在政治权利、司法与执法、收入分配、社会保障等方面获得社会公平正义感，但当前仍存在公平与正义相互割裂的情况，过于强调规则平等而忽视了价值平等，尚未达到"让人民群众在每一个司法案件中都

---

① 习近平.决胜全面建成小康社会 夺取新时代中国特色社会主义伟大胜利:在中国共产党第十九次全国代表大会上的报告.人民日报，2017-10-28（1）.

感受到公平正义"[①]的理想目标。在安全环境方面，环境优美、国家安全是人民美好生活需要的应有之义。目前我国生态环境保护依然面临着不少问题和挑战，存在着生态产品供应不足、居住环境绿地面积少等问题。国家安全是发展的前提和基础，当前传统安全问题与非传统安全问题交织错乱、相互影响、相互转化，导致国与国之间的关系紧张，在一定程度上制约着人民美好政治生活诉求的实现。

---

① 中共中央关于全面深化改革若干重大问题的决定.人民日报，2013-11-16（1）.

二、聚焦人民群众急难愁盼问题提出的新理念

在新时代新征程上，顺应人民对高品质生活的期待，解决群众的急难愁盼问题，必须坚持以人民为中心的发展理念。这就要求我们必须始终把人民放在心中最高位置，充分发挥亿万人民的创造伟力，实现人民对美好生活的向往。

（一）始终把人民放在心中最高位置

为什么人的问题，是一个根本性、方向性和原则性的问题，是检验一个政党、一个政权性质的试金石？习近平总书记指出：

"始终要把人民放在心中最高的位置，始终全心全意为人民服务，始终为人民利益和幸福而努力工作。"①这"三个始终"意味着我们党来自人民，根基和血脉在人民。只有心里始终装着人民，把人民利益放在心中最高位置，把人民立场作为根本政治立场，才能真正解决人民群众急难愁盼的问题。始终把人民放在心中最高位置要做到两个方面：一要坚守中国共产党人的初心使命。中国共产党人的初心使命就是为中国人民谋幸福、为中华民族谋复兴，每一个中国共产党人只有时刻把人民的冷暖安危放在心上，认真倾听百姓的真实意愿，急群众之所急、解群众之所难、想群众之所想、办群众之所盼，才能把"急事"变成"安心事"、"难事"变成"暖心事"、"愁事"变成"舒心事"、"盼事"变成"放心事"，最终让全体人民过上好日子。二要落实到党治国理政的各领域和全过程。把人民放在心中最高位置不是一个抽象、空洞的概念，更不是一句空话、一个幻想，而是与人民群众日常生活密切相关的历史活动，必须体现在经济社会发展的各个环节。从这个意义上来说，我们党和国家治国理政的各种实践都必须紧紧围绕解决人民群众急难愁盼问题来展开。

（二）充分发挥亿万人民的创造伟力

人民是历史的创造者，无论是思想理论的深化及突破，还

---

① 习近平.习近平谈治国理政：第3卷.北京：外文出版社，2020：139.

是经济社会的发展和变革，无不来自亿万人民的创造与实践。习近平总书记在党的二十大报告中强调，"团结就是力量，团结才能胜利。全面建设社会主义现代化国家，必须充分发挥亿万人民的创造伟力"①。解决人民群众的急难愁盼问题更是如此，更要发挥人民主体作用。一方面，尊重人民首创精神。新时代十多年来，以习近平同志为核心的党中央正是在汲取人民智慧、总结群众经验的基础上获得新认识、发展新思想的，从而取得了疫情防控和经济发展双胜利、经济快速发展和社会长期稳定两大奇迹。我们只有紧紧依靠人民，更好地释放人民群众的聪明智慧，才能为解决人民群众急难愁盼问题提供无穷的力量。另一方面，激发人民创造活力。通过发展全过程人民民主，增强基层民主活力，实现有事好商量、众人的事情由众人商量，切实保障人民当家作主，充分激发广大人民群众共建共治共享的积极性、主动性和创造性。同时，推动人才发展体制机制改革，让人人都享有成长成才的机会，让各类人才的创造活力竞相迸发、聪明才智充分涌流。

（三）人民对美好生活的向往就是我们的奋斗目标

　　"检验我们一切工作的成效，最终都要看人民是否真正得到了实惠，人民生活是否真正得到了改善"②，让人民生活幸福是

---

　　①　习近平.高举中国特色社会主义伟大旗帜 为全面建设社会主义现代化国家而团结奋斗：在中国共产党第二十次全国代表大会上的报告.人民日报，2022-10-26（1）.

　　②　中共中央文献研究室.习近平关于社会主义社会建设论述摘编.北京：中央文献出版社，2017：3.

习近平总书记心中的"国之大者"。以习近平同志为核心的党中央着眼于新时代社会主要矛盾转化，致力于化解不平衡不充分发展难题，始终把推进高质量发展、创造高品质生活、不断满足人民对美好生活的向往作为自己的奋斗目标。一方面，要抓住人民最关心、最直接、最现实的利益问题，解决百姓普遍关注、反映强烈、反复出现的民生问题，使其列入中央重要议事日程，成为改革的关注点、发力点，让幼有所育、学有所教、劳有所得、病有所医、老有所养、住有所居、弱有所扶，使人民享有更好的教育、更稳定的工作、更满意的收入、更可靠的社会保障、更高水平的医疗卫生服务、更舒适的居住条件、更优美的环境、更丰富的精神文化生活，孩子们能成长得更好、工作得更好、生活得更好。另一方面，既要做大蛋糕，又要分好蛋糕。增进民生福祉、让现代化成果更多更公平惠及全体人民是发展的根本目的。党的十八大以来，党中央把握新发展、新阶段、新变化，把逐步实现全体人民共同富裕摆在更加重要的位置上，推动区域协调发展，采取有力措施保障和改善民生，打赢脱贫攻坚战，全面建成小康社会，实施乡村振兴战略，持续推动全体人民共同富裕取得更为明显的实质性进展。

三、聚焦人民群众急难愁盼问题提出的新思路

中国共产党是为人民服务的政党，解决人民群众急难愁盼的问题是我们的工作目标。随着中国特色社会主义进入新时代，以习近平同志为核心的党中央坚持把解决思想问题与解决实际问题统一起来、把聚焦共性问题与关注个性问题统一起来、把解决具体问题与形成长效机制统一起来、把坚持尽力而为与坚持量力而行统一起来，形成了解决人民群众普遍关注、反映强烈、反复出现的问题的全新思路。

（一）把解决思想问题与解决实际问题统一起来

一方面，牢固树立"群众利益无小事，民生问题大于天"的信念。习近平总书记反复强调，民生是最大的政治。可见，民生问题不仅是一个社会问题，而且是一个政治问题，关乎我们的政治安全和政权安全，关乎我们政党的合法性和公信力。因此，我们必须善于发现群众身边的烦心事、操心事，在思想上高度重视每一个民生问题，认真接待每一位人民群众，切切实实地把人民群众的小事当作民生大事来办。正是群众的一件件"小事"，构成了党治国理政的重要大事。民生不仅是社会问题、政治问题，更是经济问题。另一方面，坚持保障和改善民生的发展导向。党的二十大报告指出："必须坚持在发展中保障和改善民生，鼓励共同奋斗创造美好生活，不断实现人民对美好生活的向往。"①发展是解决一切问题的关键，是保障和改善民生的前提和基础。这就要求我们必须摒弃把民生问题等同于温饱问题，做大财富蛋糕等于自动解决民生问题的错误认识，以新发展理念推动经济高质量发展，让经济成果更多、更好、更公正地惠及民生。

---

① 习近平 . 高举中国特色社会主义伟大旗帜 为全面建设社会主义现代化国家而团结奋斗：在中国共产党第二十次全国代表大会上的报告 . 人民日报，2022-10-26（1）.

（二）把聚焦共性问题与关注个性问题统一起来

人民群众急难愁盼的问题集中表现为收入分配差距仍然较大、就业促进机制有待完善、社会保障体系仍需健全、健康中国建设亟待加强、政治生活诉求急需满足等方面。但由于各地情况和发展水平不同，群众的利益问题往往千差万别。因此，我们一方面要梳理分析那些带有共性的问题，透过现象看本质，分析人民群众急难愁盼问题的形成原因和发展趋势，通过制定完善相关政策推动解决。另一方面，对一些群众的个性化问题，要坚持具体问题具体分析的基本原则，把分析问题和解决问题的整个过程都放到人民群众生产生活的具体情况下进行考察，做到有的放矢、精准施策。只有精准，才能抓住问题本质，才能深挖群众民生问题的根源，从而拿出既符合政策规定又让群众满意的解决办法。

（三）把解决具体问题与形成长效机制统一起来

习近平总书记在党史学习教育动员大会上指出："办实事不是简单帮钱帮物、搞花架子、堆几个盆景。既要立足眼前、解决群众'急难愁盼'的具体问题，又要着眼长远、完善解决民生问题的体制机制。"[①]因此，要明确解决人民群众问题的新思路。一方面，要解决具体问题。这就要求我们必须深入基层、

---

① 习近平.在党史学习教育动员大会上的讲话.北京：人民出版社，2021：25.

大兴调查研究，与此同时畅通社情民意渠道，使人民群众的意愿诉求能够得到真实反映，及时掌握民生急难愁盼之事，以责任担当让群众看到变化、得到实惠。另一方面，要形成长效机制。保障和改善民生是一项长期工作，没有完成时，只有进行时。这要求我们既要将解决民生具体问题中行之有效的做法和规律性认识等转化为具体的制度安排，又要引入科技手段、建立健全部门协同和区域协调机制，形成长效工作机制。

（四）把坚持尽力而为与坚持量力而行统一起来

党的二十大报告指出，"我们要实现好、维护好、发展好最广大人民根本利益，紧紧抓住人民最关心最直接最现实的利益问题，坚持尽力而为、量力而行，深入群众、深入基层，采取更多惠民生、暖民心举措，着力解决好人民群众急难愁盼问题"①。一方面，坚持尽力而为。当前我国正处于社会主义初级阶段，要在现有的阶段内根据已有的条件把能做的民生事情尽量做起来，积小胜为大胜，不断朝着人民对美好生活的向往前进。特别是在解决人民群众最需求最急迫、最直接最现实的事情上，我们必须拿出更大的力度、更实的举措，尽力而为、全力以赴，让人民群众有更多获得感。另一方面，坚持量力而行。这就要求我们在解决人民群众急难愁盼问题过程中具备实事求是的科

---

① 习近平.高举中国特色社会主义伟大旗帜 为全面建设社会主义现代化国家而团结奋斗：在中国共产党第二十次全国代表大会上的报告.人民日报，2022-10-26（1）.

学态度。无论是提高社会保障水平，还是增加居民收入，既不能脱离实际、超越阶段，也不能好高骛远，开"空头支票"。保障和改善民生，必须建立在经济发展和财力可持续的基础之上，按照经济社会发展规律循序渐进，重点加强基础性、普惠性、兜底性民生保障建设。

四、聚焦人民群众急难愁盼问题提出的新办法

党的十八大以来，以习近平同志为核心的党中央高度重视调查研究，在保障和改善民生工作过程中身体力行，深入基层，与民交心，形成了一系列解决人民群众急难愁盼问题的新办法。

（一）追求"我将无我，不负人民"的精神境界

马克思在青年时期指出，"在选择职业时，我们应该遵循的

主要指针是人类的幸福和我们自身的完美。不应认为，这两种利益是敌对的，互相冲突的，一种利益必须消灭另一种的；人类的天性本来就是这样的：人们只有为同时代人的完美、为他们的幸福而工作，才能使自己也达到完美"①，"历史承认那些为共同目标劳动因而自己变得高尚的人是伟大人物；经验赞美那些为大多数人带来幸福的人是最幸福的人"②。这深刻阐明了习近平总书记所要达到的"无我"状态，即把自己完全融入为人民谋幸福、为民族谋复兴之中，把满腔热血完全投入以人民为中心的发展中去。这就要求我们必须坚持党性与人民性相统一，一方面要把"我"融入时代大潮之中，在党治国理政各项活动中做到"心中有民、一切为民"；另一方面要担当起该担当的责任，当党和人民需要我们献身时必须毫不犹豫挺身而出，把个人生死置之度外。

（二）拜人民为师，甘当小学生

习近平总书记指出，"好措施、好办法哪里来？答案是从群众中来。群众的实践是最丰富最生动的实践，群众中蕴藏着巨大的智慧和力量。我们一定要认真贯彻党的群众路线，坚持从群众中来到群众中去"③，要"拜人民为师，甘当小学生"。其一，要走近群众。通过拉近与广大人民群众的物理距离，掌握大量

①②　马克思，恩格斯.马克思恩格斯全集：第40卷.北京：人民出版社，1982：7.

③　习近平.之江新语.杭州：浙江人民出版社，2007：61.

直观、真实、鲜活的一手资料，才能听到最底层的声音，看到最真实的情况，才能真切地感受到人民群众生活中的酸甜苦辣，从而找到解决人民群众急难愁盼问题的"良方"。其二，要走进群众。通过与群众心贴心交流、面对面沟通，拉近与人民群众的心理距离。只有拿出真心、真诚、真情，才会以实事求是的科学态度自觉拜人民为师，充分挖掘出蕴含在人民群众中的智慧和力量，从而把人民群众的"急难愁盼"清单变成实实在在的幸福账单。其三，要完善群众参与决策机制。通过构建多样、畅通、有序的民主渠道，使人民群众的期盼、希望和诉求有地方说、说了有人听、听了有反馈，使人民群众的利益诉求得以有效实现。

（三）建立"我为群众办实事"长效机制

所谓长效机制，是指能长期保证制度正常运行并发挥预期功能的制度体系。建立"我为群众办实事"长效机制，是推动"我为群众办实事"实践活动制度化、规范化、常态化的根本之策，是让人民的获得感、幸福感、安全感更加充实、更有保障、更可持续的必然要求。建立"我为群众办实事"长效机制要做到以下两点：其一，要通过引入政策手段、科技手段等，实现线上线下渠道相结合，把人民群众急难愁盼的问题梳理成民生清单，找准症结、精准施策。同时，将好的经验做法、沟通方式、工作机制等固定下来，建立健全部门协同和区域协调机制。其二，要强化完善考核、监督等机制，建立健全包括服务群众机制、群众诉求表达机制、维护群众权益机制、跟踪督导机制、效果评估机制、问题解决和信息反馈机制等在内的各种机制，形成抓工作落实的闭环管理机制，确保群众反映的困难件件有落实、事事有回应。

（四）增强干部服务群众能力

建设堪当民族复兴重任的高素质干部队伍，必须增强干部服务群众本领。其一，必须增强服务群众意识。人民群众是社会实践的主体，是历史的创造者。树立和增强群众观念，要求党员干部必须始终站在人民的立场上想问题、谋思路、抓落实，把群众的事当作自己的事，广泛听取人民群众意见，激发人民群众创造热情，把人民群众作为检验各项改革举措成效的评判主体。其二，必须增强服务群众本领。邓小平指出，世界上的事情都是干出来的，不干，半点马克思主义也没有。这就要求党员干部一要加强专业知识的学习，跟得上时代步伐，为做好本职工作打好理论基础；二要提高察民意、解民忧、惠民生的能力，增强服务的针对性、实效性和目的性，行动上不推诿塞责，能一天解决的事，不拖到第二天。其三，必须创新服务群众方法。增强干部服务群众能力，最根本的工作方法就是坚持群众路线。这要求党员干部在制订解决人民群众急难愁盼问题的改革方案时必须广泛听取基层群众的意见，建立健全党员干部深入基层、深入群众、调查研究方面的规章制度，充分发挥党员干部的带头示范作用。同时与先进技术相结合，破除体制机制障碍，创新党的群众工作方法，为解决人民群众反映最强烈、最突出、最紧迫的问题凝聚强大力量。

第十二章

聚焦国际变局中的重大
问题提出新理念新思路
新办法

习近平总书记指出:"问题是创新的起点,也是创新的动力源。"① 党的十八大以来,中国共产党坚持问题导向、着眼问题解决,立足两个大局,审视国际社会中的重大问题——"世界怎么了、我们怎么办"② 的时代之问,遵循"认清变局→发现问题→分析问题→解决问题"的逻辑,提出以两个共同体理念和习近平外交思想为核心的新理论、针对性解决"四个赤字"问题的一系列新办法新措施,旨在"把握求解大局之变、应变筹谋发展之略"③(如图 1 所示)。

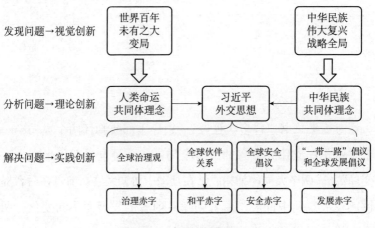

图 1 框架思路图

① 习近平.在哲学社会科学工作座谈会上的讲话.北京:人民出版社,2016:14.
② 习近平.习近平谈治国理政:第 3 卷.北京:外文出版社,2020:460.
③ 齐卫平,樊士博.统筹中华民族伟大复兴战略全局和世界百年未有之大变局的战略意蕴.思想理论教育,2021(2).

一、视角创新：立足两个大局审视国际变局中的重大问题

习近平总书记曾多次强调，"领导干部要胸怀两个大局，一个是中华民族伟大复兴的战略全局，一个是世界百年未有之大变局"①。两个大局相辅相成，在互动中协调发展：前者在后者提供的发展空间中铺展，后者则随着前者的发展而不断变化。两个大局的提出具有重要战略意义，既是党在坚持问题导向和大历史观的基础上对分析视角进行的创新，又是党有效结合马克

<hr>

① 习近平.习近平谈治国理政：第3卷.北京：外文出版社，2020：77.

思主义基本原理和国内国际具体实际的结果。具体而言，前者是党对国内历史方位和主要任务的精准把握，后者是党对国际局势和时代背景的科学定位。因此，党需要立足两个大局，发现和审视国内外变局中的重大问题，分析上述问题给国内国际社会带来的深远影响。

（一）识世界之变：世界百年未有之大变局带来的风险挑战

2017 年 12 月 28 日，习近平总书记在接见驻外使节工作会议与会使节时正式提出"百年未有之大变局"的概念①。此概念是以习近平同志为核心的党中央基于马克思世界历史理论和辩证思维，对党的十八大后世界局势新变化的概括和总结、对党的十九大后世界历史发展趋势的判断、对"世界怎么了？"问题的回答。此概念的提出并不是一蹴而就、一成不变的，而是随着世界局势和我国发展阶段的变化而改变的，即由"前所未有的大变局"②到"世界百年未有之大变局"再到"世界进入动荡变革期"③。"世界百年未有之大变局"既为审视国际变局提供新视角，揭示了当今世界发展的时代特征和变化趋势，又为研判中国发展的历史方位提供新思路，界定了中国式现代化的时代坐标。因此，理解"大变局"的内涵和实质有助于发现国际变

① 习近平. 习近平谈治国理政：第 3 卷. 北京：外文出版社，2020：421.
② 习近平在党的十九届一中全会上的讲话. 求是，2018（1）.
③ 习近平. 在经济社会领域专家座谈会上的讲话. 人民日报，2020-08-25（2）.

局中的重大问题，识别"大变局"中的变与不变有助于发现中国式现代化发展进程中的机遇和挑战。

"百年未有之大变局"是指世界范围内"影响人类历史进程和趋向的重大态势"①发生巨变。从马克思主义世界历史理论视角出发，可以发现这种"巨变"的实质是世界历史时代发生阶段性变化，即资本主义历史时代进入新发展时期，两种制度间的竞争将长期存在且愈演愈烈。②这种"巨变"直观表现为国家间力量的变化，如"东升西降""北分南合"等③。具体表现为以下四个方面：政治上，国际政治力量的新一轮博弈改变权力分配结构和全球治理体系④；经济上，在产业革命和全球经济实力日趋平衡的影响下，世界经济格局和国际货币体系发生改变⑤；科技上，新一轮科技革命正在重塑国际格局⑥；文化上，人类文明交往方式的改变推动文明多元化趋势⑦。不过，由于"大变局"具有辩证性和多维性⑧，我们可以从"巨变"中发现不变——历史时代的本质特征和主题保持不变，也就是我们仍处于"资本

---

① 中共中央宣传部.习近平新时代中国特色社会主义思想学习问答.北京：人民出版社，2021：42.

② 王伟光.坚持理论创新，坚定不移地运用和发展21世纪当代中国马克思主义.中国社会科学院大学学报，2022（2）.

③ 董振瑞.近年来国内学术界关于"百年未有之大变局"研究述评.党的文献，2020（3）.

④ 朱锋.近期学界关于"百年未有之大变局"研究综述.学术前沿，2019（7）.

⑤ 张宇燕.理解百年未有之大变局.国际经济评论，2019（5）.

⑥ 同④.

⑦ 同③.

⑧ 陈明琨.百年未有之大变局的辩证逻辑.教学与研究，2022（6）.

主义经济社会形态占主导地位的历史时代"①,"和平和发展"仍是贯穿整个时代的主题。值得注意的是,"大变局"的变与不变并非相互对立,而是可以在唯物辩证法的量变质变规律中找寻平衡统一,质言之,"大变局"的变是国家间力量的变化累积起来导致的国际格局的质变,不变是由于短期格局的量变尚未引发长期历史时代发生质变。

在理解"大变局"变与不变辩证关系的基础上,以发现国际变局中的重大问题为切入点,我们可以深入分析国家发展进程中面临的机遇和挑战。就机遇而言,"大变局"拓宽了发展中国家和新兴市场国家的发展空间,尤其是经济和政治空间。在经济上,新一轮科技革命催生了一系列新产业和新模式,逐渐打破了在前三次技术革命中形成的"中心 – 边缘"国际分工格局,给后发国家提供跨越式发展机会②。在政治上,随着发展中国家和国家集团经济实力的增强,传统霸权国家的实力相对削弱,全球治理格局朝着多极化方向发展,而国际秩序的调整又为后发国家提供增强国际话语权的机会。就挑战而言,基于全球视角,"大变局"的不确定性、国际秩序和规则的变化、国家间博弈的加深会合力导致"四个赤字"问题愈发严重。基于国家视角,"四个赤字"既会增加我国发展进程中的外部危机,又会加剧国内既有危机的威胁性,甚至可能与既有危机相融合,形成新的挑战。面对"大变局"带来的机遇和挑战,我国以解决问

---

① 王伟光.坚持理论创新,坚定不移地运用和发展 21 世纪当代中国马克思主义.中国社会科学院大学学报,2022(2).

② 陈明琨.百年未有之大变局的辩证逻辑.教学与研究,2022(6).

题为落脚点，在外交思想和实践上都有创新，从国家制度优势、党的战略策略、政府的外交政策、全球治理等方面出发①，提出一系列把握机遇、应对挑战、解决问题的新理念新思路新办法，推动马克思主义中国化时代化新飞跃。

（二）谋中国之略：中华民族伟大复兴不可逆转的历史机遇

"中华民族伟大复兴战略全局"这个概念最早是习近平总书记在 2019 年考察江西时提出的，并在党的十九届五中全会上提升到与"百年未有之大变局"相同的战略高度。此概念是在"中国梦"的基础上进行的创新与延伸，既涵盖了中国梦的本质内涵，明确了实现中华民族伟大复兴的任务要求，又实现了从中国梦到世界梦的重要飞跃，立足战略全局统筹国内国际两个大局。由此可知，"中华民族伟大复兴战略全局"具有双重定位：从国内来看，它是"党的基本理论、路线、方针的主线，贯穿于新时代坚持和发展中国特色社会主义总目标、总任务"②，"揭示了中国当前所处的历史方位和前进坐标"③；从国际来看，它将"世界变局"与"中国发展的历史新方位"联系起来，回答了中

① 朱锋. 近期学界关于"百年未有之大变局"研究综述. 学术前沿，2019（7）.

② 颜晓峰. 胸怀"两个大局"的高远战略思维：学习《习近平新时代中国特色社会主义思想学习纲要》. 光明日报，2019-07-29（5）.

③ 齐卫平，樊士博. 统筹中华民族伟大复兴战略全局和世界百年未有之大变局的战略意蕴. 思想理论教育，2021（2）.

国与世界的关系问题——"世界好，中国才能好；中国好，世界才更好"①。因此，我们需要立足中华民族伟大复兴的战略全局，将全局作为分析和解决国际变局中重大问题的出发点与落脚点，通过战略谋划与顶层设计来提升国家实力和国际影响力，推动中国梦与世界梦的实现。

为全面深入地理解中华民族伟大复兴战略全局的核心价值，我们可以从历史与现实、中国与世界、理论与实践三个维度出发，剖析战略全局为我国发展带来的不可逆转的历史机遇。第一，在历史与现实维度，纵观党的百年奋斗历史，可以发现中华民族伟大复兴经历了站起来、富起来、强起来三个关键阶段。这种演进逻辑不仅揭示了中国梦需要遵循社会主义发展规律、分阶段实现的客观事实，还体现了党百余年来"始终坚守一种初心使命"的责任担当，指明了战略全局的未来指向——"以人民利益至上的核心价值统摄民族独立、人民解放和国家富强、人民幸福"②。在历史与现实的碰撞中，历史发展主线为战略全局的确定指明方向，三个阶段累积的发展经验和成果为战略全局的运行奠定基础，初心使命与时代主题的契合为战略全局的实现保驾护航。第二，在中国与世界维度，战略全局的确定、中国式现代化的提出不仅体现了"中国之治"的奇迹，还为"世界之治"提供了新视角。也就是说，中华民族伟大复兴与中国

---

① 习近平.共同构建人类命运共同体：在联合国日内瓦总部的演讲.人民日报，2017-01-20（2）.
② 欧阳康.中华民族伟大复兴战略全局的核心价值与建构逻辑.理论与改革，2022（1）.

式现代化之间存在紧密的联系，二者不仅融于中国近代历史发展进程里，还统一于新时代中国特色社会主义的现实实践中①。在中国与世界的碰撞中，一方面，中国式现代化指出，"中国之治"在推动国家发展和应对风险挑战方面发挥着关键作用，这种制度优势可以打破西式现代化发展道路的垄断地位，为后发国家提供制度参考范式，推动"世界之治"的多元发展；另一方面，在中国梦的实现过程中，我国走的和平发展道路可以为世界梦的实现提供新渠道，我国处理国际变局中重大问题的方式可以为时代主题的维系与世界的和平发展提供新思路。第三，在理论与实践维度，党为实现中华民族伟大复兴而开展的实践持续推进马克思主义中国化时代化，即中国梦的发展阶段与马克思主义中国化飞跃的时间节点大体一致。在理论与实践的碰撞中，我们可以从中华民族伟大复兴的百年实践里总结出两点经验：一是坚持党的领导，尤其要以党的指导思想为理论指南、以中国特色社会主义道路为必由之路②。二是坚持战略思维，作为"一个政党、一个国家的根本性问题"③，战略问题的解决不仅需要在顶层设计上"高瞻远瞩、统揽全局，善于把握事物发展总体趋势和方向"④，还需在实践中拓宽中国梦实现的空间延展性

---

① 以中国式现代化全面推进中华民族伟大复兴：访武汉大学项久雨教授. 马克思主义研究，2022（10）.

② 王炳林，祝伶俐. 中国共产党的领导与中华民族伟大复兴. 中国高校社会科学，2021（2）.

③ 中共中央文献研究室. 习近平关于协调推进"四个全面"战略布局论述摘编. 北京：中央文献出版社，2015：9.

④ 中共中央宣传部. 习近平总书记系列重要讲话读本（2016年版）. 北京：人民出版社，2016：286.

和时间延续性，既要将其与我国"五位一体"总体布局和"四个全面"战略布局联系起来①，又要在中国梦与世界梦之间搭建桥梁，立足"世界百年未有之大变局"把握中华民族伟大复兴战略全局带来的历史机遇。

---

① 颜晓峰.胸怀"两个大局"的高远战略思维：学习《习近平新时代中国特色社会主义思想学习纲要》.光明日报，2019-07-29（5）.

二、理论创新：基于两个共同体理念提出习近平外交思想

为科学回答中国之问、世界之问、人民之问、时代之问，以习近平同志为核心的党中央以马克思主义民族理论和共同体思想为基础，创造性地提出可统筹两个大局的"两个共同体理念"，而"铸牢中华民族共同体意识"和"推动构建人类命运共同体"也在党的十九大后写入党章。两个共同体理念不仅具有相同的理论渊源，即统一于马克思主义理论、中国传统文化、

党的统一战线等理论①，还具有内在的联系性和契合性，即前者是后者的历史使命和内在要求，后者为前者提供强大动力和根本保障②。正如习近平总书记所言，"实现中国梦离不开和平的国际环境和稳定的国际秩序"③，世界梦的实现也需要中华民族共同体构建的成功经验。由此可知，两个共同体理念紧贴时代主题，牢牢把握当今世界的两大议题——民族国家和全球化，既在理论维度推动马克思主义民族理论中国化时代化，又在实践维度为解决国际变局中的重大问题提供理论指导。因此，我们需深入分析两个共同体理念的核心内涵和建构逻辑，探讨它们如何回应两个大局提出的时代之问和中国之问。

（一）人类命运共同体理念回答世界百年未有之大变局提出的时代之问

如果说百年未有之大变局回答了时代之问的前半段——"世界怎么了"，那么人类命运共同体理念则是接续问题——"我们怎么办"的答案。这里的"我们"具有双重含义：其一，指代中国人民，思考在外部环境日趋严峻和国内矛盾层出不穷的双重压力下，中国人民如何应对挑战和推动发展；其二，指代世界各国，思考在全球秩序变革和"逆全球化"趋势的双重影响

---

① 张淑娟.论两个共同体理念的理论契合与践行张力.学术界，2022（6）.

② 张新.论习近平关于共同体重要论述的特征和原创性贡献.马克思主义研究，2022（4）.

③ 习近平.习近平谈治国理政：第3卷.北京：外文出版社，2020：20.

下，国际社会如何维系和平和促进发展。由此可知，"我们怎么办"这个问题也可分解为两部分：一是立足全球视野勾勒的远景目标，即"建设一个什么样的世界、如何建设这个世界"；二是站在本国立场提出的中国方案，即"要合作还是要对立，要开放还是要封闭，要互利共赢还是要以邻为壑"①。因此，为回答错综复杂的时代之问，以习近平同志为核心的党中央创造性地提出人类命运共同体理念。经过实践检验，该理念逐渐被国际社会广泛接受和认可。2013 年 3 月，习近平总书记在莫斯科国际关系学院发表的演讲中首次对国际社会提到该理念。2015 年 9 月，习近平总书记在联合国成立 70 周年系列峰会上，详细阐述了该理念的实施途径。直到 2017 年 1 月《共同构建人类命运共同体》主旨演讲发表后②，该理念被国际社会广泛关注，并被载入联合国决议。而人类命运共同体理念之所以能成功经受住时间和实践的检验，不仅因为它有深厚的理论渊源，即它是在马克思主义人的本质理论和真正共同体理念、中国传统文化中的"和合主义"和"天下为公"思想、西方共同体思想和全球协商理念等既有理论的基础上提出的③；还因为它顺应时代发展趋势，即在全球秩序变革的关键历史节点，为应对国际变局中的重大问题提供新视角和新方案。

党的十九大报告明确指出，人类命运共同体理念涵盖"持

---

① 习近平.习近平谈治国理政：第 3 卷.北京：外文出版社，2020：445.

② 习近平.共同构建人类命运共同体：在联合国日内瓦总部的演讲.人民日报，2017-01-20（2）.

③ 罗圣荣，兰丽.国内外学界对人类命运共同体研究的比较及启示.世界民族，2020（6）.

久和平、普遍安全、共同繁荣、开放包容、清洁美丽"①五方面内容。这是以议题为标准对该理念的逻辑结构进行的系统阐释，即人类命运共同体由与上述议题一一对应的国际多边合作共同体、安全共同体、经济共同体、文化共同体、生态共同体五部分组成。每个共同体的作用有所不同，"持久和平"是构建人类命运共同体的基本条件，"普遍安全"是重要保障，"共同繁荣"是美好愿景，"开放包容"是精神品格，"清洁美丽"是切身关怀②。除了议题维度，我们还可以从以下三个维度来解析该理念的逻辑结构：在时间维度上，该理念体现出当今时代主题和历史发展趋势的统一，它既是"和平与发展"时代主题的现实体现和拓展延续，又是耗费几代人的心血和努力才能实现的远景目标，正如习近平总书记所言，"构建人类命运共同体是一个美好的目标，也是一个需要一代又一代人接力跑才能实现的目标"③；在主体维度上，该理念是中国方案和全人类力量的统一，它既是中国共产党基于全人类共同利益和大国责任担当提出的中国方案，又是各国人民在理解和认可理念内涵的基础上齐心协力打造的美好世界④；在价值维度上，该理念是"和平、发展、公平、正义、民主、自由"的全人类共同价值与利益共同体的

① 习近平.决胜全面建成小康社会 夺取新时代中国特色社会主义伟大胜利：在中国共产党第十九次全国代表大会上的报告.北京：人民出版社，2017：58-59.

② 刘卿，刘畅.深刻理解"两个大局"的理论逻辑与外交指导意义.国际问题研究，2021（5）.

③ 习近平.共同构建人类命运共同体：在联合国日内瓦总部的演讲.人民日报，2017-01-20（2）.

④ 吴波，肖楠.习近平关于百年未有之大变局的重要论述研究.马克思主义理论学科研究，2021（3）.

统一，前者为后者奠定价值认同基础，后者为前者提供实践场域①。由此可知，拥有丰富内涵和多维结构的人类命运共同体理念，不仅在理论上回答了时代之问，为应对百年未有之大变局提供基本出路②，还在实践中指导构建五个共同体，解决国际变局中的各类问题。它不仅是新时代中国外交实践的行动指南，还为世界各国的持久合作提供价值认同基础。

（二）中华民族共同体理念回答中华民族伟大复兴战略全局提出的中国之问

如果说中华民族伟大复兴战略全局的确立为新时代中国特色社会主义的发展指明了方向，那么中华民族共同体理念的提出则拓宽了中国梦的实现路径。如果说人类命运共同体理念立足国际视野，回答"如何应对百年未有之大变局带来的风险挑战"，那么中华民族共同体理念则聚焦国内大局，解答"如何把握中华民族伟大复兴带来的战略机遇"。由此可知，中华民族共同体理念的提出不仅是中国共产党坚持问题导向、着眼问题解决的结果，还是党统筹两个大局、敏锐意识到"要实现中国梦，离不开铸牢中华民族共同体意识，而实现构建共有共享人类命运共同体的世界梦，同样需要中华民族共同体构建的

---

① 林伯海.论全人类共同价值与人类命运共同体的辩证关系.马克思主义研究，2021（11）.

② 吴波，肖楠.习近平关于百年未有之大变局的重要论述研究.马克思主义理论学科研究，2021（3）.

成功经验和贡献"①的现实体现。而该理念自提出后也随着现实问题的变化而不断完善深化,由 2014 年首次提出时的"牢固树立中华民族共同体意识",到同年 9 月中央民族工作会议上的"培养中华民族共同体意识"②,再到 2017 年 10 月写入党章的"铸牢中华民族共同体意识"③。这种变化既反映党对马克思主义民族理论认识的深化④,推动其朝着中国化时代化方向发展,又意味着党敏锐发现民族问题的现实变化,不断提高塑造共同体意识的要求以应对严峻挑战。因此,我们需要以中国之问为切入点,分析中华民族共同体意识的思想渊源和内涵结构,探讨该理念的构筑路径及对中国特色大国外交的影响。

中华民族共同体理念之所以能通过时间检验得到民众认同、之所以能在实践中不断深化创新,是因为它有着深厚的理论渊源和现实基础。在理论渊源方面,学界普遍认为,该理念是在马克思主义民族理论和类存在理论、中华民族传统文化中的"大一统"思想、西方民族国家理论的基础上求同存异、融合创新⑤。在现实基础方面,该理念的提出既是党"被动"回应民族

---

① 张三南."两个共同体理念"与马克思主义民族理论中国化.学术界,2020(1).

② 中共中央宣传部.习近平总书记系列重要讲话读本(2016 年版).北京:人民出版社,2016:180.

③ 习近平.决胜全面建成小康社会 夺取新时代中国特色社会主义伟大胜利:在中国共产党第十九次全国代表大会上的报告.北京:人民出版社,2017:40.

④ 张三南."两个共同体理念"与马克思主义民族理论中国化.学术界,2020(1).

⑤ 尹学朋,张建辉.中华民族共同体意识研究述评与前景展望.黑龙江民族丛刊,2020(3).

治理问题提出的挑战和要求，又是党"主动"凝聚民心、举全国之力实现中国梦和世界梦的现实表现。也就是说，唯有将国内民族问题处理妥当，我们才能为中国式现代化进程扫清部分障碍，才有余力处理国际变局中的各类问题，才能为国际社会提供治理民族问题和构建共同体的成功经验。因此，为应对错综复杂的民族问题，中华民族共同体理念需具备丰富的内涵和要素来指导治理实践。在基本内涵方面，我们可以从以下三个视角出发展开分析：第一，从物质和意识的辩证关系视角出发，可以将该理念视为国民对"中华民族共同体"这个客观存在的主观能动反映[①]；第二，从历史唯物主义视角出发，可以将其视为各民族在长期历史交流过程中积淀而成的"类意识"，是"自由的、有意识的"实践活动的历史产物[②]；第三，从系统论视角出发，可以将其视为内部各要素（认知、情感、行为、政策等）协调统一的结果[③]。在要素结构方面，该理念由基于共同历史而形成的民族观念、基于共同文化而塑造的价值认同、基于群体情感而自觉形成的心理认同三部分组成。上述三要素层层递进，共同的历史塑造相似的文化，价值认同源自相似的民族观念，对民族和国家的自觉认同则属于更高维度的共同体意识，需建立在共同的民族观念和价值认同基础上。由此可知，兼具理论性和时代性的中华民族共同体意识，可以系统有效地回答中华

---

① 尹学朋，张建辉.中华民族共同体意识研究述评与前景展望.黑龙江民族丛刊，2020（3）.

② 代洪宝.中华民族共同体意识的内在逻辑与当代价值.江苏大学学报（社会科学版），2019（4）.

③ 同①.

民族伟大复兴战略全局提出的中国之问：在理论上，该理念在整合中国传统文化资源和既有民族理论，结合时代主题和发展阶段的基础上，重新诠释"中华民族"概念，推动马克思主义民族理论中国化时代化新境界[①]；在价值上，该理念既是中国梦的价值引领，是贯穿于中国式现代化进程的一条主线，又为世界梦的实现提供情感和价值认同；在实践中，该理念不仅为处理新时代民族问题提供理论和政策依据[②]，还为解决国际变局中的民族纠纷提供中国方案。

（三）基于两个共同体理念的理论契合和践行张力提出习近平外交思想

党的十八大以来，以习近平同志为核心的党中央，以两个大局提出的时代之问为导向，以两个共同体理念为理论支撑，有效结合马克思主义基本理论和新时代中国特色大国外交实践，提出习近平外交思想，并在 2018 年 6 月召开的第二次中央外事工作会议上确定该思想的指导地位[③]。该思想之所以能有如此高的战略地位，与以下三方面原因密不可分：第一，坚持问题导向。该思想不仅精准诠释了新时代中国特色大国外交的内涵结

---

① 张三南."两个共同体理念"与马克思主义民族理论中国化.学术界，2020（1）.

② 尹学朋，张建辉.中华民族共同体意识研究述评与前景展望.黑龙江民族丛刊，2020（3）.

③ 张淑娟.论两个共同体理念的理论契合与践行张力.学术界，2022（6）.

构和构筑路径①，还明确回答了如何运用外交实践应对国际变局中的重大问题，如"中国应该推动建设什么样的世界、构建什么样的国际关系，新时代中国需要什么样的外交、怎么开展外交"等具体问题②。第二，契合时代背景。该思想的提出不仅处于我国向第二个百年奋斗目标迈进的关键历史阶段，可以为全面建设社会主义现代化国家新征程提供外交实践路径；还处于世界百年未有之大变局的重要历史节点，能够为处理国际纠纷和重塑国际秩序提供新思路和新方案③。第三，连接中国梦与世界梦。该思想不仅承担具有民族性的历史使命——实现中华民族伟大复兴，还承担具有世界性的重要任务——维系世界和平和推动人类进步，更重要的是它还有效化解了这两个使命任务之间潜在的矛盾——实现国家利益和全人类利益的协调统一④。因此，我们需要以新时代外交实践的具体问题为切入点，深入分析习近平外交思想的内容体系和逻辑关系，探讨其在理论与实践上的创新。

为全面系统地解决国际变局中的各类问题，习近平外交思想自提出之日起便涵盖丰富的内容要素，并根据国际局势的变化不断进行理论创新。目前，它既包括阐明我国外交基本原则的十大核心要义，又涵盖为解决各类国际矛盾而提出的四个关键理论。第一，为应对百年未有之大变局而提出的人类命运共

① 赵斌，谢淑敏.海外中国学对习近平外交思想的认知评析.教学与研究，2022（7）.

②③ 蒋天婵.习近平外交思想的研究现状与研究展望：基于 CSSCI（2013—2021）数据的文献计量分析.广西大学学报（哲学社会科学版），2022（4）.

④ 栾建章.习近平外交思想的鲜明特征.红旗文稿，2020（1）.

同体理念，为凝聚全人类力量、共同承担国际责任、齐心应对风险挑战提供新方案。第二，为推动国际关系民主化而提出新型国际关系理论。它包括"相互尊重、公平正义、合作共赢"三大要素[1]，并"以和平发展道路为基础，以合作共赢为核心，以摒弃零和博弈思想为本质"[2]。该思想不仅为调节大国矛盾、解决修昔底德陷阱问题提供新思路，还是构建人类命运共同体的重要实践路径。第三，为调和地区冲突而提出亚洲安全观和"亲诚惠容"周边外交理念。前者聚焦亚洲安全议题，提出构建"共同、综合、合作、可持续"的区域关系，既推动区域安全理论的创新发展，又为解决亚洲内部冲突（中亚问题、南海问题等）提供新办法[3]；后者关注"邻里矛盾"，提倡"与邻为善、以邻为伴，坚持睦邻、安邻、富邻"的基本方针[4]，既为新时代中国周边外交指明方向、为中国梦的实现提供良好的周边环境，又推动周边外交理论创新发展、为其他国家解决周边纠纷提供良好范例。第四，为推动发展中国家集团的团结合作而提出正确义利观。它包括"义利兼顾、讲信义、重情义、扬正义、树道义"等内容，既反映我国希望世界各国共同繁荣，尤其是发展中国家集团实现双赢的美好愿景，又有力回击了"逆全球化"潮流和霸权思想，为构建人类命运共同体和新型国际关系提供

① 王昆.国内外学界关于习近平外交思想的研究进展及评析.新疆社会科学，2020（4）.

② 门洪华.构建新型国际关系：中国的责任与担当.世界经济与政治，2016（3）.

③ 同①.

④ 习近平.习近平谈治国理政：第1卷.2版.北京：外文出版社，2018：297.

新的价值追求[①]。值得注意的是，虽然习近平外交思想主要由上述四个理论构成，但它们的作用却有所不同：人类命运共同体理念是思想的内核（亚洲安全观和周边命运共同体都是该理念的组成部分），新型国际关系是思想的外在体现和新时代外交工作的总目标，正确义利观是行为规范和道德标尺[②]。由此可知，兼具"科学性、时代性、先进性、实践性"的习近平外交思想既推动中国特色外交理论的创新发展，又为破解时代之问提供中国方案，为中国特色大国外交实践提供行动指南。

---

① 王昆.国内外学界关于习近平外交思想的研究进展及评析.新疆社会科学，2020（4）.

② 姜芸.习近平外交思想研究述评.学校党建与思想教育，2018（3）.

三、实践创新：以中国特色大国外交实践解决"四个赤字"

党的二十大报告对当今国际局势做出了新的论断，指出"世界之变、时代之变、历史之变正以前所未有的方式展开……和平赤字、发展赤字、安全赤字、治理赤字加重"①。如果说百年未有之大变局是党坚持问题导向、对国际大环境和发展大趋势做出的判断，那么"四个赤字"则是党精准识别国际社会潜藏的主要矛盾

① 习近平.高举中国特色社会主义伟大旗帜 为全面建设社会主义现代化国家而团结奋斗：在中国共产党第二十次全国代表大会上的报告.北京：人民出版社，2022：60.

后得出的结论，是世界大变局风险"综合征"的具体表现[①]。具体问题具体分析是马克思主义活的灵魂，这就意味着我们既要关注国际社会的主要矛盾——百年未有之大变局，又要逐一化解矛盾的主要方面——"四个赤字"问题。在"四个赤字"中，治理赤字是国际大变局产生的根源，和平赤字、安全赤字和发展赤字则是外在表现[②]。各个问题的成因和表现形式都有所不同，国际秩序变革和全球治理失灵催生"治理赤字"问题，种族主义、霸权主义、民粹主义等传统问题愈演愈烈导致"和平赤字"日趋严峻，安全风险结构化和非传统安全问题导致"安全赤字"屡屡出现，"逆全球化"潮流和贸易保护主义抬头引发"发展赤字"[③]。对此，中国共产党以具体治理问题为导向，聚焦国内国际两个大局，基于两个共同体理念，在习近平外交思想的指导下，开展中国特色大国外交实践来针对性解决"四个赤字"问题。

（一）聚焦"治理赤字"问题，践行全球治理观

理论上，全球治理是应对百年未有之大变局的一个关键途径。然而，现实中，全球"治理赤字"反倒成为加深大变局的不确定性和风险性的罪魁祸首。归根到底，理论与现实的冲突是由全球治理理念和制度不够完善引起的。也就是说，传统的国际关系理论和治理理念既难以根除历史遗留问题（战争与和平问题），又无法有效解决新的治理难题（如气候危机），这

---

①②③　陈明琨.百年未有之大变局的辩证逻辑.教学与研究，2022（6）.

使得世界各国不得不重新思考"建设一个什么样的全球治理体系？如何建设全球治理体系"这两个重要问题。作为最大的发展中国家，我国也早早意识到上述问题的重要性。习近平总书记曾指出，"公平正义的全球治理是实现各国共同发展的必要条件。我们要继续做全球治理变革进程的参与者、推动者、引领者，推动国际秩序朝着更加公正合理的方向发展"①。对此，党的十八大以来，我国不仅以问题为导向，在 2012 年提出人类命运共同体理念来回答第一个问题，在 2015 年提出"弘扬共商共建共享的全球治理理念"来解答后一个问题（该原则在 2017 年被写入联合国第 71 届大会"联合国与全球经济治理"决议中）；还以实践为引导，坚持真正的多边主义，为破解"治理赤字"而提供全球公共产品、搭建合作平台，"积极参与全球治理体系改革和建设，不断贡献中国智慧和力量"②。由此可知，全球治理观的提出为国际新秩序的建立提供了新思路，我们需要通过深入分析该原则的基本内涵和理论基础，来探讨我国为推动全球治理体系变革做出的贡献。

本质上，共商共建共享全球治理观是国际秩序建立和完善过程中遵循的基本原则，而非解决某领域治理难题的具体手段。因此，我们可以依托政策过程理论，即国际秩序的建立流程（前—中—后）来分析上述原则。建立秩序前，我们可遵循"共商"原则，即以协商谈判的方式来调和利益冲突和既有矛

①　习近平.论坚持推动构建人类命运共同体.北京：中央文献出版社，2018：389.

②　习近平.决胜全面建成小康社会 夺取新时代中国特色社会主义伟大胜利：在中国共产党第十九次全国代表大会上的报告.北京：人民出版社，2017：60.

盾，建立国际社会普遍接受和认可的新秩序，推动国际关系民主化[1]。该原则的核心要义是"和"，实施基础是"平等"，唯有享有平等的主权、权利和机会，各国才能心平气和地解决纠纷、调和矛盾、商讨规则。建立秩序中，我们可遵循"共建"原则，即世界各国共同参与全球治理难题的解决，建立可破解难题的国际秩序[2]。该原则的核心要义是"齐"，实施基础是"合作"，唯有齐心协力、开放合作、减少"搭便车"行为、共同为破解难题出谋划策，各国才能顺利高效建立合理可行的国际秩序。建立秩序后，我们可遵循"共享"原则，即参与规则建立的各国公平分享秩序建立与合作发展的成果[3]。该原则的核心要义是"公"，实施基础是"公平"，唯有合理公平分配成果，各国才能顺利开启新一轮合作。值得注意的是，遵循共商共建共享原则建立的国际新秩序，并不是要推翻以联合国为中心的既有秩序，而是在维护《联合国宪章》的宗旨和原则、维护以国际法为基础的国际秩序、维护经济全球化的基础上，解决现有秩序无法解决的治理难题，完善当前秩序体系的漏洞，推动国际秩序的变革与发展。由此可知，全球治理观跳脱出传统国际关系理论的"零和博弈"困境，融合我国传统文化中的"和天下"思想，既推动中国特色外交理论的创新发展，又为"治理赤字"问题的解决提供新视角。

---

[1][2][3] 花勇.论习近平全球治理观的时代背景、核心主张和治理方略.河海大学学报（哲学社会科学版），2020（2）.

（二）聚焦"和平赤字"问题，构建全球伙伴关系

"和平赤字"是百年未有之大变局的外在表现。国际变局的风险"综合征"容易降低各国开展合作的意愿，导致它们更倾向于"各扫门前雪"；而信任危机则会增加国家间关系的不确定性，进而扩大和平危机。归根到底，"和平赤字"是由国际合作的脆弱性引起的，即当前的国际合作大多建立在共同利益的基础上，而不是基于合作理念和共同目标。为解决"和平赤字"问题，我国在 2014 年 11 月召开的中央外事工作会议上，首次提出"全球伙伴关系"概念，强调"要在坚持不结盟原则的前提下广交朋友，形成遍布全球的伙伴关系网络"①，这是我国开展双边外交、建立伙伴关系的原则和目标。该原则的提出建立在深厚的理论和实践基础上。理论上，它是联合国"全球发展伙伴关系"概念的延展创新，"全球发展伙伴关系"是在 2000 年联合国千年发展峰会上作为第八个千年发展目标，旨在为各国共同发展和减少贫困营造良好的内外部环境而提出的②，我国将此概念由经济领域延伸到政治经济文化多个议题领域，将伙伴对象由发展中国家为主拓展到世界各国。实践上，它既是对 20 世纪 90 年代以来我国开展的伙伴关系外交经验的总结和继承，又是对和平共处五项原则和独立自主外交原则的贯彻落实。由此可知，全球伙伴关系的构建可以为"和平赤字"问题的解决提供新方案，而我们也可以通过

---

① 中央外事工作会议在京举行.人民日报，2014-11-30（1）.

② 黄梅波，唐露萍.三方合作：推进全球伙伴关系的可行路径.国际经济合作，2013（8）.

分析我国构建的外交战略布局和全球伙伴关系网络，为推动建立"相互尊重、公平正义、合作共赢"的新型国际关系做出努力。

在解释"何为全球伙伴关系"时，中西存在明显差异：我国将其视为"国际行为体在共同利益和共同目标的基础上，通过共同行动建立的独立自主的合作关系"；而在西方传统理念中，伙伴关系类似于结盟关系，相近的世界观、战略规划、国家利益与政治制度是伙伴关系建立的基础。然而，历史实践证明，基于短期利益和相近制度建立的结盟关系难以长久；反之，我国提倡的伙伴关系更具包容性和双赢性，可以为"全球伙伴关系"的解读提供新视角。在外交实践中，我国以关系实质和伙伴对象为标准，对已建立的伙伴关系进行类型学划分，勾勒出"全方位、多层次、立体化"[①]的外交战略布局。在关系实质维度，我国将伙伴关系分为"全面战略伙伴""战略伙伴""合作伙伴 / 友好伙伴"三类，三者在关系密切度和合作范围上呈现由大及小的变化趋势：第一种合作领域最广泛；第二种仅在重点领域和议题上呈现明显合作意愿；第三种则是在包容差异和冲突的基础上探讨合作的可能性[②]。在伙伴对象维度，我国通过开展大国外交、周边外交、发展中国家外交[③]，全面系统地建立全球伙伴关系网络。其中，通过双边或多边合作平台建立的"合作共赢"大国关系是维系世界和平稳定的关键力量[④]；基于

---

① 习近平.决胜全面建成小康社会 夺取新时代中国特色社会主义伟大胜利：在中国共产党第十九次全国代表大会上的报告.北京：人民出版社，2017：7.

② 张锐.试论中国伙伴关系网络的政治安全效应.国际展望，2016（5）.

③ 凌胜利.中国特色大国外交的战略体系构建.国际展望，2020（2）.

④ 同②.

"唇亡齿寒"地缘优势建立的"亲诚惠容"周边外交关系是维系亚太地区稳定、促进我国发展的重要依托；基于正确义利观建立的"互利合作"发展中国家关系是缩小南北差距、避免和平隐患的重要力量。总之，全球伙伴关系的构建既为中华民族伟大复兴的实现营造良好的外部环境，又为国际"和平赤字"问题的解决提供新思路。

（三）聚焦"安全赤字"问题，提出全球安全倡议

千百年来，安全问题始终是国际社会关注的焦点议题。在国内，"国家安全是民族复兴的根基"[1]；在国际，"安全是发展的前提，人类是不可分割的安全共同体"[2]。目前，国际社会仍被"安全赤字"问题困扰，尤其是全球安全问题与安全治理之间的矛盾：一方面，当今国际安全形势仍然严峻，传统安全问题——大国博弈和地区冲突尚未得到有效解决，非传统安全问题席卷全球，"恃强凌弱、巧取豪夺、零和博弈等霸权霸道霸凌行径"[3]愈发严重；另一方面，全球安全治理进程停滞不前，作为治理主体的民族国家将关注点由全球事务转向区域纠纷和周边安全问题，这就使得国际合作平台难以顺利运行，全球性安全问题难以有效解决。因此，国际社会需要重新思考"世界需

---

[1]　习近平.高举中国特色社会主义伟大旗帜 为全面建设社会主义现代化国家而团结奋斗：在中国共产党第二十次全国代表大会上的报告.北京：人民出版社，2022：52.

[2][3]　习近平外交思想研究中心.全球安全倡议为维护世界和平安宁指明方向.当代世界，2022（5）.

要什么样的安全理念，各国怎样实现共同安全"①这个时代课题。在此关键节点，我国给出的答案可供世界各国参考。对于第一个问题，我国提倡对内贯彻落实总体国家安全观，对外确立"亚洲安全观"，构建"安全共同体"。对于第二个问题，习近平总书记在2022年4月召开的博鳌亚洲论坛开幕式上提出了"全球安全倡议"②，为破解安全难题提供切实可行的实践方案。

面对全球变局中的重大问题，各国既可通过响应全球安全倡议来维系共同安全，也可以通过分析该倡议的思想渊源和核心要义，来探讨解决"安全赤字"问题的可行性。在思想渊源方面，该倡议既是马克思主义基本理论与新中国百年外交实践经验协调融合的产物，又是中国传统文化"天下观"与近现代国际关系思想相互碰撞的结晶，更是中西方两种价值观博弈的结果，即中华文明中"己所不欲，勿施于人"思想与西方"强加于人"霸道做法之间的博弈③。在核心要义方面，该倡议以"六个坚持"为核心，整合我国外交基本原则和新时代外交实践经验，提出一套兼具时代性和理论性的思想体系。其中，"六个坚持"如同六大要素一般，共同构成倡议的基本框架，而每个要素的地位也有所差别，主要呈现为宏观顶层设计、中观安全理论和微观安全实践的统一：在宏观层面，倡议提倡的"坚持尊重各国主权、领土完整"和"坚持遵守联合国宪章宗旨和原则"是我国开展外交实践

---

① 王毅.落实全球安全倡议，守护世界和平安宁.人民日报，2022-04-24（6）.

② 习近平.携手迎接挑战，合作开创未来：在博鳌亚洲论坛2022年年会开幕式上的主旨演讲.人民日报，2022-04-22（2）.

③ 田文林.超越西方传统安全观：全球安全倡议的时代价值.当代世界，2022（5）.

和国际合作一以贯之的基本原则，与和平共处五项原则一脉相承，在倡议中作为基本前提和根本遵循发挥作用[①]；在中观层面，倡议提倡的"坚持共同、综合、合作、可持续的安全观"和"坚持重视各国合理安全关切，秉持安全不可分割原则"，既是中国特色安全理念在处理国际事务上的现实体现，又是倡议的核心理念和重要原则[②]；在微观层面，倡议既强调安全领域的全面性——"坚持统筹维护传统领域和非传统领域安全"[③]，又强调维系方式的温和性——"坚持通过对话协商以和平方式解决国家间的分歧和争端"[④]，这是全球安全倡议建立的必然路径和紧迫任务。由此可知，该倡议的提出不仅彰显我国的外交理念和大国气质，有助于提升国际地位和话语权，还对西方传统"赢者通吃"价值观和谋求霸权稳定的安全倡议发起挑战，为全人类共同安全体的建立指明方向。

（四）聚焦"发展赤字"问题，提出"一带一路"倡议和全球发展倡议

除安全问题外，发展是人类面临的又一大难题。自地理大发现后，国家间贸易转向牟利性商业交换行为，各国在开放和封闭之间徘徊，国际发展潮流在全球化和逆全球化之间交替。

[①②]　习近平外交思想研究中心.全球安全倡议为维护世界和平安宁指明方向.当代世界，2022（5）.

[③④]　习近平.携手迎接挑战，合作开创未来：在博鳌亚洲论坛2022年年会开幕式上的主旨演讲.人民日报，2022-04-22（2）.

2008 年经济危机后，经济全球化趋势减缓，"发展赤字"和"发展失衡"问题愈发严重，各国需要重新思考"人类前途命运和世界发展大势是什么""如何推动人类共同发展和繁荣""如何有效开展国际经济合作"等重要问题①。相较于西方大国的"本国优先"政策，我国始终认为经济全球化才是世界发展大趋势，始终强调开放和合作的重要性，提出"一带一路"倡议和全球发展倡议。前者是习近平总书记于 2013 年在哈萨克斯坦、印度尼西亚提出的共建"丝绸之路经济带"和"21 世纪海上丝绸之路"的总称，是"以责任共担、资源和利益共享的创新方法寻求合作的重要倡议"②。后者是习近平总书记于 2021 年第 76 届联合国大会一般性辩论上提出的，旨在为破解全球不平衡不充分不全面发展、落实 2030 年可持续发展议程提供"中国方案"。这两个倡议一脉相承，是连接上述重要理论的桥梁。从两个大局来看，它们既能释放我国经济发展的巨大潜力，将中国发展和世界发展紧密联系起来③，又是人类命运共同体理念的重要实践平台；从解决"四个赤字"问题看，它们既是全球治理观在经济领域的具体体现，又能推动全球经济伙伴关系的建立，还和全球安全倡议一起构成我国为世界提供的"三大倡议"④。

其一，"一带一路"倡议的核心内容是"和平合作，开放包

---

① 王昆 . 国内外学界关于习近平外交思想的研究进展及评析 . 新疆社会科学，2020（4）.

② 谢惠媛 . 海外学者视野中的人类命运共同体 . 国外社会科学，2021（5）.

③④ 蒋天婵 . 习近平外交思想的研究现状与研究展望：基于 CSSCI（2013—2021）数据的文献计量分析 . 广西大学学报（哲学社会科学版），2022（4）.

容，互学互鉴，互利共赢"的丝绸之路精神①。此内核既与中国传统丝绸之路精神一脉相承，又是新中国经济外交实践经验的现实体现；既依托于改革开放 40 多年积累的物质基础，又以中国特色外交理论时代化为理论基础。在此基础上，"一带一路"倡议得以顺利运行，截至 2021 年 1 月底，我国已与 171 个国家和国际组织签署 205 份合作文件②。除了搭建欧洲经济圈和亚太经济圈桥梁的经济作用外，该倡议还发挥着重要的文化和社会价值，不仅能提升沿线国家对文明差异性的包容度，成为缓解文明冲突的重要平台，还可以提升国家间的相互认同程度，为全球经济秩序和治理变革提供新方案。其二，全球发展倡议是在国际发展格局和我国发展成功经验的基础上提出的，它提出的"六个坚持"内容和八个重点合作领域是我国新发展理念在国际上的延伸适用和创新，它具有的"开放性、包容性、公平性、实效性"特征是我国外交思想和原则在发展领域的体现，它构建的全球发展共同体是塑造国际新合作格局和我国新发展格局的重要力量。该倡议的提出不仅会防范化解"一带一路"倡议建设过程中面临的风险和挑战（如沿线国家政治稳定和经济失衡问题等），还能根据新时代发展的特点和诉求提出具体方案，推动全球经济可持续发展。因此，上述两个倡议共同构成我国解决"发展赤字"问题、参与全球发展治理的指导性方案③。

①　肖燕飞."一带一路"文明交流互鉴：构建人类命运共同体的中国贡献.社会科学家，2022（9）.

②　谢惠媛.海外学者视野中的人类命运共同体.国外社会科学，2021（5）.

③　毛瑞鹏.全球发展倡议及其对全球治理体系变革的意义.国际展望，2022（6）.

第十三章

聚焦党的建设面临的突出
问题提出新理念新思路
新办法

坚持党的建设为党领导的伟大事业服务，是我们党在领导革命、建设、改革的伟大事业中，不断加强和改进党的自身建设的一条宝贵经验[①]。中国特色社会主义进入新时代，中国共产党根据自身所处的时代环境、发展形势和使命任务，聚焦党的建设面临的突出问题，深入推进全面从严治党，不仅刹住了歪风邪气、纠治了顽瘴痼疾、消除了严重隐患，而且提出了一系列新理念新思路新办法，建章立制，为坚持和加强党的全面领导、管党治党和执政兴国提供了坚强政治保证。坚持问题导向，回应、回答并指导解决党的建设面临的突出问题，不断提出真正解决问题的新理念新思路新办法，是推进党的建设理论创新的根本任务和科学思想方法。

[①] 党的建设要始终为党领导的伟大事业服务.求是，2011（12）.

一、聚焦党的建设面临的突出问题对于坚持党的领导和加强党的建设的重要意义

中国共产党之所以能够历经艰难险阻而不断发展壮大、朝气蓬勃，很重要的原因就是党始终坚持问题导向，聚焦党的建设面临的突出问题，不断坚持和加强党的领导和党的建设，始终保持党的先进性和纯洁性，确保党对一切工作的领导，提高党的执政能力和领导水平，始终赢得人民拥护和巩固长期执政地位。

（一）聚焦党的建设面临的突出问题是保持党的先进性和纯洁性的必然要求

习近平指出，先进性和纯洁性是马克思主义政党的本质属性。我们加强党的建设，就是要同一切弱化先进性、损害纯洁性的问题做斗争，祛病疗伤，激浊扬清①。始终保持党的先进性和纯洁性，必须在坚持党的工人阶级先锋队政党性质、全心全意为人民服务的宗旨上立场坚定、身体力行，具体体现在：坚定共产主义远大理想和中国特色社会主义共同理想，用习近平新时代中国特色社会主义思想凝心铸魂，挺起精神脊梁，涵养政治灵魂；善于辨别真理与错误、善恶和美丑，解决好世界观、人生观、价值观这个总开关问题；坚决抵御各种腐朽思想文化和错误思潮的侵蚀，永葆共产党人的政治本色；将党的创新理论成果内化并转化为坚定理想、锤炼党性和指导实践、推动工作的强大力量。

保持和发展党的先进性和纯洁性，必然面临着各种新情况、新问题、新挑战以及存在的深层次问题。从总体上看，影响党的先进性、弱化党的纯洁性的因素十分复杂，思想不纯、政治不纯、组织不纯、作风不纯等突出问题尚未得到根本解决，党风廉政建设和反腐败斗争还面临不少顽固性、多发性问题，因此，祛病疗伤、激浊扬清，本质上也是一个开展党内斗争和加强党

---

① 习近平.在庆祝中国共产党成立 95 周年大会上的讲话.求是，2021（8）.

的建设的长期过程。对于这些问题，既要从客观实际出发具体问题具体分析，充分认识到其对保持和发展党的先进性和纯洁性造成的严重危害和消极影响，不回避问题，不逃避责任；又不能上纲上线夸大问题对坚持党的领导和加强党的建设的危害性和破坏性。新时代，防范化解党的建设领域重大风险，一刻不放松地解决自身存在的问题，是把党建设成为始终走在时代前列、人民衷心拥护、勇于自我革命、经得起各种风浪考验、朝气蓬勃的马克思主义执政党的必然要求。

（二）聚焦党的建设面临的突出问题是确保党对一切工作的领导的必然要求

坚持党的领导是马克思主义政党建设的核心问题。中国共产党在百年奋斗历程中高度重视领导权问题，确立了适合中国国情的领导制度、领导体制和领导方式，为中国革命、建设、改革事业提供了根本政治保证。历史和现实雄壮证明，党是最高政治领导力量，党的领导是我们的最大制度优势。因此，从本质上来讲，党的领导必须是全面的、系统的、整体的，这就要求加强党对一切工作的领导，"坚决维护党中央权威，健全总揽全局、协调各方的党的领导制度体系，把党的领导落实到国家治理各领域各方面各环节"[①]。对全党来

① 中共中央关于坚持和完善中国特色社会主义制度 推进国家治理体系和治理能力现代化若干重大问题的决定.人民日报，2019-11-06（1）.

说，"在坚持党的领导这个重大原则问题上，我们脑子要特别清醒、眼睛要特别明亮、立场要特别坚定，绝不能有任何含糊和动摇"①。党的十八大以来，针对党的领导被忽视、淡化、弱化的状况，尤其是一些地方和部门存在的不同程度的党的建设缺失、从严治党不力以及基层干部队伍不强、基层组织建设抓具体工作不够深不够细、制度建设不健全、党风廉政建设责任制不到位等问题，以习近平同志为核心的党中央坚持和加强党的全面领导，坚持党要管党、全面从严治党，改革和完善坚持党的领导的体制机制，不断提高党把方向、谋大局、定政策、促改革的能力和定力，为坚持和发展新时代中国特色社会主义提供了根本保证。

聚焦党的建设面临的突出问题，必须明确"坚持党对一切工作的领导"这一根本原则不是空洞的、抽象的，而是切切实实体现在纵向从中央到地方，横向党政军民学，东西南北中各个方面，总之要在一切领域、一切行业落实和体现党的领导。从讲政治的高度出发，确保党对一切工作的领导必须聚焦党的建设面临的突出问题，只有这样才能在解决问题的过程中不断加强和完善党的领导，应对各类风险挑战。

（三）聚焦党的建设面临的突出问题是提高党的执政能力和领导水平的必然要求

在当代中国，中国共产党作为马克思主义执政党，既是最

---

① 习近平.在全国党校工作会议上的讲话.求是，2016（9）.

高政治领导力量，也是中国特色社会主义事业的坚强领导核心，因此，不断提高党的执政能力和领导水平是新时代坚持党的领导和加强党的建设的根本要义、重要内容和目标指向。党的长期执政能力建设关系党的路线方针政策的贯彻实施，党的领导制度体系衡量党的领导水平和领导能力，二者共同保证了党领导人民有效治理国家。

强调"始终具备强大的执政能力和领导水平"作为必须解决的大党独有难题之一，不仅体现了中国共产党人对以往执政历史经验的传承发展，而且彰显了马克思主义政党建设思想和执政理论的深化创新，对实现长期执政、跳出治乱兴衰历史周期率具有重要意义。百年大党的历史使命之崇高，决定了其治国理政的考验之重。一个具备强大的执政能力和领导水平的马克思主义执政党，必须聚焦党的建设面临的突出问题，深刻借鉴一些世界大党、老党丧失执政地位甚至走向灭亡的经验教训，防止"在执政业绩光环的照耀下，出现忽略自身不足、忽视自身问题的现象"，始终践行立党为公、执政为民，全心全意为人民服务的根本宗旨，及时发现和解决损害群众切身利益和感情的各种问题，始终增强学习本领、政治领导本领、改革创新本领、科学发展本领、依法执政本领、群众工作本领、狠抓落实本领、驾驭风险本领，始终保持危机意识，有效应对重大挑战、抵御重大风险、克服重大阻力、解决重大矛盾，进行具有许多新的历史特点的伟大斗争。

（四）聚焦党的建设面临的突出问题是始终赢得人民拥护和巩固长期执政地位的必然要求

党的二十大报告强调："要始终赢得人民拥护、巩固长期执政地位，必须时刻保持解决大党独有难题的清醒和坚定。"①站在事关党长期执政、国家长治久安、人民幸福安康的高度，聚焦党的建设面临的突出问题，尤其是大党独有难题，是坚持问题导向，发扬彻底的自我革命精神，消除党、国家、军队内部存在的严重隐患，坚定长期执政理念、把握长期执政规律、提高长期执政本领、优化长期执政体制机制的必然要求。

人民拥护和长期执政相辅相成。没有人民衷心拥护就不可能实现长期执政，要跳出治乱兴衰历史周期率就必须为中国人民谋幸福，赢得人民衷心拥护，这彰显了党的初心和使命、党性和人民性的高度统一。建设人民衷心拥护的马克思主义执政党，首先必须明确党的长期执政目标是"人民对美好生活的向往"，为此，要坚持和加强党的全面领导，健全完善党的领导体制和执政方式，增强党的执政本领，坚定不移走中国特色社会主义道路。与此同时，针对如何始终不忘初心、牢记使命，如何始终统一思想、统一意志、统一行动，如何始终具备强大的执政能力和领导水平，如何始终保持干事创业精神状态，如何

---

① 习近平.高举中国特色社会主义伟大旗帜 为全面建设社会主义现代化国家而团结奋斗：在中国共产党第二十次全国代表大会上的报告.北京：人民出版社，2022：63.

始终能够及时发现和解决自身存在的问题，如何始终保持风清气正的政治生态等难题，一一给出破解之道。还要警惕那些违背党的性质和宗旨、当前群众深恶痛绝、反映最强烈的"四风问题"隐形变异、反弹回潮，充分发挥党密切联系群众的最大政治优势。

二、坚持问题导向，聚焦新时代党的建设面临的突出问题

党的十八大以来，以习近平同志为核心的党中央以彻底的自我革命精神推进全面从严治党，不仅解决了党内许多突出问题，而且以显著成效积聚了党和国家事业发展的强大正能量。但是，两个"永远在路上"决定了党的建设领域所面临问题的复杂性、解决问题的艰巨性、进行伟大斗争的长期性前所未有。因此，坚持问题导向，必须聚焦新时代党的建设面临的各类突出问题，以自我革命精神打造和锤炼自己，建设长期执政的

马克思主义执政党，进而跳出治乱兴衰历史周期率，实现长期执政。

（一）"大党独有难题"是必须迈过的一道坎、啃下的硬骨头

习近平总书记在党的二十大报告中首次提出"大党独有难题"的新命题，并在二十届中央纪委二次全会上深刻分析了大党独有难题的形成原因、主要表现和破解之道，为坚定不移全面从严治党，深入推进新时代党的建设新的伟大工程提供了重要指导。大党独有难题体现了中国共产党百年管党治党的辩证法，我们既要认识到大党领航、治国理政的独特优势，也要认识到大党不等于强党，大党治大国还有许多独一无二、前所未有的难题，这是跳出治乱兴衰历史周期率、实现长期执政必须迈过的一道坎、啃下的硬骨头。

第一，如何始终不忘初心、牢记使命，针对的是有些党员干部政治信仰发生了动摇，在生死、利益、困难面前忘却初心、丧失斗志、丢弃忠诚，走上歧路、不归路的现象，意在提醒全党不要忘记中国共产党是什么、要干什么这个根本问题，挺起共产党人的精神脊梁。第二，如何始终统一思想、统一意志、统一行动，针对的是党内容易出现的小山头、小圈子、小团伙现象，以及个人主义、分散主义、自由主义、本位主义问题，意在提醒全党没有统一的思想、意志、行动，什么事也干

不成的道理。坚决维护党中央权威和集中统一领导关乎党性原则、大局方向、党和国家生命利益。第三，如何始终具备强大的执政能力和领导水平，针对的是在加强和改进党的领导上的能力不足、本领不强问题，意在提醒全党加强思想淬炼、政治历练、实践锻炼、专业训练，在重大斗争中勇担民族复兴重任。第四，如何始终保持干事创业精神状态，针对的是在执政地位和执政业绩光环照耀下，容易滋生的松劲歇脚、疲劳厌战、安逸享乐的情绪，意在提醒全党弘扬伟大建党精神，坚定革命斗争意志，以高昂精气神走好新的赶考之路。第五，如何始终能够及时发现和解决自身存在的问题，针对的是勇于直面问题、修正错误、坚持真理、永葆活力，意在提醒全党发扬彻底的自我革命精神，依靠自身力量发现和清除一切损害党的先进性和纯洁性的因素和病毒。第六，如何始终保持风清气正的政治生态，针对的是一个时期以来党内政治生活不正常、党内政治生态不健康，严重影响党的创造力凝聚力战斗力现象，意在提醒全党严肃党内政治生活，始终保持风清气正的党内政治生态。

（二）党面临的"四大考验"和"四大危险"将长期存在

坚定不移全面从严治党，以自我革命精神时刻保持大党独有难题的清醒和坚定，就必须对党面临的"四大考验"和"四大危险"给予高度重视、深刻认识和警惕防范。它们的意义就在于告诫全党要居安思危，增强忧患意识，对将长期存在的执政、改革开放、市场经济、外部环境考验，精神懈怠、能力不足、脱离群众、消极腐败危险保持战略清醒和定力。

"四大考验"和"四大危险"是辩证统一的，本质是长期执政考验，核心是以自我革命精神全面推进自我净化、自我完善、自我革新、自我提高，保证党的肌体健康并始终充满生机活力。第一，实现长期执政是中国共产党的政治目标和实践课题。从新时代党的创新理论来看，建设长期执政的马克思主义政党，必须以党的政治建设为统领，不断加强党的长期执政能力建设，就如何实现科学执政、民主执政、依法执政，创新和改进党的领导方式，深化对长期执政规律的认识。第二，改革开放是党领导全国各族人民大踏步赶上时代的重要法宝，更是当代中国发展进步的活力源泉。改革开放进入深水区、攻坚期，冲破思想观念的束缚，突破利益固化的藩篱，破除各方面体制机制的弊端，形成更大范围、更宽领域、更深层次对外开放格局，还要遭遇诸多瓶颈和阻力，还有许多的硬骨头要啃。第三，社会主义市场经济体制的建立与完善对我国经济社会发展产生了极大促进作用。然而，随着我国社会主要矛盾发生变化，经济已由高增长阶段转向高质量发展阶段，但"市场体系还不健全、市场发育还不充分，政府和市场的关系没有完全理顺，还存在市场激励不足、要素流动不畅、资源配置效率不高、微观经济活力不强等问题"，不断推进经济体制关键性、基础性重大改革还有不少工作要做。第四，基于"和平与发展是当今时代的主题"而牢牢把握住重要战略机遇期，为我国的改革开放事业争取了比较有利的外部环境。当前，"从国际看，世界百年未有之大变局进入加速演变期，国际环境日趋错综复杂"①，经济全球化逆流使国际经济、政治、科技、文化、安全等格局出现深刻复杂的变化，这给把握战略主动、维护国家政治安全和社会稳定带来了极大挑战。

如果被"四大考验"吓破了胆，或者不提前谋划、做好应对，就会出现革命精神懈怠、领导能力和执政本领不足、脱离群众、"四风盛行"、消极腐败，进而破坏政治经济社会发展环境等问题。因此，从根本上来说，全党能否经受住所面临的"四大考验"，警惕防范处理好"四大危险"，关系党能否始终保持先进性和纯洁性，党的前途命运和中国特色社会主义事业的兴衰成败。

（三）风腐一体问题依然突出

党的二十大报告指出，"党风问题关系执政党的生死存亡"②，"腐败是危害党的生命力和战斗力的最大毒瘤"③。当前，形式主义、官僚主义现象仍然比较突出，享乐主义、奢靡之风还有新动向，特权思想和特权行为还不同程度地存在，"四风"问题整

---

① 习近平.新发展阶段贯彻新发展理念必然要求构建新发展格局.求是，2022（17）.

② 习近平.高举中国特色社会主义伟大旗帜 为全面建设社会主义现代化国家而团结奋斗：在中国共产党第二十次全国代表大会上的报告.北京：人民出版社，2022：68.

③ 同②69.

体呈现出隐形变异的特点。与此同时，新型腐败和隐性腐败问题花样翻新，铲除腐败滋生的土壤任务依然艰巨。在此基础上，"四风"问题与腐败问题相互交织、互为表里，严峻复杂、顽固隐蔽，严重破坏党内政治生态，腐蚀党员干部队伍公信力和战斗力。因此，持之以恒正风肃纪，深入整治各类谋私贪腐问题，必须高度重视和警觉风腐同源、由风变腐、风腐一体现象。

"四风"问题是滋生腐败问题的温床。政治问题和经济问题交织的腐败，领导干部成为利益集权和权势集团的代言人、代理人，政商勾连破坏政治生态和经济发展环境，权力集中、资金密集、资源富集领域的腐败，群众身边的"蝇贪"，领导干部利用影响力谋私贪腐，以及各类新型腐败和隐性腐败等，都有"四风"问题的影响和影子。特权思想和特权行为是腐败现象的另一种表现形式，与"四风"问题有着千丝万缕的联系，是党的作风建设的大敌。与此同时，"四风"问题与腐败问题结合在一起还会催生新的作风问题和腐败问题。风腐一体问题多起始于作风问题，违规吃喝、收受礼品、不忠诚不老实、甘于被"围猎"等，根源于政治意识淡薄、理想信念不坚定、党性锤炼不够、脱离群众、脱离实际、滥用权力等。风腐一体问题多发于一把手和关键岗位，重点领域、重点行业等有油水的地方。因此，惩治腐败必须对"四风"问题保持高度警觉，露头就打、反复敲打，反过来，持续纠治"四风"问题，还必须深挖其背后所涉及的腐败问题，铲除腐败问题产生的土壤和条件。作风堤坝不牢固，腐败治理成果就无法巩固。

三、不断提出真正解决党的建设面临的突出问题的新理念新思路新办法

"问题是时代的声音，回答并指导解决问题是理论的根本任务。"①围绕新时代党的建设面临的突出问题，以习近平同志为核心的党中央坚持全面从严治党，不断提出真正解决问题的新理念新思路新办法，推进马克思主义执政党建设理论和实践创新。

---

① 习近平.高举中国特色社会主义伟大旗帜 为全面建设社会主义现代化国家而团结奋斗：在中国共产党第二十次全国代表大会上的报告.北京：人民出版社，2022：20.

（一）提出建设长期执政的马克思主义政党的重大时代课题

新时代新征程，习近平总书记就中国共产党如何跳出"其兴也勃焉，其亡也忽焉"历史周期率，实现长期执政的疑问，提出了"建设长期执政的马克思主义政党"这一重大时代课题，意在告诫全党牢记中国共产党是什么、要干什么这个根本问题，深化长期执政规律认识，在不断自我革命淬炼中永葆马克思主义政党本色，不断增强创造力、凝聚力、战斗力。

"建设长期执政的马克思主义政党，最根本的是要坚持马克思主义的权力观，解决权力属于谁、为谁执政的问题。"① 权力属于人民、为人民执政是中国共产党跳出历史周期率、实现长期执政的根本之道。人民信任、人民支持是中国共产党克服长期执政道路上一切艰难险阻的力量源泉。因此，立党为公、执政为民就决定了长期执政的马克思主义政党绝不能以权谋私。中国共产党没有任何自己特殊的利益，也从不代表任何利益集团、权势团体、特权阶层的利益，只代表最广大人民的根本利益，这是中国共产党永葆先进性和纯洁性的根本属性。不忘初心、牢记使命，永葆党的先进性和纯洁性，还必须以彻底自我革命精神深入推进全面从严治党，打好反腐败斗争攻坚战持久战，整体实现自我净化、自

---

① 颜晓峰.深入回答建设长期执政的马克思主义政党重大时代课题（在"第四届习近平党建重要论述研究论坛"上的发言）.光明网，2022-12-25.

我完善、自我革新、自我提高。

（二）明确新时代党的建设总要求

新时代党的建设面临的重大风险考验和突出问题，涵盖党的建设方方面面，并且各部分之间既有交叉，又有重叠，必须全面规划、周密部署、统筹推进。因此，以党章为根本遵循，把党的政治建设摆在首位，统筹推进党的各项建设，党的十九大报告提出新时代党的建设总要求，以增强党的各方面建设系统性和协同性。

新时代党的建设总要求是以习近平同志为核心的党中央建设马克思主义执政党和全面从严管党治党的大方略，作为指导新时代党的建设的总纲领和总遵循，展开为真正解决党的建设面临的突出问题的一系列新理念新思路新办法和重要结论。将坚持和加强党的全面领导确立为重要建党原则，将坚持党要管党、全面从严治党作为党的建设根本方针，这既是对百年党建历史和经验的总结，也是对新时代党的建设实践的规律性把握。将加强党的长期执政能力建设、先进性和纯洁性建设确立为新时代党的建设主线，对于有效应对长期复杂的"四大考验"和化解尖锐严峻的"四大危险"具有十分重要的战略意义。确立"5+1+1"党的建设总体布局，实现了建党百年来党的建设总体布局的与时俱进和创新发展，例如，凸显政治建设的首要地位，强调思想建设的基础性地位，新增纪律建设，将制度建设贯穿党的各项建设之中，深入推进反腐败斗争等。针对一些地方和部门党的建设质量不高，要求紧紧围绕党和国家各项工作不断提高党的建设科学化水平，提高党的建设质量。最后，就建设一个什么样的党，提出建设"始终走在时代前列、人民衷心拥护、勇于自我革命、经得起各种风浪考验、朝气蓬勃的马克思主义执政党"的新时代党的建设总目标，彰显了党的初心和使命，引领时代潮流的先进性和永葆政治本色的纯洁性。

（三）健全全面从严治党体系

党的十八大以来，以习近平同志为核心的党中央以"十年磨一剑"的意志和定力推进全面从严治党，打出了一套自我革命的"组合拳"，不断深化对自我革命规律的认识，初步构建起了全面从严治党体系，这是一项管党治党的全局性、开创性工作。因此，从事关党长期执政、国家长治久安、人民幸福安康来看，以自我革命精神推进全面从严治党是一项长期战略、永恒课题。

从党的二十大报告首次提出"健全全面从严治党体系"，到二十届中央纪委二次全会强调"全面从严治党体系应是一个内涵丰富、功能完备、科学规范、运行高效的动态系统"，习近平总书记系统阐述了健全全面从严治党体系的目标任务、实践要求并做出战略部署。"全面从严治党体系要围绕'大党建'格局展开。所谓'大党建'即指党的领导和党的建设融为一体。"[①]坚

---

① 祝灵君.新征程全面从严治党新部署：党的二十大报告党建关注点.共产党员网，2022-10-28.

持和加强党的领导是全面从严治党的核心要求，必须全面、系统、整体加以落实。思想建设是党的基础性建设，要用党的创新理论武装全党、凝心铸魂，并将之转化为坚定理想、锤炼党性、指导实践、推动工作的强大思想力量。党的力量来自组织，要坚持新时代党的组织路线，增强各级党组织政治功能和组织功能，树立大抓基层的鲜明导向。党的作风就是党的形象，要坚持党性党风党纪一起抓，党的作风建设永远在路上。纪律建设是全面从严治党的根本之策，要建立比较完善的党内法规制度体系，严格执行党的纪律规定和规章制度，为全面从严治党提供制度支撑和保障作用。反腐败是最彻底的自我革命，坚持不敢腐、不能腐、不想腐一体推进，是全面从严治党的重要方略。只有建立起布局合理、内容科学、要素齐备、统一高效的全面从严治党体系，突出党的各方面建设有机衔接和联动集成，才能不断提升党的建设质量。

（四）完善党的自我革命制度规范体系

以彻底的自我革命精神推动全面从严治党，不仅解决了一系列长期积累的深层次矛盾和新出现的突出问题，而且找到了自我革命这一跳出治乱兴衰历史周期率的第二个答案，开辟了新时代百年大党自我革命的新境界。以伟大自我革命引领伟大社会革命，以伟大社会革命促进伟大自我革命，在新时代全面从严治党伟大实践中形成的党的自我革命制度规范体系，体现了制度治党、依规治党的战略举措，为持之以恒推进全面从严治党、深入推进新时代党的建设新的伟大工程提供了坚强制度保障。

党的自我革命制度规范体系确立了坚定维护党中央集中统一领导的制度体系，落实了全面从严治党的责任制度，构建了不敢腐、不能腐、不想腐一体推进的体制机制，形成了落实中央八项规定精神常态化机制，健全了党和国家监督体系等。坚持制度治党和依规治党，显著提升了党的建设科学化、制度化、规范化水平。党的二十大报告首次对完善党的自我革命制度规范体系进行专门部署：以党章为根本遵循，为制度治党和依规治党提供根本行为规范；以民主集中制为核心，确保党的领导、人民当家作主和依法治国有机统一；完善内容科学、程序严密、配套完备、运行有效的党内法规制度体系，以提高党内法规执行力为切入点，更好彰显党内法规的权威性；坚持问题导向，增强问题意识，提高解决问题的能力，形成坚持真理、修正错误、发现问题、纠正偏差的机制。健全党统一领导、全面覆盖、权威高效的监督体系，确保党的领导和党的监督落实到位、取得实效；推进政治监督具体化、精准化、常态化，加强对"一把手"和关键岗位的监督，破解政治监督和"一把手"监督难题；全面贯彻中央巡视工作方针，落实巡视整改和成果运用具体要求。落实全面从严治党政治责任，推进"两个责任"坚守定位、高效联动，构建明责履责、担责追责的严密机制，完善管思想、管工作、管作风、管纪律的从严管理制度，加强对新提拔干部、年轻干部的教育管理监督等。

（五）坚决打赢反腐败斗争攻坚战持久战

反腐败是最彻底的自我革命，是党对新时代推进自我革命重点和规律的新认识。在全面推进党的自我净化、自我完善、自我革新、自我提高四个环节中，反腐败是自我净化这一自我革命起点的核心要求，具体体现为去杂质、排病毒、除毒瘤，保证党的肌体细胞的健康活力。但是，反腐败之所以是"最彻底"的自我革命，原因在于保证党的肌体健康是最首要、最基本的环节，没有肌体健康就没有自我完善、自我革新、自我提高，但这也是最难的、最顽固的环节，因为腐败是人类社会的顽疾和世界性难题，铲除滋生腐败的土壤和条件不是一朝一夕的事，而是需要长期坚持才能完成的。因此，只有把反腐败作为自我净化首要环节的核心，才能抓住自我革命的关键，后续的自我完善、自我革新、自我提高环节才可以顺势而为。

党风廉政建设和反腐败斗争永远在路上，必须以零容忍的态度反腐惩恶，在消除存量和遏制增量上采取更加积极有效的标本兼治举措，既有治本的制度，又有治标的利器。为此，既要坚决查处政治问题和经济问题交织的腐败，坚决防止领导干部成为利益集团和权势团体的代言人、代理人，又要坚决治理政商勾连破坏政治生态和经济发展环境问题，深化整治权力集中、资金密集、资源富集领域的腐败，坚决惩治群众身边的"蝇贪"，加强新时代廉洁文化建设。总之，坚

决打赢反腐败斗争攻坚战持久战，必须坚持系统观念，通过
严厉惩治、规范权力、教育引导的步骤和举措，一体推进不
敢腐、不能腐、不想腐，在党的自我革命进程中取得更多制
度性成果和治理效能。

第十四章

坚持问题导向，推动
新的实践

党的二十大报告把"坚持问题导向"作为习近平新时代中国特色社会主义思想世界观和方法论的重要内容之一，并指出，"问题是时代的声音，回答并指导解决问题是理论的根本任务"。人类认识世界、改造世界的过程，就是一个发现问题、解决问题的过程。坚持问题导向，是马克思主义的重要品质，是习近平新时代中国特色社会主义思想的鲜明风格，也是党的十八大以来以习近平同志为核心的党中央治国理政的突出特点。

一、系统解答中国之问、世界之问、人民之问、时代之问的科学理论

"问题是时代的声音，回答并指导解决问题是理论的根本任务。"当今世界正经历百年未有之大变局，我国正处于实现中华民族伟大复兴的关键时期。习近平总书记强调："面对快速变化的世界和中国，如果墨守成规、思想僵化，没有理论创新的勇气，不能科学回答中国之问、世界之问、人民之问、时代之问，不仅党和国家事业无法继续前进，马克思主义也会失去生命力、说服力。"① 以

---

① 习近平. 习近平谈治国理政：第 4 卷. 北京：外文出版社，2022：30.

习近平同志为核心的党中央,面对百年变局的复杂局面,全面统筹国内国际两个大局,在全面建成小康社会的基础上,又开启全面建设社会主义现代化国家新征程,提出了一系列原创性的新理论、新思想、新战略,集中展现了马克思主义中国化的最新成果,科学回答了中国之问、世界之问、人民之问、时代之问。

(一)推动党和国家事业取得历史性成就的深刻总结

科学回答中国之问,就要始终不渝坚持和发展中国特色社会主义。习近平总书记指出:"当代中国的伟大社会变革,不是简单延续我国历史文化的母版,不是简单套用马克思主义经典作家设想的模板,不是其他国家社会主义实践的再版,也不是国外现代化发展的翻版。"[①]科学回答中国之问,必须对新时代党和国家事业发展面临的一系列重大理论和实践问题进行深邃思考和科学判断。当代中国正在经历人类历史上最为宏大而独特的实践创新,改革发展稳定任务之重、矛盾风险挑战之多、治国理政考验之大前所未有,世界百年未有之大变局深刻变化前所未有。坚持和发展中国特色社会主义理论和实践,提出了大量亟待解决的新问题。习近平总书记以马克思主义政治家、思想家、战略家的深刻洞察力、敏锐判断力、理论创造力,准确把握中国特色社会主义的历史新方位、时代新变化、实践新要求,用马克思主义之"矢"去射新时代中国之"的",科学回答

---

① 习近平.习近平谈治国理政:第3卷.北京:外文出版社,2020:76.

了一系列重大理论和实践课题。这些重大理论和实践课题内涵十分丰富，主要包括新时代坚持和发展中国特色社会主义的总目标、总任务、总体布局、战略布局和发展方向、发展方式、发展动力、战略步骤、外部条件、政治保证等方面，并根据新的实践对经济、政治、法治、科技、文化、教育、生态文明、国家安全、国防建设、统一战线、外交战线、祖国统一、党的建设等方面，做出了理论分析和政策指导。

中国特色社会主义道路，是实现我国社会主义现代化的必由之路，是创造人民美好生活的必由之路。中国特色社会主义道路，既坚持以经济建设为中心，又全面推进经济建设、政治建设、文化建设、社会建设、生态文明建设以及其他各方面建设；既坚持四项基本原则，又坚持改革开放；既不断解放和发展社会生产力，又逐步实现全体人民共同富裕、促进人的全面发展。这条道路既不是"传统的"，也不是"外来的"，更不是"西化的"，而是我们"独创的"，是一条人间正道。只有这条道路而没有别的道路，能够引领中国进步，实现人民幸福。

坚持和发展中国特色社会主义，是习近平新时代中国特色社会主义思想的核心要义。中国特色社会主义，是党和人民历经千辛万苦、付出巨大代价取得的根本成就。在对中国之问的科学回答中，以习近平同志为核心的党中央提出了一系列原创性治国理政新贡献。比如，提出统筹推进"五位一体"总体布局、协调推进"四个全面"战略布局；提出坚持和完善中国特色社会主义制度、推进国家治理体系和治理能力现代化；在党的基本理论、基本路线基础上提出"八个明确"、"十四个坚持"等新时代中国特色社会主义基本方略，并根据新的实践对党和国家事业各方面做出理论分析和政策指导，推动党和国家事业取得历史性成就、发生历史性变革。习近平新时代中国特色社会主义思想深刻回答了新时代坚持和发展什么样的中国特色社会主义、怎样坚持和发展中国特色社会主义的重大时代课题，实现了对中国特色社会主义建设规律认识的新跃升；深刻回答了建设什么样的社会主义现代化强国、怎样建设社会主义现代化强国的重大时代课题，进一步指明了中国式现代化道路的新图景；深刻回答了建设什么样的长期执政的马克思主义政党、怎样建设长期执政的马克思主义政党的重大时代课题；等等。这些重要论述，丰富拓展了中国特色社会主义的内涵和外延，为我们立足中国大地、聚合磅礴之力走好自己的路，提供了更具实践广度、现实深度、历史厚度的思想理论支撑。

（二）正确认识和处理中国和世界关系的战略洞察

科学回答世界之问，就要正确认识和处理好中国与世界的关系，积极推动构建人类命运共同体。世界的发展需要中国，中国的发展离不开世界。"世界潮流，浩浩荡荡，顺之则昌，逆之则亡。"正确处理中国和世界的关系，是事关党的事业成败的重大问题。中国共产党的诞生，社会主义中国的成立，改革开放的实行，都是顺应世界发展大势的结果。在当今世界形势不断发展变化、中国同世界的联系和互动空前紧密的情况下，我们更要密切关注国际形势发展变化，把握世界大势，统筹好国内国际两个大局,在时代前进潮流中把握主动、赢得发展。

处理好中国与世界的关系,必须以全球视野回答好当今世界面临的重大问题。构建人类命运共同体重要战略思想,是习近平总书记着眼人类发展和世界前途提出的中国理念、中国方案,受到国际社会的高度评价和热烈响应,成为中国引领时代潮流和人类文明进步方向的鲜明旗帜。习近平总书记作为大党大国领袖,始终关注人类前途命运,洞察世界大势,科学回答了世界之问。

科学回答世界之问,就要深刻把握世界百年未有之大变局与中华民族伟大复兴战略全局的辩证关系。党的十九届六中全会通过的《中共中央关于党的百年奋斗重大成就和历史经验的决议》指出:"党始终以世界眼光关注人类前途命运,从人类发展大潮流、世界变化大格局、中国发展大历史正确认识和处理同外部世界的关系"。科学回答世界之问,首先要深刻认识和把握当今世界百年未有之大变局。习近平总书记指出:"当今世界正在经历百年未有之大变局。这场变局不限于一时一事、一国一域,而是深刻而宏阔的时代之变。"在这场大变局中,时代之变和世纪疫情相互叠加,世界进入新的动荡变革期,世界面临的挑战更具全局性、复杂性、不确定性。"世界怎么了?""人类向何处去?"等一系列世界之问,需要包括中国人民在内的世界各国人民科学回答。习近平总书记强调:"大变局带来大挑战,也带来大机遇,我们必须因势而谋、应势而动、顺势而为。"以习近平同志为核心的党中央心怀"国之大者",坚持正确的历史观、大局观、角色观,深刻把握世界百年未有之大变局与中华民族伟大复兴战略全局的辩证关系，立足大局、统筹全局、引领变局、开创新局，努力实现变中求进、变中突破、变中取胜，在科学回答世界之问中引领世界大变局朝着有利于中华民族伟大复兴、有利于世界和平与进步的方向发展。

科学回答世界之问，就要始终站在历史正确的一边，站在人类进步的一边，高举和平、发展、合作、共赢的旗帜，弘扬和平、发展、公平、正义、民主、自由的全人类共同价值，推动建设新型国际关系，推动构建人类命运共同体，引领人类进步潮流；实行更加积极主动的开放战略，构建更大范围、更宽领域、更深层次对外开放格局；提出全球发展倡议，呼吁国际社会关注发展中国家面临的紧迫问题，共同推动全球发展迈向平衡协调包容新阶段；推进共建"一带一路"，推动经济全球化朝着更加开放、包容、普惠、平衡、共赢的方向发展；积极参与全球治理体系改革和建设，坚决维护和践行真正的多边主义，展现负责任大国形象，推动我国国际影响力、感召力、塑造力显著提升。

科学回答世界之问，就要坚持始终不渝走和平发展道路，做维护世界和平、促进世界共同发展的重要力量。走和平发展道路，是中国根据时代发展和我国国家利益做出的战略决策。习近平总书记指出："中国梦需要和平，只有和平才能实现梦想。"没有和平的国际环境，中国不可能顺利发展；没有发展，中国和世界也不能有持久的和平。中国走和平发展道路，不是权宜之计，更不是外交辞令，而是从历史、现实、未来的客观判断中得出的结论。中国走和平发展道路的自信和自觉，来源于中华文明的深厚渊源，来源于对现实中国发展目标条件的认知，来源于对世界发展大势的把握。中国人民愿意同各国人民和睦相处、和谐发展，共谋和平、共护和平、共享和平。中国无论发展到什么程度，永远不称霸，永远不搞扩张，始终做全球发展的贡献者、世界和平的建设者、国际秩序的维护者。

科学回答世界之问，就要构建人类命运共同体。"建设持久和平、普遍安全、共同繁荣、开放包容、清洁美丽的世界"是人类社会共同的价值追求，汇集起了世界各国人民对和平、发展、繁荣向往的最大公约数。宇宙只有一个地球，人类共有一个家园。在世界面对百年不遇的大变局和动荡不定局势下，没有哪个国家可以独善其身、单独应对各种挑战，和平与发展已成为世界各国人民的共同心声。只有坚持和平发展、携手合作，才能实现共赢；只有同舟共济，才能促进世界各国的和平与发展。要坚持对话协商，建设一个持久和平的世界；要坚持共建共享，建设一个普遍安全的世界；要坚持合作共赢，建设一个共同繁荣的世界；要坚持绿色低碳，建设一个清洁美丽的世界。

（三）促进改革发展成果更多惠及全体人民的政治考量

科学回答人民之问，始终坚持人民至上，推动发展成果由人民共享。中国共产党人始终坚持为中国人民谋幸福、为中华民族谋复兴的初心使命，把人民对美好生活的向往作为我们党的奋斗目标。中国特色社会主义进入新时代，我国社会主要矛盾已经转化为人民日益增长的美好生活需要和不平衡不充分的发展之间的矛盾。中国共产党如何满足人民对美好生活的向往，就是必须回答的"人民之问"。人民性是马克思主义最鲜明的品格，人民立场是马克思主义政党的根本政治立场。习近平总书记指出："必须牢记我们的共和国是中华人民共和国，始终要把人民放在心中最高的位置，始终全心全意为人民服务，始终为人民利益和幸福而努力工作。"习近平总书记始终把人民放在心中最高位置。党的十八大以来，他风雨兼程、访贫问苦，从黄土高坡到青藏高原，从太行山区到乌蒙山区，从零下几十度到海拔数千米，从"贫瘠甲天下"的甘肃定西到"隔山走一天"的四川大凉山，足迹遍布全国各地，察民情、听民声、思对策，模范践行了人民至上的价值理念。习近平总书记指出："要始终把人民放在心中最高的位置，牢记责任重于泰山，时刻把人民群众的安危冷暖放在心上，兢兢业业，夙夜在公，始终与人民心心相印、与人民同甘共苦、与人民团结奋斗。"随着我国迈入中等收入国家行列，人民群众对美好生活的愿景不断提升。人们期待各项改革全面推进，期盼经济更有活力，政府更加高效，文化更加繁荣，生活更有保障，社会更加和谐，生态更加优良，权益得到更好维护。如何把人民的期待变成我们的行动，把人民的希望变成生活的现实，让改革发展成果更多惠及全体人民，需要我们党进一步强化宗旨意识，进一步深化战略考量，进一步转变发展理念。

把人民对美好生活的向往作为我们的奋斗目标，最终要落实到实现好、维护好、发展好最广大人民的根本利益上。对幸福生活的追求是推动人类文明进步最持久的力量，人民在追求美好生活的过程中不断有新要求新需要，这些新要求新需要给党的创新理论提出了大量亟待解决的课题。"民之所忧，我必念之；民之所盼，我必行之。"百余年来，我们党始终代表中国最广大人民根本利益，坚守人民立场、维护人民利益，对人民之问做出科学回答。江山就是人民，人民就是江山。习近平总书记指出，我们要不断解决人民最关心最直接最现实的利益问题，努力让人民过上更好生活。在习近平新时代中国特色社会主义思想中，"人民"二字具有基础性、根本性的地位和作用，人民至上是理论基点、价值支点、实践原点，也是我们党治国理政的出发点、落脚点。进入新时代，我国社会主要矛盾已经转化为人民日益增长的美好生活需要和不平衡不充分的发展之间的矛盾，人民对美好生活的向往更加强烈，期盼有更好的教育、更稳定的工作、更满意的收入、更可靠的社会保障、更高水平的医疗卫生服务、更舒适的居住条件、更优美的环境、更丰富的精神文化生活，不仅对物质文化生活提出了更高要求，而且在民主、法治、公平、正义、安全、环境等方面的要求日益增长。面对人民群众新要求新期待，我们党坚持从群众中来、到群众中去，在出台重要方针政策前，都要深入基层调查研究，了解和掌握第一手材料；坚持发展为了人民、发展依靠人民、发展成果由人民共享，更加聚焦人民群众普遍关注的民生问题，采取有针对性的措施，努力补齐民生领域短板，让人民群众的获得感、幸福感、安全感更持续更有保障。以习近平同志为核心的党中央坚持以人民为中心的发展思想，推动人的全面发展、全体人民共同富裕取得更为明显的实质性进展。

在科学回答人民之问中，我们党提出一系列新理念新部署新要求，在幼有所育、学有所教、劳有所得、病有所医、老有所养、住有所居、弱有所扶上持续用力，不断提高保障和改善民生水平；组织实施人类历史上规模最大、力度最强的脱贫攻坚战，历史性地解决困扰中华民族几千年的绝对贫困问题，在中华大地上全面建成了小康社会；不断发展全过程人民民主，推进人权法治保障，坚决维护社会公平正义，人民享有更加广泛、更加充分、更加全面的民主权利；坚持人民至上、生命至上，取得抗击新冠疫情重大战略成果；等等。这一系列真招实招，推动改革发展成果更多更公平惠及全体人民，让人民的获得感、幸福感、安全感更加充实、更有保障、更可持续。

（四）推动中国从"赶上时代"到"引领时代"的理论指导

时代是出卷人。一个时代有一个时代的问题，一代人有一代人的使命，在百年变局与世纪疫情相互交织的时代背景下，中国和世界都面临着新的时代之问。"中国共产党怎样带领人民继续进行伟大社会革命？中国共产党如何实现自我革命？怎样为人类和平与发展书写中国篇章？"这是摆在中国面前的时代之问。新课题亟需新思想，新实践亟待新理论。习近平新时代中国特色社会主义思想作为当代中国的马克思主义，科学地回答了这一系列时代之问。进入新时代，我们实现了从"赶上时代"

到"引领时代"的伟大跨越。习近平总书记强调:"中国特色社会主义进入新时代,在中华人民共和国发展史上、中华民族发展史上具有重大意义,在世界社会主义发展史上、人类社会发展史上也具有重大意义。"时代是思想之母,实践是理论之源。习近平新时代中国特色社会主义思想坚持把马克思主义基本原理同中国具体实际相结合、同中华优秀传统文化相结合,运用科学的世界观方法论,既科学回答了中国的时代之问,也为解决世界的时代之问提供了独树一帜的智慧与方案。

从中华人民共和国发展史看,进入新时代,我国经济发展平衡性、协调性、可持续性明显增强,国家经济实力、科技实力、综合国力跃上新台阶,续写了经济快速发展和社会长期稳定两大奇迹。2021年,国内生产总值达到114万亿元,人均国内生产总值超过1.2万美元。2020年,全国群众安全感指数达到98.4%,我国成为世界上最有安全感的国家之一。从中华民族发展史看,进入新时代,以习近平同志为核心的党中央团结带领全党全军全国各族人民砥砺前行,为实现中华民族伟大复兴提供了更为完善的制度保证、更为坚实的物质基础、更为主动的精神力量,推动中华民族迎来了从站起来、富起来到强起来的伟大飞跃,实现中华民族伟大复兴进入了不可逆转的历史进程。从世界社会主义发展史看,进入新时代,马克思主义中国化时代化不断取得成功,马克思主义以崭新形象展现在世界上,世界范围内社会主义和资本主义两种意识形态、两种社会制度的历史演进及其较量发生了有利于社会主义的重大转变。从人类社会发展史看,进入新时代,我们坚持和发展中国特色社会主义，推动物质文明、政治文明、精神文明、社会文明、生态文明协调发展，创造了中国式现代化道路，创造了人类文明新形态，拓展了发展中国家走向现代化的途径，给世界上那些既希望加快发展又希望保持自身独立性的国家和民族提供了全新选择，引领和推动了人类现代化进程。

习近平总书记强调："大变局带来大挑战，也带来大机遇，我们必须因势而谋、应势而动、顺势而为。"马克思主义的"行"、中国特色社会主义的"好"已经在"四个之问"的答卷上得到了充分的验证。奋进新征程、建功新时代，只有坚持以习近平新时代中国特色社会主义思想为指导，解放思想、实事求是、守正创新，更好地把坚持马克思主义和发展马克思主义统一起来，才能继续回答好中国之问、世界之问、人民之问、时代之问，努力回应实践呼声、满足人民需要，不断创造新时代中国特色社会主义新辉煌。

二、新时代新征程党和国家事业发展的行动指南

（一）使命任务：以中国式现代化实现中华民族伟大复兴

建设社会主义现代化强国，实现中华民族伟大复兴，是中华民族的最高利益和根本利益。我们党领导中国人民进行的一切斗争，归根到底都是为了实现这一伟大目标。在新时代，围绕如何全面建设社会主义现代化这一重大问题，习近平总书记提出了一系列新思想新观点新要求。党的二十大报告首次系统

阐述了"中国式现代化"，在实践层面体现了"敢于干前人没有干过的事情"，在理论层面体现了"敢于说前人没有说过的新话"。

中国式现代化是人口规模巨大的现代化。其一，我国 14 亿多人口整体迈进现代化社会，规模超过现有发达国家人口的总和。其二，在全球能源危机和粮食危机时有加剧、不少国家饱受冲击的环境下，我国 14 亿多人的粮食安全、能源安全得到有效保障，守住了中国式现代化的安全底线。其三，在 14 亿多人中，近 1 亿农村贫困人口实现脱贫，绝对贫困问题得到历史性解决，形成世界上人口最多的中等收入群体，富裕家庭数量和财富持续增长，全面建成小康社会，"橄榄型"社会各阶层收入底座实现系统性、同步性提高，结构稳定性持续加强，为实现普遍富裕基础上的差别富裕奠定了牢固的现实基础。

中国式现代化是全体人民共同富裕的现代化。当前，日益扩大的贫富差距和趋于尖锐的两极分化现象在发达国家、发展中国家频发，带来一系列严重的社会和政治问题，不仅阻碍了各自的现代化进程，而且在某些区域、某些国家形成内部矛盾溢出效应，引致全球性或区域性的发展难题、治理难题。为此，一方面我国始终保持对现代化进程中贫富差距过快扩大的高度警惕和有分寸的调控，在"做大蛋糕"的同时，更加注重发展共享、分配公平和民生福祉；另一方面坚持客观研判，吸取历史经验教训，决不做超越发展阶段的事情。正如马克思所指出的，"权利决不能超出社会的经济结构以及由经济结构制约的社会的文化发展"，我国把共同富裕的当前工作重点放在构建初次分配、再分配、第三次分配协调配套的制度体系上，耐心反复释疑、澄清、强调、普及，共同富裕不是走回头路，不是杀富济贫，不是逼捐，不是"同时同步同等富裕"，更不是吃大锅饭和西方的高福利政策，要持续凝聚共识，完善配套制度。

中国式现代化是物质文明和精神文明相协调的现代化。一方面，我国大力弘扬与科学社会主义主张具有高度契合性的优秀传统文化，更加广泛地开展同各国的文化交流，主动学习借鉴世界一切优秀文明成果，支持培育现代创新文化，鼓励人人参与、人人奋斗、勤俭节约，发展面向现代化、面向世界、面向未来的，民族的科学的大众的社会主义文化，增强"四个自信"，增强实现中华民族伟大复兴的精神力量。另一方面，在尊重公民守法前提下的信仰自由、认知自由的基础上，对个体化的"躺平"、享乐、物质化、个人主义等思维行为加以换位思考和理解包容，注重用社会主义先进文化去感染和引导。

中国式现代化是人与自然和谐共生的现代化。我国虽在先污染、后治理的现代化必经之路中走过一段粗放式发展历程，却在社会主义初级阶段就主动提前部署绿色发展战略，并未坐等产业升级完全实现后再回头治污，更未在共建"一带一路"和国际产能合作中转移污染，而是坚持山水林田湖草沙一体化保护和系统治理，纵深推进污染防治攻坚战，生态环境保护发生历史性、转折性、全局性变化，祖国天更蓝、山更绿、水更清。

中国式现代化是走和平发展道路的现代化。我国有信心、有底气坚决不走现代化的老路，根本原因在于以人民为中心，坚持共同富裕，坚持人的全面发展，坚持人与自然和谐共生。这不仅可以有效管控两极分化趋向和对自然的无度索取，切实化解社会矛盾、生态危机及可能的连锁反应，还可以通过扩大内需与供给侧结构性改革的深入结合，增强国内大循环内生动力和可靠性，提升国际循环质量和水平，完全不需要外部干预或干预外部就能解决好自身稳定发展的问题，完全不必将对外转嫁矛盾、损人利己且积重难返的现代化老路作为救命稻草，更可在维护世界和平与发展、构建人类命运共同体中发挥好建设性作用。

（二）首要任务：始终聚焦高质量发展这个主题

高质量发展是"十四五"乃至更长时期我国经济社会发展的主题。高质量发展，是能够很好满足人民日益增长的美好生活需要的发展，是体现新发展理念的发展，是创新成为第一动力、协调成为内生特点、绿色成为普遍形态、开放成为必由之路、共享成为根本目的的发展。更明确地说，高质量发展，就是经济发展从"有没有"转向"好不好"。"十四五"时期是我国全面建成小康社会、实现第一个百年奋斗目标之后，乘势而上开启全面建设社会主义现代化国家新征程、向第二个百年奋斗目标进军的第一个五年。习近平总书记在参加十三届全国人大四次会议青海代表团审议时强调："高质量发展是'十四五'乃至更长时期我国经济社会发展的主题，关系我国社会主义现代化建设全局。高质量发展不只是一个经济要求，而是对经济社会发展方方面面的总要求；不是只对经济发达地区的要求，而是所有地区发展都必须贯彻的要求；不是一时一事的要求，而是必须长期坚持的要求。"2024年的《政府工作报告》指出："全面贯彻落实党的二十大和二十届二中全会精神，按照中央经济工作会议部署，坚持稳中求进工作总基调，完整、准确、全面贯彻新发展理念，加快构建新发展格局，着力推动高质量发展。"我们要准确理解高质量发展的内涵，紧紧抓住高质量发展这个主题，推动我国经济社会发展取得更加优异的成绩。

高质量发展是当前和今后一个时期我们确定发展思路、制定经济政策、实施宏观调控的根本要求。科技创新是推动经济高质量发展的重要支撑，要加快建设现代化经济体系，提升科技创新能力，强化科技自立自强，加强基础研究，加大研发投入，实现更多关键核心技术自主可控，进而提高全要素生产率；要依靠创新推动实体经济高质量发展，深入实施制造强国战略，调整经济结构，提升产业能级，优化产业链供应链，推动数字化转型。同时，要坚持扩大内需这个战略基点，充分挖掘国内市场潜力，实行高水平对外开放，推动我国经济运行保持在合理区间。加强统筹协调，既要统筹第一、二、三产业协调发展，深入实施区域重大战略、区域协调发展战略、主体功能区战略，又要健全城乡融合发展体制机制，推动巩固拓展脱贫攻坚成果同乡村振兴有效衔接，优化对口帮扶工作。

推动高质量发展的目的是满足人民群众日益增长的美好生活需要。必须坚持以人民为中心，始终做到发展为了人民、发展依靠人民、发展成果由人民共享。坚决维护人民群众的根本利益，进一步在就业、教育、医疗、住房、基本民生保障和收入分配等领域促进社会公平，提高公共服务可及性和均等化水平。聚焦广大人民群众最关心的热点、难点问题，不断提高社会建设水平，持续不断地解民忧、纾民困，及时回应群众关切，做到想群众之所想、急群众之所急、解群众之所困。不断推动幼有所育、学有所教、劳有所得、病有所医、老有所养、住有所居、弱有所扶取得新进展，不断提高人民群众的生活水平和生活品质，使经济高质量发展和人民高品质生活有机结合、相得益彰。

高质量发展离不开制度支撑和保障，必须加快完善社会主义市场经济体制。要进一步深化改革，构建高水平社会主义市场经济体制，建立健全高标准市场体系，强化竞争政策基础性地位，充分激发市场主体的动力、活力、潜力。要进一步转变政府职能，深化简政放权、明晰权责清单、推进依法行政、优化服务内涵，提高公共服务水平、提升治理效率。要纵深推进"放管服"改革，深化推进"证照分离"改革，加快营造市场化、法治化、国际化营商环境。要加强数字政府建设，创新经济管理和社会治理，大力推进更多政务服务事项和社会治理实现"一网通办""一网通管"，加快实现"跨省通办"。

（三）本质要求：推动共同富裕取得更为明显的实质性进展

在高质量发展中促进共同富裕，是以习近平同志为核心的党中央立足新发展阶段、着眼我国社会主要矛盾变化做出的重大决策，是从全局高度谋划推进全体人民共同富裕的战略之举，对于激励全党全国各族人民向着第二个百年奋斗目标坚定前行具有重大而深远的意义。我们要深入学习、贯彻落实习近平总书记关于共同富裕的重要论述精神，把思想和行动统一到党中央决策部署上来，扎实推动共同富裕取得更为明显的实质性进展。

共同富裕是社会主义的本质要求。消除贫困、改善民生、逐步实现共同富裕，是社会主义的本质要求，是我们党的重要使命。我们建设中国特色社会主义，就是要通过建设社会主义市场经济、民主政治、先进文化、和谐社会、生态文明，促进人的全面发展，促进社会公平正义，逐步实现全体人民共同富裕。在中国式现代化道路上实现的共同富裕，是全体人民的共同富裕，是人民群众物质生活和精神生活都富裕。促进全体人民共同富裕，把增进人民福祉、促进人的全面发展、朝着共同富裕方向稳步前进作为经济发展的出发点和落脚点，是坚持以人民为中心的发展思想的生动体现。我们要深刻理解促进共同富裕的重大意义，为实现人民对美好生活的向往而不懈奋斗。

准确把握促进共同富裕的重要原则。习近平总书记强调，要"鼓励勤劳创新致富"，"坚持基本经济制度"，"尽力而为量力而行"，"坚持循序渐进"。这深刻阐明了促进共同富裕需要把握好的重要原则。幸福生活都是奋斗出来的，共同富裕要靠勤劳智慧来创造。党的十八大以来，以习近平同志为核心的党中央把握发展阶段新变化，把逐步实现全体人民共同富裕摆在更加重要的位置上，推动区域协调发展，采取有力措施保障和改善民生，打赢脱贫攻坚战，全面建成小康社会。实现新的奋斗目标，开创更加美好的未来，必须依靠辛勤劳动、诚实劳动、创造性劳动。实现共同富裕目标，首先要通过全国人民共同奋斗把"蛋糕"做大做好，然后通过合理的制度安排把"蛋糕"切好分好。共同富裕是一个长远目标，不可能一蹴而就，对其长期性、艰巨性、复杂性要有充分估计。我们要实现14亿多人的共同富裕，这是一个在动态中向前发展的过程。不同人群实现富裕的程度会有高有低，时间上也会有先有后，不同地区富裕程度还会存在一定差异，不可能齐头并进。我们必须脚踏实地、久久为功，保持历史耐心，实打实地一件事一件事办好，办出切切实实的成效。

在高质量发展中促进共同富裕。习近平总书记强调，要"在高质量发展中促进共同富裕"。这就深刻揭示了推动高质量发展与促进共同富裕的内在联系，指明了实现共同富裕的实践途径。在高质量发展中促进共同富裕，要坚持以人民为中心的发展思想，正确处理效率和公平的关系，构建初次分配、再分配、第三次分配协调配套的基础性制度安排，加大税收、社保、转移支付等调节力度并提高精准性，扩大中等收入群体比重，增加低收入群体收入，合理调节高收入，取缔非法收入，形成中间大、两头小的橄榄型分配结构。高质量发展需要高素质劳动者，只有促进共同富裕，提高城乡居民收入，提升人力资本，才能提高全要素生产率，夯实高质量发展的动力基础。要坚持在发展中保障和改善民生，把推动高质量发展放在首位，为人民提高受教育程度、增强发展能力创造更加普惠公平的条件，提升全社会人力资本和专业技能，提高就业创业能力，增强致富本领。要着眼于满足人民日益增长的美好生活需要，贯彻新发展理念，着力解决发展不平衡不充分的问题，提高发展质量，不断提高人民生活品质、生活品位，让发展成果更多更公平惠及全体人民，促进社会公平正义，在幼有所育、学有所教、劳有所得、病有所医、老有所养、住有所居、弱有所扶上不断取得新进展，不断朝着全体人民共同富裕迈进。

（四）领导力量：时刻保持解决大党独有难题的清醒和坚定

打铁必须自身硬。办好中国的事情，关键在党，关键在党要管党、全面从严治党。党的二十大报告指出："全面建设社会主义现代化国家、全面推进中华民族伟大复兴，关键在党。""大党独有难题"是习近平总书记在党的二十大报告中首次提到的重大理论命题，在二十届中央纪委二次全会上，习近平总书记深刻分析了"大党独有难题"的形成原因、表现形式和破解之道。习近平总书记指出，治国必先治党，党兴才能国强。要时刻保持解决大党独有难题的清醒和坚定，勇于自我革命，一刻不停全面从严治党，坚定不移反对腐败，始终保持党的团结统一，确保党永远不变质、不变色、不变味，为强国建设、民族复兴提供坚强保证。这充分彰显着以习近平同志为核心的党中央坚定不移推进全面从严治党的深沉忧患意识、高度历史自觉和强烈使命担当。对于"办好中国的事情，关键在党"这一重要论断，我们可以从三个维度予以阐释：第一，中国共产党承载了自近代以来中国人民和中华民族客观存在的意愿和要求的最大公约数，比如实现国家统一、推进经济社会全面发展、建立人民民主、实现文化繁荣兴盛、为人类做出新的更大贡献等等，这些都是党的初心使命的重要内容，也是党为人民谋幸福、为民族谋复兴的具体体现。所有直径交汇的地方就是圆心，亦即最大公约数，党是人民群众的领导核心和主心骨；人民群众具体、历史的意愿和要求成为长短不同的半径，党群关系是同心圆。党只要始终坚守初心使命，就能固守圆心，找到最大公约数，画出最大同心圆，持续不断地把中国人民和海内外中华儿女牢牢凝聚起来，汇聚起以中国式现代化实现中华民族伟大复兴的磅礴力量。第二，中国共产党带领民主党派和全国人民共同缔造了中华人民共和国，在不断完善社会主义制度的基础上不断解放和发展社会生产力，推动一个5 000多年的文明大国实现整体转型。今天的中华民族伟大复兴绝不是复兴中国历史上的某一个时期，而是一个全新目标和全新任务，中国式现代化锚定的目标要达到行稳致远的效果，注定离不开人民共和国的力量和社会主义方向，离不开中国共产党的领导。第三，党的领导融进了单一制国家治理结构之中，成为国家治理的有机组成部分。党的领导融进国家治理各领域、各方面、各环节，党的领导制度是党和国家的根本领导制度，坚持和完善党和国家的领导制度是推进国家治理体系和治理能力现代化的"芯片"和关键，为中国式现代化注入不竭动力。党的政治功能为社会治理提供方向，党的组织功能为社会治理提供秩序，党的服务功能为社会治理提供活力，党的整体功能的发挥确保党建引领基层社会治理，为成功推进当代中国市域治理现代化和完善社会治理体系提供根本前提。

要时刻保持解决大党独有难题的清醒和坚定。中国共产党在当代中国政治生活中的地位非常重要，可是一个时期以来，随着一系列长期积累及新出现的突出矛盾逐步显现，党内不少问题浮出水面，引起党和社会的高度关注。党的二十大报告指出，十年前，"党内存在不少对坚持党的领导认识模糊、行动乏力问题，存在不少落实党的领导弱化、虚化、淡化问题，有些党员、干部政治信仰发生动摇，一些地方和部门形式主义、官僚主义、享乐主义和奢靡之风屡禁不止，特权思想和特权现象较为严重，一些贪腐问题触目惊心。"2018年，习近平总书记在全国组织工作会议上指出："党的十八大之前，面对一个时期以来党内存在的突出问题，全党是忧心忡忡的，我是忧心忡忡的。想来想去，打铁必须自身硬。党的十八大之后，党中央作出全面从严治党的战略部署，以坚定决心、顽强意志加以推进，团结带领全党开创了党的建设新局面，为党和国家事业取得历史性成就、发生历史性变革提供了坚强政治保证。"如此看来，面对党的建设存在的突出问题，中国共产党并没有仅仅停留在"忧心忡忡"的状态上，而是以实际行动寻找破解之道。党的二十大报告指出，我们党作为世界上最大的马克思主义执政党，要始终赢得人民拥护、巩固长期执政地位，必须时刻保持解决大党独有难题的清醒和坚定。首先，中国共产党是世界上最大的政党，这是从党员规模和组织层级讲；其次，中国共产党是马克思主义政党，必须永葆先进性和纯洁性，确保不变质、不变色、不变味，这是从性质宗旨讲；最后，中国共产党致力于中华民族千秋伟业，是一个长期执政的马克思主义政党，这是从执政能力和领导水平要求讲。这三个特征融合，注定形成"大党独有难题"。习近平总书记指出，"我们党作为世界上最大的政党，大就要有大的样子，大也有大的难处"。具体来看，党的规模越大，要从政治上思想上形成共识，确保党中央权威和集中统一领导就越难；大党的层级越多，自上而下的压力层层递减、责任层层加码就可能出现，导致全党步调一致难、有力执行难；党员规模越大，由上至下的监督成本越高，监督管理党员队伍和干部队伍就越难；在社会主义市场经济等条件下，商品交换的原则不可避免地会渗透到党内生活中，导致党内外各种利益矛盾协调越难；在长期执政条件下，随着党生存发展的外部压力降低，要保持革命本色、防止温水煮青蛙就越难；中国共产党不仅要为中国人民谋幸福、为中华民族谋复兴，还要为人类谋进步、为世界谋大同，必须学会洞察世界、引领世界，在此过程中存在不少难题。

新时代解决大党独有难题的根本途径在于坚持全面从严治党，在于坚持党的自我革命。2016 年 1 月，习近平总书记首次对"全面从严治党"进行了阐释：全面从严治党核心是加强党的领导，基础在全面，关键在严，要害在治。基础在全面，就是要防漏洞、补短板，但是"全面"中也有辩证法，即注重"全面"也要抓"关键少数"，如高级干部、"一把手"、领导班子成员等，由抓住"关键少数"向管住"绝大多数"拓展。关键在严，严在"真、敢、长"，严是一种态度，但严中有爱，严管和厚爱结合、激励和约束并重，这也体现了辩证法思维。要害在治，就是落实全面从严治党主体责任，贯通在责任制链条中。党的二十大报告正式提出"健全全面从严治党体系"，全面从严治党体系应是一个内涵丰富、功能完备、科学规范、运行高效的动态系统。习近平总书记在二十届中央纪委二次全会上指出，"健全这个体系，需要坚持制度治党、依规治党，更加突出党的各方面建设有机衔接、联动集成、协同协调，更加突出体制机制的健全完善和法规制度的科学有效，更加突出运用治理的理念、系统的观念、辩证的思维管党治党建设党。要坚持内容上全涵盖、对象上全覆盖、责任上全链条、制度上全贯通，进一步健全全面从严治党体系"。百余年来，我们党外靠发展人民民主、接受人民监督，内靠全面从严治党、推进自我革命，勇于坚持真理、修正错误，勇于刀刃向内、刮骨疗毒，保证了党长盛不衰、不断发展壮大。

三、谱写马克思主义中国化时代化 新篇章的实践要求

（一）掌握精髓要义，在完整准确理解党中央决策部署上下功夫

要准确把握习近平新时代中国特色社会主义思想的科学内涵、精髓要义。学习习近平新时代中国特色社会主义思想，要全面系统学、用心用情悟，准确把握其核心要义、丰富内涵，自觉用其武装头脑、指导实践、推动工作。

习近平新时代中国特色社会主义思想是系统全面、逻辑严密、内涵丰富、内在统一、不断发展的科学理论体系。习近平新时代中国特色社会主义思想坚持把马克思主义基本原理同中国具体实际相结合、同中华优秀传统文化相结合，坚持解放思想、实事求是、守正创新，坚持用马克思主义之"矢"去射新时代中国之"的"，科学回答新时代坚持和发展什么样的中国特色社会主义、怎样坚持和发展中国特色社会主义，建设什么样的社会主义现代化强国、怎样建设社会主义现代化强国，建设什么样的长期执政的马克思主义政党、怎样建设长期执政的马克思主义政党等重大时代课题，科学回答中国之问、世界之问、人民之问、时代之问，提出一系列原创性的治国理政新理念新思想新战略。

习近平新时代中国特色社会主义思想是当代中国马克思主义、21世纪马克思主义。中国共产党第十九次全国代表大会，把习近平新时代中国特色社会主义思想确立为党必须长期坚持的指导思想并庄严地写入党章，实现了党的指导思想的与时俱进。这是一个历史性决策和历史性贡献，体现了党在政治上理论上的高度成熟、高度自信。作为划时代的科学理论体系，所蕴含的真正内容是由于产生这一科学理论体系的新时代的需要而形成起来的，具有适应时代需要、引领时代发展潮流的特质。一个民族要走在时代前列，就一刻不能没有理论思维，一刻不能没有正确思想指引。党的十八大以来，中国特色社会主义进入新时代。新时代中国正经历着我国历史上最为广泛而深刻的社会变革，也正进行着人类历史上最为宏大而独特的实践创新。激荡的大时代、宏阔的大实践呼唤、孕育、产生伟大理论。习近平新时代中国特色社会主义思想立足时代之基、回答时代之问、引领时代之变，统筹把握中华民族伟大复兴战略全局和世界百年未有之大变局，准确把握我国发展新的历史方位，深刻洞察我国社会主要矛盾的新变化，顺应人民对美好生活的新期待，聚焦我国经济社会发展存在的新矛盾新问题，直面我们党面临的严峻考验和党内存在的突出问题，大力推进实践基础上的理论创新，不断赋予马克思主义新的时代内涵。这一思想是在中华民族迎来从站起来、富起来到强起来的伟大飞跃中，在把握世界发展大势、应对全球共同挑战、维护人类共同利益的过程中创立并不断丰富发展的，集中反映了党和人民顺应时代发展的思想创造，集中展现了党的创新理论在时代引领力上的历史性突破。

习近平新时代中国特色社会主义思想作为划时代的科学理论体系，是围绕坚持和发展中国特色社会主义这个主题展开、深化和拓展的。坚持和发展中国特色社会主义是这一思想最本质、最关键、最基础的内容。中国特色社会主义是实现中华民族伟大复兴的必由之路。习近平新时代中国特色社会主义思想是在对科学社会主义理论与实践的深邃思考、深刻总结中，对坚持和发展中国特色社会主义的不懈探索、砥砺前行中，在不断推进党的自我革命，实现党自我净化、自我完善、自我革新、自我提高的过程中创立并不断丰富发展的。习近平新时代中国特色社会主义思想是中国特色社会主义在理论上和实践上的重大突破、重大创新、重大发展，深刻揭示了新时代中国特色社会主义的本质特征、发展规律和建设路径。把握住了习近平新时代中国特色社会主义思想以坚持和发展中国特色社会主义为主题，就把握住了党的理论创新成果和实践探索发展的清晰历史逻辑与鲜明内在联系。

（二）做好政策衔接，在破解各地现实难题上出实招、出硬招

破解现实难题的基础是敢于正视问题、发现问题。人类认识世界、改造世界的过程中，问题无处不在、无时不有，关键在于敢不敢于正视问题，善不善于发现问题。敢不敢于正视问题是态度问题，需要我们时刻保持头脑清醒，对存在的问题不掩盖、不回避、不推脱，否则就会使小问题演化成大问题。敢于正视问题，必须善于发现问题，领导干部就要在发现问题上领先。发现问题，要求我们有一双洞察问题的眼睛，拓宽视野看世界、看中国，看历史、看未来，从而找到工作中存在的问题，掌握解决问题的主动性。

习近平总书记指出，我们中国共产党人干革命、搞建设、抓改革，从来都是为了解决中国的现实问题。改革开放伟大实践，就是党带领人民群众在发现问题、解决问题中不断推进、不断深化的。中国改革的一条重要经验，就是把所有问题都当作更上一层楼的机遇。改革就是问题倒逼出来的，当年一些地方率先搞农村家庭联产承包责任制，就是要解决吃不饱肚子的

问题。经过不懈奋斗，我国改革发展进入在更高水平上攻坚克难的新阶段。落实全面深化改革的任务，不可能是一片坦途，必然会遇到各种深层次矛盾和问题。做好政策衔接，要结合本地区本部门实际，创造性地贯彻落实中央决策部署，在大胆探索和勇于实践中及时发现倾向性问题。如何完整地理解和把握全面深化改革总目标的问题，做到既讲推进国家治理体系和治理能力现代化，又讲完善和发展中国特色社会主义制度；如何处理政府和市场关系这个经济体制改革当中的核心问题，做到既让市场在资源配置中起决定性作用，又更好发挥政府作用；如何处理调结构与稳增长的关系，做到既抑制过剩产能、淘汰落后产能，又能够顶住经济下行压力、实现预定目标的经济增长，都需要引起我们的高度重视。认真吸取历史的经验教训，并在对照现实问题中得到新的认识，就能够在未来征程中少走弯路、减少失误。特别是在国内外各种条件都发生深刻变化的新形势下，一定要对照历史这面镜子，深入思考并及时发现党面临的执政考验、改革开放考验、市场经济考验、外部环境考验又增加了哪些新因素；深入思考并及时发现精神懈怠危险、能力不足危险、脱离群众危险、消极腐败危险又有了哪些新苗头；深入思考并及时发现实际工作方面存在哪些问题和不足，努力做到不透过、不贰过。总之，在各种困难和复杂因素面前，只有在认识上保持清醒、在行动上积极应对，才能实现改革的顺利推进，确保发展的持续平稳。

（三）问题纷繁复杂，要坚持用科学的方法分析和研究问题

发现问题是前提，能不能正确分析问题更见功力。现实世界的问题错综复杂，有来自内部的，也有来自外部的；有经济领域的，也有政治领域、文化领域、社会领域的；有曾经经历过的，也有从来没有遇到过的，许多问题相互纠结、连锁反应。这就要求我们坚持用辩证唯物主义和历史唯物主义的方法，科学分析问题、深入研究问题，弄清问题性质、找到症结所在。问题分析、研究得越透彻，解决起来就越有针对性。

坚持具体问题具体分析。具体问题具体分析是马克思主义活的灵魂。不同事物的矛盾具有不同的特点，同一事物的矛盾在不同发展阶段也各不相同，任何事物既有共性又有个性，这是具体问题具体分析的哲学基础。我们这么大一个国家，不同地区遇到的问题，不同领域存在的问题，必然差别很大，这就需要很好坚持具体问题具体分析。通过具体分析，弄清楚问题的多与少、大与小、轻与重、缓与急、易与难，有问题就是有问题，是什么问题就是什么问题。既不能视而不见、麻痹大意，也不能以偏概全、任意夸大；既不能把可能影响全局的倾向性问题当作一般问题来对待，也不能把特殊的某个方面问题作为全局性问题来处理。通过具体分析，弄清楚哪些是思想认识问题，哪些是政治原则问题，哪些是群众正当的利益诉求；弄清

楚哪些是体制机制弊端造成的问题，哪些是工作责任不落实造成的问题，哪些是条件不具备一时难以解决的问题，从而做到对症下药、有的放矢，一把钥匙开一把锁。

善于透过现象看本质。任何事物都有现象和本质两个方面，许多问题并不是一眼能看穿识透的。这就需要见微知著、由表及里，透过现象看本质、撇开枝节抓根本。在分析问题时，如果只观一隅、只察一面，就可能会一叶障目、盲人摸象，难以得出正确的结论。各级领导干部每天都要处理许多具体工作，面对纷繁复杂的问题甚至是令人头痛的难题，在这样的情况下，千万不能迷失在现象的迷宫之中，不能让表象问题迷住眼，而要运用唯物辩证法对问题的本质做出正确判断。

抓住事关全局的重要问题。唯物辩证法告诉我们，事物的主要矛盾决定事物的性质和发展方向，只有抓住了主要矛盾和矛盾的主要方面，才能找到解决各种复杂问题的重点，才能牵住牛鼻子，起到纲举目张的作用。要坚持胸怀大局、把握大势、着眼大事，注重抓事关全局、事关长远发展、事关人民福祉的紧要问题，进而明确有效破解问题的主攻方向。只要抓住和解决了关键问题，就能带动全局工作，推进事业全面发展。

在学习中提高解决问题的能力。古人说，"政善治，事善能"。我们讲发现问题的敏锐，讲直面问题的担当，讲解决问题的办法，归根到底取决于我们自身的能力和素养。现在形势发展变化很快，不熟悉、不了解的东西越来越多，面临问题的复杂程度、解决问题的艰难程度远远超过以往，新办法不会用、老办法不管用、硬办法不敢用、软办法不顶用，领导干部本领恐慌问题十分突出。很多同志有做好工作的真诚愿望，也有干劲，但由于缺乏本领，结果是虽然做了工作，有时候也很辛苦，但不是不对路子，就是事与愿违，甚至搞出一些南辕北辙的事情来。认识好、解决好问题，唯一的途径就是增强本领。在纷繁复杂的问题面前，各级领导干部要有克服本领恐慌的紧迫感，不断提高驾驭问题、解决问题的能力。

能力不是固有的，本领也不是天生的，必须切实加强学习。善学者智，善学者强，善学者胜。只有持续学习、不断充电，完善知识结构，才能拓宽视野、提升思维能力，才能敏锐发现问题、有效解决问题。要大兴学习之风，尤其是领导干部要把学习作为政治责任，多想一想自己以前的时间都去哪儿了，工作之余应该干些什么，从而把更多的时间和精力用在学习上。要深入学习习近平新时代中国特色社会主义思想，要带着问题学习，对照遇到的问题找知识上的不足、能力上的差距，不熟悉的东西要努力去掌握，通过学习缩小差距、补齐短板，提高战略思维、系统思维、辩证思维、创新思维、底线思维的能力，提高发现问题、分析问题、解决问题的能力。要带着问题思考，对工作和学习中碰到的问题要刨根问底、举一反三，多问一问是什么、为什么，多想一想怎么看、怎么办，善于从个性问题中寻找共性问题，实现从看到问题到洞悉问题的转变，把学习成果体现在解决实际问题的成效上。要带着问题调研，搞调查研究既要到那些有成绩、有经验的地方，也要到那些困难大、矛盾多的地方，对着需要解决的问题"望闻问切""解剖麻雀"，从基层一线的实践创造中总结规律性的认识，寻找解决问题的钥匙。

（四）推进落地生根，在迎难而上打开事业发展新天地上作表率

　　人类认识世界和改造世界的过程，就是发现问题、解决问题的过程。坚持问题导向，是马克思主义世界观和方法论的重要体现，是贯穿习近平新时代中国特色社会主义思想的重要思想方法和工作方法。党的十八大以来，党和国家事业取得历史性成就、发生历史性变革，其中一条很重要的经验就是坚持问题导向，把解决实际问题作为打开工作局面的突破口。要坚持问题导向、效果导向，做到目光所至看到问题、耳听范围想到问题、所思所想直面问题、所作所为解决问题。有没有看到问题，反映的是立场问题；会不会想到问题，反映的是方法问题；敢不敢面对问题，反映的是担当问题；去不去解决问题，反映的是行动问题。这四句话是学习贯彻习近平总书记相关重要论述的思路办法，是一个相互联系、相互贯通、层层递进的有机整体，为指导我们破解难题、做好工作、推动发展提供了操作手册。

　　推进落地生根，在迎难而上打开事业发展新天地上作表率，必须坚持问题导向，站稳人民立场。人民立场是马克思主义的基本立场，这个立场最本质的特征，就是把人民放在心中最高位置，把人民对美好生活的向往作为我们认识世界、改造世界的出发点和落脚点。只有站稳人民立场，解决好"我是谁、为

了谁、依靠谁"这个根本问题，才会"去民之患，如除腹心之疾"，在工作中主动想群众之所想、急群众之所急、解群众之所难，不断厚植党执政的群众根基。第一，目光要向下。无论时代怎么进步、资讯怎么发达，下基层这个发现问题最直接、最有效的手段都不能丢。群众心里想什么？基层工作还有哪些困难？光靠坐在办公室听汇报、看材料，是远远不够的，必须深入基层、深入一线。只有把身子从会议室凳子上挪开来，把步子从办公室迈出去，多到基层一线走走看看，特别是到群众意见大的地方去、到工作推不开的地方去，才能真正把问题找准找实。第二，目光要敏锐。为政之道在于安民，安民之要在于察其疾苦。这就要求我们对人民群众要怀着深厚感情，把群众当成亲人一样对待，把群众的事当成家事一样来办，提高"草摇叶响知鹿过、松风一起知虎来、一叶易色而知天下秋"的见微知著的能力，时刻把握群众的思想脉搏和情绪动态，及时回应群众关切。如果对人民群众反映的问题目光迟钝、麻木不仁，对人民群众的安危冷暖视而不见、熟视无睹，最终要付出沉重的代价。第三，目光要聚焦。经济社会发展是一个复杂的庞大系统，对于妨碍人民追求美好生活的短板问题、底板问题，我们必须聚焦用力、久久为功。党的十八大以来，习近平总书记每到地方考察都要看脱贫、问脱贫、抓脱贫，走遍 14 个集中连片特困地区，直接深入贫困户家中看真贫、扶真贫，直接听取贫困地区干部群众的意见，不断完善脱贫思路和脱贫举措，形成了精准扶贫方略，引领全党全国打赢了脱贫攻坚战，历史性地解决了绝对贫困问题。精准扶贫方略的提出，就是一个深入观察、深入调研、深入思考的过程。我们要自觉向习近平总书记看齐，对于事关民生的重大问题要目光聚焦、持续跟进，通过望闻问切找到解锁的金钥匙。

推进落地生根，在迎难而上打开事业发展新天地上作表率，必须发扬调查研究作风，到群众中去寻找解决问题的"钥匙"。习近平总书记指出，全党必须清醒地认识到，中华民族伟大复兴绝不是轻轻松松、敲锣打鼓就能实现的，前进道路上仍然存在可以预料和难以预料的各种风险挑战。问题绕不开躲不过，应当有敢于触及矛盾、解决问题的责任担当。领导干部就是解决问题的，有没有解决问题的责任担当，是对领导干部的最好检验。共产党人是彻底的唯物主义者，勇于直面问题、善于解决问题是应有的自信，是有力量的表现。应当肯定，大多数领导干部问题意识是强的，解决问题的态度是积极的，但也有一些领导干部问题意识淡薄。有的忽视问题，对矛盾熟视无睹，一旦遇到问题，往往措手不及；有的逃避问题，搞鸵鸟政策、选择性失明，把一些本来应该及时解决的问题拖成了老大难；有的不注重解决问题，纸上谈兵、夸夸其谈，真正遇到棘手问题就捉襟见肘，这些都严重影响着各项工作的推进，影响着改革发展稳定任务的落实。其中，淡漠问题是最大的问题，没有忧患是最大的忧患。各级领导干部要弘扬共产党人的担当精神，以解决问题为己任，在解决问题中集聚事业发展的正能量。

增强问题意识，既要见思想，更要见行动。思想变为行动，重要的是把问题意识转化为问题导向。这就要求各级领导干部坚持以解决问题为工作导向，瞄着问题去，追着问题走，把化解矛盾、破解难题作为履职尽责的第一要务。要始终坚持守土有责、守土负责、守土尽责，碰到难题敢于触及，遇到矛盾主动解决，想方设法把问题化解在萌芽状态、解决在职责范围之内，决不能敷衍了事、上交矛盾。要对照形势发展的新要求，抓紧解决本地区本部门本单位长远发展的重大问题，切实加强薄弱环节，努力开创事业发展新局面。要对照人民群众的新期待，抓紧解决工作中存在的损害人民群众利益的突出问题，更好地让人民群众共享改革发展成果。要对照党章的标准和要求，从习以为常的现象中发现思想作风方面存在的倾向性、苗头性、潜在性问题，坚决及时纠正，防患于未然。

推进落地生根，在迎难而上打开事业发展新天地上作表率，必须在解决问题上勇于攻坚克难，雷厉风行抓落实。应当说，许多问题解决起来确实有难度，必须要有克服困难的勇气和韧劲。事实常常是这样，面对困难和问题，只要认真对待，最终都能找到解决的办法。对于领导干部来说，强化问题导向、增强责任担当，就要把解决问题作为前进的动力而不是沉重的包袱，作为创新的支点而不是退缩的借口。要有逢山开路、遇河架桥的勇气，变压力为动力，化挑战为机遇，敢啃硬骨头，勇于闯难关。要发扬钉钉子的精神，有咬定青山不放松的耐心和恒心，在攻克一个又一个问题堡垒中不断创造新的业绩。牢记空谈误国、实干兴邦的道理，看到问题、想到问题、直面问题，最终的目的在于解决问题。没有强有力的行动都是纸上谈兵，到头来还是一场空。解决问题必须实打实、硬碰硬，绝不能把说了当做了，把做了当做成了。要有敏锐果敢的决断力。一个地方的发展，紧要处往往就几步，每一步都是一个分水岭，迈过去了就能跨上一个台阶，停下来横在面前的就是一道坎。要有坚决果断的气魄，始终保持对形势变化的敏锐感，只要是党中央做出的决策部署，就要坚决贯彻执行，不折不扣落实到位；只要是有利于发展的机遇，就要主动出击、迅速行动、抓住用好；只要是符合实际的探索，就要大胆闯、大胆试，努力在解难题、促发展上做到一步领先、步步领先。要有雷厉风行的执行力。一万年太久，只争朝夕。问题发现了，就要马上解决；事情定了，就要马上去办。要始终保持与时间赛跑的强烈紧迫感，躺着想事、坐着议事、站着干事，闻令而动、雷厉风行、分秒必争，确保各项工作以最快的节奏推进、在最短的时间完成。对于已经做出的决策、议定的事项、部署的任务，要实行清单化、闭环式机制，紧盯不放、一抓到底、抓出成效。要有与时俱进的创新力。发展进入新阶段，改革进入深水区，我们碰到的很多问题都没有现成的模板可以借鉴、没有先例可以参考，必须解放思想、开动脑筋，跳出思维定式，摆脱固定模式，大胆探索新路径、新模式。特别是对于困扰经济高质量发展的制约因素，要善于通过改革的思路、创新的办法加以解决，多运用市场的逻辑谋事、资本的力量干事、平台的思维成事，真正做到将有效市场和有为政府更好地结合起来。

第十五章

提高坚持问题导向的能力水平

党的二十大报告指出，要开辟马克思主义中国化时代化新境界，就必须要"坚持问题导向"。这是习近平新时代中国特色社会主义思想对马克思主义世界观和方法论的丰富与发展，是在新时代的伟大实践中总结出来并用于指导未来的重要方法。提升坚持问题导向的能力水平，就要从矛盾出发，以问题为中心，具备发现问题、提出问题的锐利眼界；要精于分析问题，掌握分析问题、研究问题的辩证智慧；要善于解决问题，具备最终化解矛盾的方法手段。

一、坚持问题导向，不断提高提出问题的能力

爱因斯坦曾说过："提出一个问题，往往比解决一个问题更有意义。"一个问题及时、准确、完整地被提出，需要具备问题意识来发现问题，借由丰富的问题视角来找准问题，通过缜密的问题思维来提出准确的问题。也就是说，能否发现问题、找准问题、提出问题，意味着坚持问题导向能否有的放矢。因此，要在增强问题意识、强化问题思维、丰富问题视角上下功夫，不断强化提出问题的能力。

（一）在透析问题生成逻辑的基础上，不断增强问题意识

　　坚持问题导向，核心在问题。是否具备问题意识是能否提出问题的首要前提。要在学深悟透习近平新时代中国特色社会主义思想的基础上，准确理解和深入把握问题意识的重大现实意义。只有从思想认识的高度明确坚持问题导向的重要意义，才能够激发发现问题的内在动力，并在具体实践中落实"坚持问题导向"的具体要求。

　　在洞悉问题本质的基础上，发现并提出问题是坚持问题导向的首要前提和行动起点。对"问题的本质是什么？""问题是如何产生的？"的回答，构成了坚持问题导向的元问题。这既是问题的生成逻辑，也是问题意识形成的主要依据。

　　从问题的本质看，问题具有客观性、普遍性。要清晰地认识到问题就是矛盾，问题的产生是矛盾斗争性不断凸显的结果。唯物辩证法认为，矛盾是普遍的、客观的，存在于一切事物发生和发展的过程中；矛盾是事物发展的源泉和动力。因此，矛盾无处不在、无处不有，它存在于事物内部、事物与事物之间，贯穿于每一事物发展过程的始终。不存在不包含矛盾的事物，也不存在没有矛盾的纯粹的发展。矛盾的普遍性和客观性表明，作为矛盾斗争性直接表现的问题也具有客观性和普遍性。只要事物不断发展、前进，就不可避免地产生问题。因此，大到中国革命、建设和改革实践，小到具体工作的展开、日常生活的

进行，在任何一个发展变化的事物中，矛盾不可避免，问题也随时会出现。问题是物质世界发展的必然产物。而所谓问题意识，实际上就是在承认问题是客观存在的基础上、在对问题产生客观规律的把握的基础上，不断发挥问题认识主体的主观能动性。

从问题的产生看，问题具有时代性、现实性。要清晰地认识到问题是时代的产物，是时代发展的产物。马克思指出："一个时代的迫切问题，有着和任何在内容上有根据的因而也是合理的问题共同的命运：主要的困难不是答案，而是问题。因此，真正的批判要分析的不是答案，而是问题。"① 要正确看待问题的出现——问题是一种客观存在，是作为时代发展的产物，是推动时代发展前进的矛盾运动过程的产物。问题是与社会生产力的发展、生产关系的变化、社会意识的变化等一系列要素相互联系、相互作用的产物，是带有时代印记的矛盾发展的产物。问题与时代紧密联系，不可分割。同样，坚持问题导向是辩证唯物主义矛盾观点分析方法的时代表达和时代升华。在中国特色社会主义现代化国家的建设和发展过程中，问题不可避免、不断出现，这些问题和时代的发展、社会的进步紧密相连。党的二十大报告指出，"我们的工作还存在一些不足，面临不少困难和问题"②。当前，我国还不同程度地存在"发展不平衡不充分"的问题、"高质量发展还有许多卡点瓶颈"的问题、"科技

① 马克思，恩格斯.马克思恩格斯全集：第 1 卷 .2 版 . 北京：人民出版社，1995：203.

② 党的二十大报告辅导读本 . 北京：人民出版社，2022：13.

创新能力还不强"的问题等等①。值得注意的是，这些问题并不是从来就有的，而是在新时代产生的新问题，是我国在改革和发展实践取得举世瞩目成就的基础上产生的，且不同于过去一切时代的新问题。

问题意识是对客观事物的发生发展源泉和动力的反映。鲜明的问题意识，是马克思主义理论产生和发展的内在动力。鲜明的问题意识正是从问题的本质出发、从问题产生的时代出发，通过对事物发展内在规律的把握而形成的。

能够直面问题，正视问题的客观性，不回避、不妥协、不推诿，是坚持问题导向的首要前提。在现实生活中，一些党员干部之所以不能发现问题，除了不敢面对问题外，还有一个至关重要的原因，那就是缺乏发现问题的眼光，不是把有问题当作没有问题，就是抓不住主要问题与问题的主要方面。因此，不断提升政治判断力、政治领悟力、政治执行力，善于用脚步丈量广袤天地，用眼睛发现事物变化，用耳朵倾听群众呼声，用内心感应时代脉搏，就成为善于发现问题的重要途径。保持强烈的问题意识，还意味着要以强烈的历史责任感和历史使命感面对改革、建设和发展过程中的系列问题，将问题放置在时代的背景下、历史的场景下去审视，以问题的解答回答中国之问、时代之问、人民之问、历史之问。

---

① 党的二十大报告辅导读本.北京：人民出版社，2022：13.

（二）在把握问题发展逻辑的基础上，拓宽眼界思路，不断丰富问题视角

"知者行之始，行者知之成。"认识是行动的先导，只有认识正确，才有行动的高度自觉。正确的思想认识是顺利开展实践、提高实践效果的必要前提。然而，问题往往不是单独出现的，而会与其他问题交织叠加在一起；问题的呈现通常会经历从隐性到显性的复杂多变的过程；看似相同的问题，由于问题中主客观矛盾的不同，其问题的关键核心也就不同。通过表象认识或者感性经验是无法快速、准确地提出问题的。因此，要准确地提出问题，就要不断拓宽眼界思路、丰富问题视角，为更好地把握问题、提出问题打好基础。

问题是实践活动发展的产物，对于问题的探索和发现也必须从具体实践中来、从理论研究中来、从调查研究中来。首先，要在具体实践中发现问题。问题的产生来源于生活，来源于生活中具体、鲜活的实践。"一语不能践，万卷徒空虚。"习近平总书记用这句话教育广大党员干部要在具体实践中了解民情、掌握实情、认清问题。其次，要在理论研究中找到问题。找到问题、提出问题是理论研究开展的必要前提。马克思曾说过："一个民族想要站在科学的最高峰，就一刻也不能没有理论思维。"① 这是因为，理论的发展前

① 马克思，恩格斯.马克思恩格斯选集：第 3 卷.北京：人民出版社，1972：467.

进，就是以问题的提出、分析和解决为逻辑主线的。只有深入研究，理解理论发展的要素、结构和各个相关节点，才能更好地找到问题、提出问题。理论研究的问题要想成为真问题，就必须和时代发展、科技进步、经济发展、国家需要紧密结合在一起，要"坚持面向世界科技前沿、面向经济主战场、面向国家重大需求、面向人民生命健康，不断向科学技术广度和深度进军"[①]。最后，要在调查研究中发现问题。"没有调查，没有发言权。"回首我们党百年的革命、建设、改革和开创新时代的历程，就不难发现，什么时候加强了调查研究，什么时候就能够更好地发现真问题、活问题，就能在制定政策、进行部署时更加符合客观实际。同时，不同问题的出现和妥善解决，并不是一个简单的循环过程，而是螺旋上升的过程：旧的问题解决了，新的问题又会产生。随着旧问题的不断解决，新问题的不断产生并再次得到解决，中国距离实现中华民族伟大复兴的梦想才能更进一步。

（三）在深悟问题解决逻辑的基础上，拓宽思维广度、深化思考深度，不断强化问题思维

习近平总书记指出："问题是事物矛盾的表现形式，我们强调增强问题意识、坚持问题导向，就是承认矛盾的普遍性、客观性，就是要善于把认识和化解矛盾作为打开工作局面的突破

---

① 习近平.在科学家座谈会上的讲话.北京：人民出版社，2020：4.

口。"① 问题是矛盾的集中体现。只有深入研究问题、剖析矛盾，才能更好地把握问题的本质，进而提供破解矛盾的智慧、解决问题的方法。坚持问题导向，意味着要不断增强问题思维。所谓问题思维，是指依据背景、冲突、问题构成要素间的结构等信息，提出一个比较清晰的问题的思维能力。问题思维的形成，来源于对问题发展逻辑的把握，即理解问题是沿着什么样的方式形成的。只有具备了合理、清晰的问题思维，才能不断提升发现问题的准度和精度。

能否快速发现问题、找准问题，是破解难题、打破僵局的关键。社会生活千头万绪、错综复杂。人们往往被一些日常现象牵着鼻子走、被动应付，缺乏经验梳理、独立思考和理性反思。其结果往往是，辛苦忙碌却收效甚微，一旦问题爆发，就无所适从，找不到出现问题的原因，不知从哪下手。"从理论研究上来说，问题属于哲学研究的范畴，它是对实践中未知之域的抽象，也是矛盾的显性表达。从生产生活上来说，问题就是人民群众在现实中遇到的各种困境和疑难。"② 因此，要通过训练问题思维，不断增强发现问题的能力，提升发现问题的速度和准度。一方面，要在经验的积累中增强发现问题的能力，加快发现问题的速度。在现实中，矛盾是有共性的。因此，通过对感性经验进行梳理和积累，发现问题的共性，是十分重要的。这意味着，在后续出现可能发生类似问题的征兆时，就能尽快

---

① 中共中央文献研究室.习近平关于协调推进"四个全面"战略布局论述摘编.北京：中央文献出版社，2015：86.

② 刘德铭.习近平问题导向重要论述的生成逻辑、核心要义与实践指向.学术探索，2023（5）.

发现。如果能够快速捕捉到问题的苗头，就有更加充裕的时间谋篇布局，为解决问题做好准备。另一方面，要在实践的反思中增强发现问题的能力，提升发现问题的准度。很多时候，矛盾是交错出现的，有的矛盾是主要矛盾，有的矛盾是次要矛盾。为更好地找到问题的突破口以尽快解决问题，就需要抓住问题的主要矛盾。而若想找到主要矛盾，我们就需要在实践中不断反思，总结分析，提升抓矛盾的准度，从而为后续更好提出问题做能力上的准备。

二、坚持问题导向，不断强化分析问题的能力

坚持问题导向，分析问题是支撑。问题具有复杂性、多样性，要想更好地把握问题、解决问题，就必须对问题进行"解剖"。这个"解剖"问题的过程就是分析问题的过程。通过分析问题，即对问题进行系统性的剖析与探究，我们能在把握本质、掌握规律的基础上，弄清具体问题产生的机理、问题的主要矛盾等，为更快更好地解决问题找到合理、可靠的路径。分析问题能力的形成，需要建立在正确世界观、方法论的基础之

上，而马克思主义就是"我们认识世界、把握规律、追求真理、改造世界的强大思想武器"①。对此，可以通过读经典、悟原理启迪智慧；通过感悟党的百年奋斗历史经验拓宽视野；通过学习习近平新时代中国特色社会主义思想拓展思路，不断提升分析问题的能力。

（一）在读经典、悟原理中启迪思想，提升分析问题的能力

不同于过去一切思想，马克思主义基本原理本质上是一种全新的世界观和方法论。恩格斯曾经指出："马克思的整个世界观不是教义，而是方法。它提供的不是现成的教条，而是进一步研究的出发点和供这种研究使用的方法。"②运用马克思主义基本原理分析问题，本质上就是要学会运用马克思主义哲学，尤其是唯物辩证法这一根本方法。马克思主义哲学作为马克思主义科学理论体系的理论基石，以其深邃的辩证智慧为人们分析问题提供了丰富的思维财富。唯物辩证法作为马克思主义世界观和方法论的核心内容，是我们认识世界和改造世界的根本方法。

运用唯物辩证法提升分析问题的能力最为直接地体现在辩证思维能力的提升上。辩证思维能力是用批判的和革命的精神分析和解决问题的能力，是以唯物辩证法为基础来分析和解决

---

①　习近平.习近平谈治国理政：第4卷.北京：外文出版社，2022：509.

②　习近平.在纪念马克思诞辰200周年大会上的讲话.北京：人民出版社，2018：26.

现实问题的能力。提升辩证思维能力关键在于用联系和发展的观点去分析问题、把握本质、遵循规律、破解难题。

"中国共产党人依靠学习走到今天，也必然要依靠学习走向未来。"①可以通过读经典、悟原理的方式提升辩证思维能力，掌握唯物辩证法。

一方面，学习马克思主义基本原理最直接、有效的办法就是读经典。研读马克思主义经典，能够帮助人们有效地领悟马克思主义基本原理的真谛。纵观党的百年发展历程，不难发现，中国共产党人正是通过不断学习、反复阅读马克思主义经典文献，从中汲取营养、智慧和力量，进而不断推进马克思主义中国化事业发展的。1936年，毛泽东在与埃德加·斯诺谈话时说，他第二次到北京期间有三本书对他的世界观和方法论产生了深远的影响。这三本书中就有被誉为无产阶级圣经的《共产党宣言》。在1939年，毛泽东再次谈到他在面对问题的时候会通过阅读《共产党宣言》寻求解决问题的突破口："《共产党宣言》，我看了不下一百遍，遇到问题，我就翻阅马克思的《共产党宣言》，有时只阅读一两段，有时全篇都读，每阅读一次，我都有新的启发。"可见，带着思考、联系实际地读马克思主义经典文献，能够更好地锻炼思想、启迪智慧，从中找到解决问题的思路和方法，并把其中的精髓要义运用于中国社会实践。正是在阅读马克思主义经典原著的过程中，一代又一代中国共产党人才找到分析问题、解决问题的出路。例如，周恩来就曾经多次

---

① 中共中央宣传部.习近平总书记系列重要讲话读本.北京：人民出版社，2014：189.

在党内强调阅读《共产党宣言》的必要性和重要性，并主张要结合社会主义建设的新情况、新问题进一步深化阅读。只有切实地读马克思主义经典，才能清晰地知道思想的本意，准确地把握原理的真谛，进而准确、灵活地运用原理。也正是因为如此，习近平总书记才反复强调读经典、悟原理的重要性："共产党人要把读马克思主义经典、悟马克思主义原理当作一种生活习惯、当作一种精神追求，用经典涵养正气、淬炼思想、升华境界、指导实践。"①

另一方面，要想真正理解马克思主义基本原理、掌握唯物辩证法，仅仅读经典是不够的，还要在读经典的基础上，将原理运用于具体实际，在实践的过程中不断领悟马克思主义基本原理的真谛。譬如，探索社会主义建设道路的过程并非一帆风顺，而是充满各种问题和挑战，甚至是挫折。每当这时，毛泽东就会通过反复研读《共产党宣言》，研读《共产党宣言》中的基本思想、基本理论，思考探索"具有自己特别的具体的社会主义建设的形式和方法"。又如，20 世纪 50 年代末，毛泽东多次阅读《共产党宣言》，并对其中关于废除资产阶级所有制，剥夺资产阶级占有他人劳动、奴役他人的权力，与传统的所有制观念决裂等的论述都做了笔记。在阅读经典的过程中，他把《共产党宣言》与中国社会主义建设中遇到的实际问题紧密联系起来，试图从书中找到解决问题的思路和方法。

———

① 中共中央党史和文献研究院 . 十九大以来重要文献选编：上 . 北京：中央文献出版社，2019：434.

（二）在党百余年奋斗的历史中学习经验，提升分析问题的能力

习近平总书记指出，"社会总是在解决矛盾中不断前进的"①。党百年奋斗的辉煌成就、艰辛历程、历史经验等是一部近代中国的革命史、奋斗史，也是中国共产党人发现、分析、化解一个又一个历史问题和现实问题的实践史。历史是最好的教科书。党的百年奋斗历史，也是一个又一个解决问题的过程，这些为后人分析问题、找到路径提供重要的经验参考。百余年来，党领导人民干革命、搞建设、抓改革，从来都是实事求是地从现实问题出发。我们党之所以能从胜利走向胜利，始终走在时代前列，一个重要原因就在于能够准确把握各个时期中国社会的主要矛盾，在发现问题、分析问题、解决问题中，把握历史脉络、找到发展规律、推进社会前进。换言之，党以其百年的奋斗为人们书写下一篇又一篇关于如何应对挑战、矛盾和问题的鲜活的案例。因此，可以通过领悟党的百年奋斗历史经验，在不断反思、建立认知的基础上，将其转化为分析问题的能力。

在学习党史的过程中提升分析问题的能力，这主要体现在历史思维能力和底线思维能力的建立之上。所谓历史思维能力，是指将辩证思维和历史眼光相结合，以史为鉴、知古鉴今，善于运用历史眼光认识发展规律、把握前进方向、指导现实工作

---

① 习近平.之江新语.杭州：浙江人民出版社，2007：236.

的能力。通过强化历史思维能力，能够帮助人们在历史与现实的辩证统一中提高分析问题的能力。除了历史思维能力外，通过学习党的百年奋斗史，人们还能加深底线思维，进而在分析问题、解决问题的过程中，在把握大是大非的基础上，处理好各方面矛盾。底线是事物发生质变的临界点。习近平总书记强调底线思维在处理问题中的重要性，"凡事从坏处准备，努力争取最好的结果，这样才能有备无患、遇事不慌，牢牢把握主动权"①。牢固底线思维能力，能够帮助人们在分析问题的时候，划清并坚守底线，尽力化解风险，避免已有问题朝向最坏结果发展，同时争取实现最大期望值。

学史可以明理，学史旨在力行。"当前，我国发展面临着前所未有的风险挑战，既有国内的也有国际的，既有政治、经济、文化、社会等领域的也有来自自然界的，既有传统的也有非传统的，'黑天鹅'、'灰犀牛'还会不期而至。"② 因此，为了更好应对这一系列风险挑战，就需要从历史中获得启迪，在分析问题的基础上探索解决问题的最优解。

---

① 中共中央宣传部．习近平总书记系列重要讲话读本（2016年版）．北京：人民出版社，2016：288.

② 习近平．习近平谈治国理政：第4卷．北京：外文出版社，2022：513.

三、提高坚持问题导向的能力水平，必须
不断提升解决问题的能力

毛泽东指出："问题就是事物的矛盾。哪里有没有解决的矛盾，哪里就有问题。"① 要不断提升解决问题的能力和水平，确保问题出现在面前，总能积极面对，游刃有余地予以化解。因此，要不断提升解决问题的能力，"咬定青山不放松"，要直面问题，坚定解决问题的决心、信心、恒心；要守正创新，不断凝练解决问题的思路、思考、思想；要脚踏实地，不断提升解决问题

① 毛泽东.毛泽东选集：第3卷.2版.北京：人民出版社，1991：839.

的判断力、决策力、执行力。

（一）正视问题，坚定解决问题的意志

　　敢于直面问题是坚持问题导向的重要前提。回避问题，并不能解决问题。只有直面问题、正视问题，才能够更好地认识问题、解决问题。因此，要不断提升直面问题的勇气底气志气，进而坚定解决问题的决心信心恒心。

　　首先，要敢于斗争、攻坚克难，坚定解决问题的决心。"君子之过也，如日月之食焉。过也，人皆见之；更也，人皆仰之。"是否敢于面对矛盾，不仅是态度问题，更是决心意志的体现。问题就是矛盾，问题一旦出现，也就意味着矛盾的对立性被揭开，矛盾中的各个方面陷入斗争之中。矛盾的解决必然不会是一帆风顺的，而是充满各种主观、客观的风险和困难。敢不敢直面问题，实际上也就是敢不敢面对矛盾，解决矛盾。解决矛盾的过程，很多时候也不是一帆风顺的，而是充满对抗性、冲突性，甚至是流血牺牲的。对于这一点，毛泽东早在《湖南农民运动考察报告》中就指出："革命不是请客吃饭，不是做文章，不是绘画绣花，不能那样雅致，那样从容不迫，文质彬彬，那样温良恭俭让。"[①] 因此，要敢于斗争、善于斗争，不仅要敢于正视问题、追求真理，更要敢于刀口向内地做好批评与自我批评工作。唯有内外一致、始终如一，才能更好地解决问题。

　　其次，要勇于担当、善于作为，坚定解决问题的信心。问

---

　　① 毛泽东.毛泽东选集：第1卷.2版.北京：人民出版社，1991：17.

题的形成非一日之功，问题的解决也不可能一马平川，需要抽丝剥茧、按图索骥。对此，要勇于担当、善于作为，切实担当起时代赋予的历史重任。直面问题的底气来自政治立场的坚定、理论信仰的坚定，是历史自信、道路自信、理论自信、制度自信、文化自信最直接的体现。直面问题的志气来自对职责使命的忠诚，要立足本职本业，在调查研究的基础上，系统规划、锐意进取，敢啃硬骨头、勇挑重担子。

最后，要锲而不舍、坚持不懈，坚定解决问题的恒心。有时候，问题具有顽固性和反复性，抓一抓有好转，松一松又会出现。面对问题的顽固性和反复性，一定要坚定解决问题的恒心。直面问题的勇气、坚定解决问题的恒心来自理想信念的坚守。百余年来，正是因为秉持着内心的理想、执着于心中的信念，我们党才能历经风雨、走向辉煌。正所谓，"锲而舍之，朽木不折；锲而不舍，金石可镂。"我们党的百年历史，遭遇了如此之多的艰难险阻，经历了如此之多的生死考验。然而，正是通过锲而不舍、坚持不懈的奋斗，我们党一次又一次转危为安、走向胜利。

（二）集中力量，找准解决问题的突破口

在解决问题的时候，关键要看清问题中什么是主要的、起决定性作用的因素，什么是长远作用的因素，这样才能更好地集中力量、抓住要害更好地解决问题。毛泽东强调要在解决问题时，集中

力量、找准突破口，"研究任何过程，如果是存在着两个以上矛盾的复杂过程的话，就要用全力找出它的主要矛盾。捉住了这个主要矛盾，一切问题就迎刃而解了。"① 如果在解决问题的时候，不抓主要矛盾，就会被许多次要因素牵扯精力、降低效率，分散力量。这样一来，问题的解决或容易陷入僵局，或容易错失良机，或处处应付、不能完全解决。如果不找到主要矛盾，就会陷入无的放矢的窘境，下不了决心、做不出大事。

当然，抓主要矛盾，并不意味着只抓一方面矛盾，而要"学会弹钢琴"。在新中国成立之际，即将成为执政党的中国共产党，面对的任务千头万绪，要做的工作繁杂各样。在这种情况下，毛泽东就指出，"党委要抓紧中心工作，又要围绕中心工作而同时开展其他方面的工作。我们现在管的方面很多，各地、各军、各部门的工作，都要照顾到，不能只注意一部分问题而把别的丢掉。凡是有问题的地方都要点一下，这个方法我们一定要学会"②。

（三）狠抓落实，提高解决问题的效率

"空谈误国，实干兴邦。"做出正确的判断，提出解决问题的方法，并不意味着问题就得到解决了。坚持问题导向，解决问题是关键。找到解决问题的方法，提出解决方案和任务后，

---

① 毛泽东.毛泽东选集：第1卷.2版.北京：人民出版社，1991：322.
② 毛泽东.毛泽东选集：第4卷.2版.北京：人民出版社，1991：1442.

还需要下大决心，"以踏石留印、抓铁有痕的劲头抓下去"[1]。唯有如此，才能真正地抓出结果，解决问题。

一方面，要根据实际情况，狠抓落实，实事求是。问题的解决并不是喊口号就能下定决心的，下决心的前提是要符合实际。对于这一点，毛泽东也早就说过："你对于那个问题不能解决吗？那末，你就去调查那个问题的现状和它的历史吧！你完完全全调查明白了，你对那个问题就有解决的办法了。"[2]也即，离开了详尽的调查研究，离开了现实的具体实际，即便是下定决心也只能是唯心的决定，不利于问题的切实解决。

另一方面，根据问题实际，下定任务后，工作抓得紧不紧、狠不狠，就成为问题能否解决的关键。要在落实的过程中，关注事情的发展情况和矛盾的解决进展，总结行之有效的经验并加以推广；要立起解决问题的标准标杆，严格检查督促，纠正出现的偏差，使之向好的方向发展，促进问题的解决。只有狠抓落实，办成大事，才能振奋人心，为后续解决其他问题提供精神支撑。

（四）依靠群众，找到解决问题的力量支撑

习近平总书记指出："人民是历史的创造者，人民是真正的

---

[1] 人民日报海外版（学习小组）.学习关键词.北京：人民出版社，2016：127.
[2] 毛泽东.毛泽东选集：第1卷.2版.北京：人民出版社，1991：110.

英雄。"① 人民是党执政兴国最大的底气。做好任何工作，都不能只依靠领导个人或者少数几个人的智慧或努力，而必须依靠群众、走群众路线，找到解决问题的力量支撑。

依靠群众，就是要以人民为中心，相信人民、依靠人民，不断激发群众的首创精神，为更好地解决问题集聚智慧。毛泽东强调："只有蠢人，才是他一个人，或者邀集一堆人，不作调查，而是冥思苦想地'想办法'，'打主意'。"② 须知这是一定不能想出什么好办法的，打出什么好主意的。在这个方面，毛泽东可谓是典范。例如，在做决策的时候，尤其是涉及长远、专业、重大的问题时，他都会慎之又慎，反复征求一线将领的意见。如果翻看《建国以来毛泽东军事文稿》就不难发现，毛泽东十分关注"人民"这个具有人数规模上绝对优势的概念。在做军事决策时，毛泽东常常迅速采纳其他人提的好意见。也正是因为，他相信人民、依靠人民，才能充分地调动最广大人民的积极性、主动性和创造性，进而更好发挥人民的首创精神，更好地解决问题。

"人民立场是中国共产党的根本政治立场，是马克思主义政党区别于其他政党的显著标志。坚持人民立场、敬畏人民的历史主体地位，体现了马克思主义政党的本色。"③ 依靠群众，就是要紧密联系群众，"与人民心心相印、与人民同甘共苦、与人民

---

①　中共中央宣传部.习近平新时代中国特色社会主义思想学习纲要.北京：人民出版社，2019：41.

②　孙宝义.听毛泽东谈哲学.北京：人民出版社，2012：192.

③　李林宝.新时代领导干部要守住"五关".北京：人民出版社，2022：58.

团结奋斗"①。要在不断增强做好群众工作和抓好落实能力的基础上，为更好地解决问题形成合力。

（五）守正创新，形成解决问题的新思路新方法

习近平总书记指出："历史总是在不断解决问题中前进的。"伴随着社会不断地发展前进，新情况新问题也层出不穷。面对问题，"除了用新问题来回答和解决老问题之外，没有别的方法"②。也即，这些新情况新问题，有一些可以凭借过去的经验、过去的做法来解决，有一些却不能如此。因此，就要在实践的过程中，探索新道路、找到新方法，解决不断出现的新问题、新矛盾。

其一，要解放思想、实事求是，不断打破旧思维的束缚，形成解决问题的新思路新方法。问题具有复杂性、多样性，解决方法也不尽一致。"刻舟求剑"式的问题解决方式，无法使问题得到彻底的解决。在建设中国式现代化的新征程上，不可避免地会出现这样或那样的矛盾。既有"实践遇到的新问题"，又有"改革发展稳定存在的深层次问题"，有"人民群众急难愁盼问题"，也有"国际变局中的重大问题"，还有"党的建设面临的突出问题"等。这些问题，种类多样、层出不穷，解决问题的难度、复杂度、艰巨度也随着中国特色社会主义建设的深入推进而不断提升。对此，习近平指出，"解决深层次矛盾和问题，

① 习近平.习近平谈治国理政.北京：外文出版社，2014：5.
② 马克思，恩格斯.马克思恩格斯全集：第1卷.2版.北京：人民出版社，1995：203.

根本出路在于创新"，惟创新者进，惟创新者强，惟创新者胜。生活从不光顾因循守旧、满足现状者，从不等待不思进取者、坐享其成者。

其二，要归纳总结、完善提升，在新思路的基础上构建一套系统的、科学的、完整的办法和方案，形成解决问题的新思想新理论。坚持问题导向的本质就是对马克思主义矛盾观的遵循，是唯物辩证法在新时代的"正确思路和有效办法"。党的二十大报告指出："问题是时代的声音，回答并指导解决问题是理论的根本任务"。问题能不能得到解决、能不能从根本上得到解决，离不开理论思维的指导。时代在变化，问题也在不断发展。当前，我国经济社会发展面临的重大问题，根源都在于体制性障碍。要解决这些深层次矛盾和问题，就必须重视改革的顶层设计，从根本上找准症结、从整体上明确对策。要在新思考的基础上进行理论的创造，将感性材料不断转变为理性思维的结果，形成解决问题的新思想。新思想的形成过程，就是一个理论创新的过程。要将每一次的经验凝聚起来，形成科学合理、可持续发展的解决问题的思想，也即理论的创新。通过理论的构建，为更好地解决问题提供思想武器。

其三，要不断内化、巩固提升，以新思想指导更多新实践，并在实践过程中将理论内化为每一名党员领导干部缜密系统的理论思维，形成解决问题的新思维。新思维的形成过程，实际上就是用理论创新的成果指导现实中的新实践，再在新的实践中加深认识，如此一个循环上升的过程。也就是说，要不断学习新思想新理论，并将这些理论认识用于问题的解决，不断提升现实实践解决问题的效能。与此同时，要在实践中去检验思想的真理性和理论的正确性，进而将新思想新理论内化为个人解决问题的能力，在此基础上，进一步推进思想的前进和理论的更新。

后 记

　　习近平新时代中国特色社会主义思想的世界观方法论和贯穿其中的立场观点方法，是马克思主义哲学中国化时代化的最新成果。"六个必须坚持"，是习近平新时代中国特色社会主义思想的精髓要义，是这一思想的立场观点方法的重要体现。在党的二十大报告中，习近平总书记全面深刻地阐述了"六个必须坚持"的基本内涵。

　　坚持问题导向，作为"六个必须坚持"的有机组成部分，在习近平新时代中国特色社会主义思想的立场观点方法中具有重要位置。系统深入阐述坚持问题导向的哲学根据、思想发展、主要内涵、实践价值、理论贡献等，是研究阐释新时代中国共产党人创新发展马克思主义世界观和方法论的重要任务。本书坚持辩证唯物主义和历史唯物主义基本原理，着眼党推进马克思主义哲学中国化时代化的历史进程，依据习近平关于坚持问题导向的重要论述，立足新时代回答重大时代课题，解答中国之问、世界之问、人民之问、时代之问，破解大党独有难题等一系列理论和实践创新成果，按学理性、体系性的要求解读坚持问题导向，在世界观和方法论的层面领悟坚持问题导向，展现坚持问题导向的哲学贡献和实践价值，是融哲学和时代、思想和现实、坚持和发展于一体的研究坚持问题导向的理论专著。

　　本书由教育部习近平新时代中国特色社会主义思想研究中心天津大学马克思主义学院基地组织编写，是来自各单位的作者集体创作的成果。各章作者为：第一章屈婷，天津大学；第二章于安龙，天津大学；第三章颜晓峰，天津大学；第四章李徐步，延安大学西安创新学院；第五章林颐，天津大学；第六章张欢，天津大学；第七章卢伟、陈丹丹，陆军工程大学；第八章柳兰芳，天津大学；第九章朱大鹏，兰州大学；第十章高仁，复旦大学；第十一章任鹏，东北大学；第十二章王丹彤，天津大学；第十三章卢亮亮，天津大学；第十四章李萍、姚芳，空军预警学院；第十五章胡倩倩、姚芳，空军预警学院。颜晓峰负责全书总体设计，颜晓峰、王丹彤负责全书统稿，王丹彤负责撰写工作协调。

　　本书的出版，得到了各位作者所在单位的大力支持，得到了中国人民大学出版社的大力支持。出版社编辑牛晋芳从选题策划、写作要求等方面都给予了很大帮助和有力指导。在此一并表示衷心感谢！

　　本书的不足之处，恳请各位读者批评指正。

作　者

2024 年 3 月

图书在版编目（CIP）数据

坚持问题导向 / 颜晓峰等著. -- 北京：中国人民
大学出版社，2025.7. --（新时代马克思主义哲学智慧
研究小丛书）. --ISBN 978-7-300-33482-0

Ⅰ. B0-0
中国国家版本馆 CIP 数据核字第 2025PR7648 号

国家出版基金项目
新时代马克思主义哲学智慧研究小丛书
坚持问题导向
颜晓峰 等 著
Jianchi Wenti Daoxiang

出版发行	中国人民大学出版社	
社　　址	北京中关村大街 31 号	**邮政编码**　100080
电　　话	010-62511242（总编室）	010-62511770（质管部）
	010-82501766（邮购部）	010-62514148（门市部）
	010-62511173（发行公司）	010-62515275（盗版举报）
网　　址	http://www.crup.com.cn	
经　　销	新华书店	
印　　刷	涿州市星河印刷有限公司	
开　　本	890 mm × 1240 mm　1/32	**版　次**　2025 年 7 月第 1 版
印　　张	13.625 插页 3	**印　次**　2025 年 7 月第 1 次印刷
字　　数	261 000	**定　价**　88.00 元